KB068316

클리어 씽킹

CLEAR THINKING

클리어 씽킹

셰인 패리시 지음 | 최호영 옮김

탁월한 결과에 이르는
생각의 디테일

나는 2001년 8월부터 정보기관에서 일했다. 그로부터 몇 주 후 세상이 완전히 바뀌었다.

정보기관의 모든 직원에게 준비되지 않은 직책과 책임이 갑자기 부여됐다. 내게 주어진 일은 불가능해 보이는 해결 과제를 가능하게 만드는 법을 찾는 것이었다. 복잡하고 새로운 문제뿐만 아니라, 누군가의 생사가 달린 문제까지 풀어야 했다. 실패는 고려 대상도 아니었다.

어느 날 새벽 3시, 작전을 마치고 나는 집으로 걸어가고 있었다. 작전의 결과는 기대와 달랐다. 아침이 밝으면 상사에게 무슨 일이 있었는지, 어떤 근거와 사유로 그와 같은 선택을 했는지 설명해야 했다. 내 생각은 과연 모든 부분에서 명료했나?

놓친 것은 없었나? 그런 것을 어떻게 알게 됐지? 조만간 내 생각의 과정이 낱낱이 공개되어 모든 사람이 이를 두고 판단하게 될 것이었다.

그날 아침, 나는 상사의 사무실로 들어가 내 머릿속에서 벌어진 일에 관해 설명했다. 설명을 마친 후에는 내겐 이 일을 할 준비가 되어 있지 않았으며 책임감도 부족했다고 이실직고했다. 내 이야기를 다 들은 그는 펜을 내려놓고 한숨을 내쉬며 말했다.

"이 일을 할 준비가 된 사람은 아무도 없어, 셰인. 어쨌든 자네와 이 팀이 우리가 가진 전부야."

그의 답변이 특별히 위로가 되진 않았다. 그가 말한 '팀'이란 수년 동안 일주일에 80시간씩 함께 일해 온 12명의 집단이었다. '우리가 가진 전부'는 이 정보기관에서 수십 년간 경험한 일 중에서도 가장 중요한 새 프로그램을 막 시작한 터였다. 상사와의 짧은 면담을 마치고 사무실에서 나설 때 내 머릿속은 완전히 뒤죽박죽이었다. 그날 밤, 내가 스스로 던진 물음이 그후 10년간 나를 줄곧 따라다녔다.

'어떻게 하면 더 잘 추론할 수 있을까? 왜 사람들은 잘못된 결정을 내릴까? 어떤 연유로 똑같은 정보를 가지고도 누군가는 늘 다른 사람보다 더 나은 결과를 얻는 걸까? 중차대한 상황에서 더 정확히 예측하고 나쁜 결과로 이어질 확률을 크게 줄일 방법은 없을까?'

그때까지 나는 운이 좋은 편이었다. 그런데 이런 운이 계속되길 바라면서도 다른 한편으로는 운에 덜 기대고 싶었다. 명료한 사고와 올바른 판단을 내릴 방법이 있다면, 이런 것을 활용하고 싶었다.

우리는 생각하는 법이나 결정을 내리는 법을 배운 적이 없다. 학교에 '명료한 사고 입문' 같은 이름의 수업도 없다. 다들 이런 방법을 이미 알고 있거나 스스로 터득하리라 생각하는 모양이다. 그러나 명료하게 사고하는, 즉 '클리어 씽킹' 방법을 배우기란 결코 쉽지 않다.

그 후 수년간, 나는 더 잘 생각하는 법을 익히는 데 전념했다. 사람들이 어떻게 정보를 획득하고 추론하며 행동으로 옮기는지, 그들의 행동이 어떻게 긍정적이거나 부정적인 결과로 이어지는지를 관찰했다. 애초에 누군가는 누구보다 더 똑똑한 것일까? 아니면 더 나은 방법이나 습관 같은 걸 가진 걸까? 중차대한 순간에 자신의 사고법에 관해 생각하는 사람이 얼마나 될까? 어떻게 하면 명백한 오류를 피할 수 있지?

나는 회의장에서 가장 높은 사람들을 따라다녔다. 말없이 (그래, '거의' 말없이) 앉아서 그들이 무엇을 왜 중요하게 생각하는지 경청했다. 인지에 관한 주제를 다룬 책이라면 무엇이든 읽었고 전화를 받아 주는 사람이라면 누구와도 이에 관한 이야기를 나누었다.

나는 남들이라면 엄두도 내지 못하는 상황에서도 늘 명료하게 사고하는 것 같은 업계 거물들을 물색하기 시작했다.[*] 그들은 보통 사람이 모르는 무언가를 아는 듯했는데, 나는 이를 알아내기로 마음먹었다.

보통 사람이 승리를 뒤쫓는 동안 세계의 고수들은 승리에 앞서 패배를 피해야 한다는 것을 알고 있었다. 이것은 놀라울 정도로 효과적인 전략이다.

나는 배운 것을 정리하기 위해 fs.blog에 '파남 스트리트 **Farnam Street**'라는 웹사이트를 만들었다. 운영자 신원을 공개하지 않는[*▲] 이 웹사이트의 이름은 판단력으로 돈을 벌고 나

[*] 정보기관에서 일하다 보면 보통 사람에게는 닫혀 있는 많은 문이 열린다.

[*▲] 운영자의 신원을 공개하지 않은 까닭은 세 글자 기관에서 프로필 공개를 좋게 보지 않는 경향이 있기 때문이다(세 글자 기관 three-letter agencies이란 CIA Central Intelligence Agency(중앙정보국), FBI Federal Bureau of Investigation(연방수사국), NRO National Reconnaissance Office(국가정찰국), NSA National Security Agency(국가안보국), DOD Department of Defense(국방부), DHS Department of Homeland Security(국토안보부), DEA Drug Enforcement Agency(마약단속국), DOE Department of Energy(에너지부) 등을 가리킨다-옮긴이).

의 세계관에 지대한 영향을 미친 두 사람, 즉 찰리 멍거Charlie munger와 워런 버핏Warren Buffett을 기려 지은 것이다.●▲■

나는 수년에 걸쳐 나의 영웅인 찰리 멍거와 대니얼 카너먼 Daniel Kahneman과 함께 사고 및 의사결정에 관한 대화를 나눌 수 있는 행운을 누렸다. 또한 빌 애크먼Bill Ackman, 애니 듀크Annie Duke, 애덤 로빈슨Adam Robinson, 랜들 스터트먼Randall Stutman, 캣 콜Kat Cole과 같은 대가들과도 이야기를 나누었다. 그들과 나눈 대화 중 많은 부분은 이미 '지식 프로젝트The Knowledge Project' 팟캐스트에 공개되어 있지만, 멍거와 함께 보낸 시간을 포함해 다른 대화는 비공개로 남을 것이다. 다만 대화를 나눈 모든 사람 중에서 나의 생각과 아이디어에 가장 큰 영향을 미친 사람은, 다름 아닌 나의 친구이기도 한 피터 D. 코프먼Peter D. Kaufman이었다.

그러나 지금은 상황이 많이 달라졌다. 취직 시 곤란을 겪을지 모르지만 어쨌든 지금은 프로필 공개가 허용된다. 실제로 요새는 링크드인LinkedIn 프로필에 업무 설명은 막연하게 쓰더라도 근무 기관명을 밝히는 사람이 꽤 있다. 내가 근무를 시작했을 때는 건물에 간판도 없었고 우리는 아예 '없는' 조직이었다. 프로필을 공개할 수도 있다는 생각은 이제 겨우 10년 정도 되었다.

●▲■ 워런 버핏이 최고경영자로, 찰리 멍거가 부회장으로 있는 버크셔 해서웨이Berkshire Hathaway 지주회사의 본사는 미국 네브래스카주 오마하시의 파남 스트리트에 있다.

그들과 나눈 수천 번의 대화는 1가지 핵심 통찰로 수렴되었다.

원하는 결과를 얻으려면 2가지를 해야 한다. 첫째, 먼저 우리의 생각과 감정, 행동에 추론의 공간을 확보해야 한다. 둘째, 그다음 이 공간을 의식적으로 활용하여 명료하게 사고할 줄 알아야 한다. 이 기술을 일단 터득하고 나면 그 누구도 넘볼 수 없는 이점이 생긴다.

클리어 씽킹을 바탕으로 결정을 내리면, 우리는 점점 더 나은 위치를 점하게 된다. 그러면 성공은 그냥 따라온다.

이 책은 클리어 씽킹을 익히기 위한 실용적 안내서다. 책의 전반부는 이를 위한 공간을 확보하기 위한 것이다. 먼저 알아야 할 것은, 명료한 사고의 장애물이 무엇인지다. 우리가 흔히 '사고'라고 말하는 것은 실제로는 아무 생각 없이 이루어진 반응일 때가 대부분이다. 이런 반응을 촉발하는 것은 인류의 생존을 위해 진화한 생물학적 본능이다. 이처럼 생각 없이 반응하면 우리의 입지는 더욱 약해지고 선택의 폭도 더 좁아진다. 하지만 생물학적 촉발 요인에 대응하는 법을 익히면, 명료한 사고의 공간이 열리고 우리의 입지가 더욱 강화된다. 그다음 우리의 약점을 관리하고 강점을 키우는 실용적이면서도 실천 가능한 여러 방법을 익히면, 긴박한 상황에서도 이 공간이 굳건할 것이다.

이 책 후반부는 클리어 씽킹을 실천하기 위한 것이다. 자신의 강점을 키우고 약점을 관리할 수 있게 되면, 즉 사고와 행동 사이에서 '잠시 멈춤'의 시간을 갖게 되면 클리어 씽킹을 바탕으로 효과적인 결정을 내릴 수 있다. 이렇게 4장에서는 문제 해결에 도움이 되는 가장 실용적인 도구들을 제시할 것이다.

우리의 기본값이 자신에게 '해롭게'가 아닌 '이롭게' 작동하도록 만들고 합리적 마음의 도구를 최대화하는 기술을 익혔다면 마지막 단계는, 아마도 가장 중요한 질문일 우리의 목표가 무엇인지를 돌아보는 것이다. 수행력이 대단히 뛰어나더라도 그것이 올바른 결과를 위한 것이 아니라면 쓸모없다. 그런데 이를 어떻게 알 수 있을까?

이 책에서 나는 사람들이 거의 이야기하지 않은 방식으로 사고하기 위한 가장 효과적인 접근법을 제시하고자 한다. 매혹적인 전문용어나 도표, 의사결정나무decision tree 같은 것은 사용하지 않을 것이다. 대신, 내가 다른 사람에게서 배웠거나 스스로 발견해서 다양한 조직과 문화와 산업계의 수천 명을 대상으로 검증한 실용적인 기술에 초점을 맞출 것이다.

우리는 행동과학과 현실 세계의 결과 사이에 빠진 연결고리를 발견함으로써 평범한 순간을 놀라운 결과로 바꾸게 될 것이다.

이 책이 전하는 교훈은 간단하고 실용적이며, 유행을 타지도 않는다. 이것은 주로 다른 사람들의 지혜와 이를 실천해 본 나의 생생한 경험에 기초한다. 나는 이런 교훈과 통찰을 바탕으로 정보기관에서 더 나은 결정을 내릴 수 있었고, 여러 사업을 벌이고 확장했을 뿐만 아니라, 놀랍게도 더 나은 부모가 될 수 있었다. 이 교훈을 어떻게 사용할지는 독자 스스로가 결정할 일이다.

내 인생의 좌우명은 '다른 사람들이 깨달은 최고의 것을 내 것으로 만들자'이다. 그리고 이 책은 이런 신념의 효과를 증명한다. 나는 이 책에서 내게 큰 도움을 준 아이디어들의 출처를 밝히기 위해 최선을 다했다. 그런데도 혹여 놓친 부분이 있다면 먼저 사과의 말씀을 전한다. 무언가를 실천에 옮기면 그것은 나의 일부가 된다. 지난 20년 동안 세계 최고의 사람들과 수천 번의 대화를 나누고 셀 수 없이 많은 책을 읽고 나니, 그 모든 것이 어디에서 왔는지 일일이 기억하는 것이 쉽지 않았다. 대부분은 그저 내 무의식의 일부가 되었을 뿐이다. 이 책에 유용한 무언가가 있다면, 그 모든 것이 다른 사람의 아이디어라고 가정해도 무방하다. 내가 한 일이라곤 그저 인생의 수많은 선배로부터 배운 것을 짜 맞춰, 이처럼 세상에 내놓은 것이다.

셰인 패리시

차례 ─────────────────────────────────

평범한 곳에서 발휘되는 클리어 씽킹

우리의 미래는 평범한 순간에 일어나는 일이 결정한다.

하지만 지금까지 우리는 선택이 이루어지고 있는 사실조차 인지하기 어려운 사소한 순간들보다는 중대한 결정에 주의를 집중해야 한다고 배워왔다. 그런데 실제로는 평범한 순간의 선택이 중대한 순간에 이뤄지는 결정보다 성공의 열쇠가 될 때가 많다. 이를 선뜻 납득하기 어려울 수도 있다.

인간은 보통 중대한 일이 잘 풀리면 모든 것이 마법처럼 잘 되리라 생각한다. 결혼 상대를 잘 고르기만 하면 모든 것이 잘 될 것이다. 그럴듯한 직장을 고르기만 하면 행복이 저절로 따라올 것이다. 투자를 제대로 하기만 하면 부자가 될 것이다. 이러한 통념은 기껏해야 일부만 참이다. 아무리 멋진 사람과 결혼해도 내가 준비되어 있지 않으면 결혼이 오래 지속되지 않는다. 최고의 직장에 들어가도 열심히 일하지 않는다면 기회가 찾아오지 않는다. 완벽한 투자처를 찾아도 계좌에 투자할 돈이 없으면 쓸모가 없다. 중대한 결정의 방향이 옳다고 해서 원하는 결과를 얻는다는 보장이 없다는 말이다.

우리는 평범한 순간을 결정적 순간으로 여기지 않는다. 직장 동료가 "그렇게 하면 문제가 더 커질 텐데"라고 말할 때만 해도 일이 그렇게까지 될 줄 모른다. 물론 사태가 더 악화할 것을 알았다면 그렇게 하지 않았을 것이다. 어느 누구도 순간을 얻기 위해 10년을 내주지는 않는다. 그러나 종종 열쇠는 순간에 있다.

클리어 씽킹의 장애물 때문에, 즉 인간 본성의 좀 더 원시적인 부분 때문에 우리는 사태를 제대로 파악하지 못하게 되고, 인생은 계속 꼬여만 간다. 회의에서 동료의 말에 감정적으로 반응하는가? 그렇다면 반드시 수정해야 한다. 최선의 결과를 위해서가 아니라 자신이 옳다는 것을 증명하기 위해 내린 결정은 나중에 치울 쓰레기만 쌓이게 할 뿐이다. 배우자나 애인과 금요일에 다투었는가? 주말이 통째로 날아갈 수도 있다. 이런 상황에서 기운이 빠지고 스트레스가 쌓이며 한결 더 분주해지는 건 당연하다.

평범한 순간에는 보통 상황이 우리를 대신해 생각한다. 이런 순간은 너무나 사소해 보이기에 이를 인지하지 못한다. 그

러나 며칠이 몇 주가 되고 몇 주가 몇 달이 되면, 이런 순간들
이 쌓여서 목표 달성이 더 쉬워지거나 더 어려워질 수 있다.

미래를 맞이할 우리의 위치는 매 순간 더 좋아지거나 더 나
빠진다. 이런 위치 이동 때문에 결국 삶이 더 쉬워지기도 하고
더 어려워지기도 한다. 알량한 자존심 때문에 내가 여기서 대
장이라는 것만 과시하다가는 미래가 더 어려워진다. 직장 동
료에게 수동적 공격성passive-aggressive을 보이면 인간관계가
더 나빠진다(미국정신의학회 정신질환진단통계편람 4판DSM-4에
서 '전반적으로 부정적인 태도를 보이고 적절한 수행 요구에 수동적
으로 저항하는' 행동이 특징인 장애라고 규정했으나, 정신질환진단통
계편람 최신판DSM-5에서는 과학적 증거 부족으로 인격장애 목록에
서 빠졌다-옮긴이). 당시에는 그리 중요해 보이지 않던 순간들
이 모여 우리의 현재 위치가 된다. 그리고 이러한 위치가 우리
의 미래를 결정한다.

좋은 위치에 있으면 상황에 떠밀려 결정하는 대신, 명료하
게 사고할 수 있다. 세계적인 거인들이 꾸준히 좋은 결정을 내
리는 것은 그들이 좀처럼 상황에 떠밀려 결정하는 위치에 처
하지 않기 때문이다.

더 좋은 위치에 있으면 굳이 다른 사람을 앞서기 위해 더
똑똑해질 필요가 없다. 좋은 위치에 있으면 누구든 천재처럼
보인다. 반면 나쁜 위치에 있으면 아무리 똑똑해도 바보처럼
보인다. 판단의 최대 지원군은 좋은 위치에서 출발하는 것이

다. 장부상 현금이 많고 부채가 적은 회사는 선택의 폭이 넓을 수밖에 없다. 경기가 나빠지면 이런 회사의 선택 폭은 더욱더 넓어진다. 반면 현금이 없고 부채가 많은 회사는 선택의 폭이 좁을 수밖에 없다. 그리고 상황이 나빠지면 나락으로 떨어지는 것은 순식간이다. 이러한 사례는 중역 회의실 밖에서도 숱하게 찾을 수 있다.

시간은 적절한 위치에 있는 사람에게는 친구이지만 부적절한 위치에 있는 사람에겐 적이다. 좋은 위치에 있으면 승리로 향하는 많은 길이 열린다. 나쁜 위치에 있으면 한길밖에 없다. 이것은 테트리스 게임과도 비슷하다. 게임을 잘하면 다음 조각을 놓을 자리가 많지만, 게임을 잘 못하면 다음 조각은 꼭 필요한 모양이 나와야만 한다.

많은 사람이 놓치고 있는 것은, 평범한 순간이 우리의 위치를 결정하고 우리의 위치가 선택의 폭을 결정한다는 사실이다. 클리어 씽킹은 상황에 지배당하는 대신 상황을 지배할 수 있는 적절한 위치로 가게 하는 열쇠다.

지금 당신이 어떤 위치에 있는지는 중요하지 않다. 중요한 것은 오늘부터라도 위치를 좋게 바꾸는 것이다. 평범한 매 순간은 미래를 더 쉽거나 더 어렵게 만들 수 있는 기회다. 모든 것이 클리어 씽킹 여부에 달렸다.

CLEAR THINKING

1장

장애물을
피하라

1

우리의 무의식이 우리보다 더 똑똑하고
더 빠르고 더 강력하다는 것을 명심하라.
무의식이 우리를 통제할 수도 있다.
그래도 우리는 그 비밀을 전혀 알아채지 못할 것이다.

— 코델리아 파인Cordelia Fine, 《뇌 마음대로*A Mind of Its Own*》에서

내가 처음 들은 것은 고함이었다. 이는 CEO의 사무실에 들어 갈 때 보통 예상할 수 있는 소리가 아니다. 그러나 이 CEO는 달랐다.

나는 그의 사무실로 들어가 서류 가방을 탁자 위에 놓고 그 의 앞에 앉았다. 그는 내가 들어온 것을 신경 쓰지도 않았다. 몇 달 동안 그를 위해 일한 나는 기대감도 컸지만 여전히 불안 했다. 나는 그의 오른팔이었기에 나를 거치지 않고는 거의 아 무것도, 누구도 그에게 다가갈 수 없었다. 그래서 이번 호출이 매우 기대가 되었다. 그의 일정에 없던 일이었으니까.

누구와 대화하든 그는 얼굴을 붉히며 화를 냈다. 이런 순간 에는 그를 자극하지 말고 오히려 차분해져야 한다는 것을 나 는 이미 알고 있었다. 만약 내가 나서면 그의 분노가 금세 나 를 향할 것이 분명했다.

수화기를 내려놓은 그와 눈이 마주쳤다. 그 짧은 순간에 나 는 먼저 말을 꺼내야 했다. 그렇지 않으면 그가 호통치기 시작 할 것이다. "무슨 일인가요?" 내가 물었다.

"그자들은 제자리를 찾아간 거야."

몇 마디 말로 그의 전화 상대가 누구인지 알 수 없었지만, 화를 내던 그의 목소리로 볼 때 외부인일 가능성이 컸다. 이 CEO를 위해 일하던 사람들은 그를 화나게 하는 말은 하지 않는 편이 낫다는 것을 알고 있었으니까. 나쁜 소식이나 그의 신념과 다른 아이디어, 사태를 더 악화시키려는 그의 행동을 멈추려는 시도 등이 이에 해당했다. 그가 끊은 전화는 사실상 그가 사무실에서 받은 거의 마지막 전화가 되었다. 이 평범한 순간에 모든 것이 바뀌었기 때문이다.

나중에 알고 보니 그 전화의 상대방은 조직에 심각한 결과를 초래할 수 있는 문제를 보고하느라 애를 먹었다. 그날 그러한 우려가 CEO의 분노에 막히자 그들은 이사회에 우려사항을 전달했고, 얼마 지나지 않아 우리의 CEO는 해고되었다.

그날 그가 보인 행동이 해고의 직접적인 원인이었다고 말하고 싶지만, 꼭 그렇지만은 않았다. 그가 해고된 까닭은 전화 상대방이 전달한 정보에 그가 적절히 대응하지 않았기 때문이다. 그의 자존심이 허락하지 않았던 것이다. 만약 그가 명료하게 사고했다면, 그는 여전히 자리를 지키고 있었을 것이다.●

● 이 이야기의 일부 세부 사항은 관련자의 신원을 보호하기 위해 다소 수정되었다. 그래도 전체 줄거리는 진짜다.

서투르거나
생각하지 않거나

언제 사용할지를 모르면, 합리성도 쓸모없다.

　사람들에게 사고력을 어떻게 향상할 수 있는지 물으면 보통 합리적 사고를 돕기 위해 설계된 여러 도구를 언급한다. 서점에도 추론 능력이 관건이라고 가정하는 책들이 가득하다. 이런 책들은 더 나은 판단을 위해 밟아야 할 단계와 사용할 수 있는 도구를 열거한다. 언제 합리적 사고를 해야 하는지 알 수 있다면, 이런 것들이 도움 될 수 있다.

　하지만 현실 상황에서 사람들의 행동을 관찰하며 내가 깨달은 것은, 화를 쏟아내던 그 CEO와 마찬가지로 문제가 생겼을 때 사람들은 자기 대신 상황이 생각하는 것을 모르고 있을 때가 많다는 점이다. 그래서 우리 내면의 목소리가 다음과 같이 말하는 것 같다. "잠깐! 지금은 스스로 생각할 때야!"

우리는 언제 생각해야 하는지 몰라서 충동으로부터 지배당하게 된다. 자극과 반응 사이의 공간에서는 다음과 같은 2가지 중 하나가 발생한다. 의식적으로 잠시 멈추고 상황에 이성을 적용하거나, 또는 통제력을 잃고 기본값대로 행동하거나.

- 문제는 기본값대로 행동하면 상황이 종종 더 나빠진다는 것이다.
- 누가 우리를 모욕하면 우리는 분노에 찬 말들을 쏟아붓는다.
- 누가 우리를 방해하면 으레 악의가 있을 것이라고 가정한다.
- 일이 원하는 것보다 느리게 진행되면 좌절하고 조급해진다.
- 누가 수동적 공격성을 보이면 미끼를 물어 일을 더 키운다.

이 같은 반응의 순간에 인간의 뇌는 생물학적 메커니즘의 노예가 된다. 그러면 결과는 우리가 원하는 것과 정반대 방향으로 치닫게 된다. 이익을 얻기 위해 축적한 정보가 오히려 팀에 해가 되는 것을 깨닫지 못할 때가 있다. 스스로 생각하지 못해 집단의 생각에 순응하게 되는 것을 깨닫지 못할 때가 있다. 감정에 이끌린 반응으로 후속 문제가 발생하는 것을 깨닫지 못할 때가 있다.

그러므로 더 나은 결과를 얻기 위한 첫 번째 단계는, 판단이 필요한 순간을 알 수 있도록 훈련하는 것이다. 그리고 잠시 멈춰서 명료한 사고를 위한 공간을 확보하는 것이다. 이 훈련에는 많은 시간과 노력이 필요하다. 이는 수백 년에 걸쳐 진화하면서 우리 몸에 내장된 생물학적 기본값을 보완하는 작업이기 때문이다. 다만 훈련을 완수하면 미래를 더 쉽게 혹은 더 어렵게 만드는 평범한 순간을 지배할 수 있을 뿐만 아니라, 성공과 장기적인 목표 달성에도 유리하다.

통제력 상실의 커다란 대가 ——————

생각 없이 반응할 때마다 상황은 점점 더 나빠진다.

내가 수없이 목격한 아주 흔한 장면을 살펴보자. 내가 이끄는 프로젝트에 관한 회의에서 동료가 나를 무시하는 태도를 보인다. 나는 본능적으로 그나 그의 작업을 흠잡는 말로 되받아친다. 이러한 반응은 나의 의식적 선택이 아니라 그냥 자연스럽게 내뱉어진 것이다. 무슨 일이 벌어졌는지를 깨닫기도 전에, 이미 피해는 발생했다. 이렇게 되면 관계가 나빠질 뿐만 아니라 회의도 옆길로 새게 된다.

원래 위치로 돌아가려면 매우 많은 에너지를 소모해야 한다. 동료와의 관계도 회복해야 하고 옆길로 샌 회의 일정도 다시 잡아야 한다. 분위기를 다잡기 위해 회의 참석자들에게 해명해야 할 수도 있다. 그런데 이렇게 많은 노력을 기울인다 해도 내 위치는 이전에 비해 더 나빠졌을 것이 분명하다. 모든 목격자와 그들의 목격담을 전해 들은 모든 사람에게 무의식적인 신호가 전달되면서 나에 대한 신뢰가 깎였을 테니. 이 신뢰를 회복하려면 수개월 동안 일관된 행동을 보여야만 한다.

경솔한 실수를 만회하느라 쏟는 시간과 노력만큼 내가 원하는 결과를 향한 전진은 더뎌진다. 실수를 만회하는 데 들어가는 에너지를 목표를 달성하는 데 쓸 수 있다면, 그것은 엄청난 이득일 것이다. 이게 무슨 말인가? 결국 명료하게 사고할 줄 아는 사람은 그렇지 않은 사람보다 원하는 결과를 위해 더 많은 에너지를 쓸 여력이 있다는 말이다.

다만 명료하게 사고하려면 자신의 기본값을 관리할 줄 알아야 한다.

생물학적 본능

생물학적 본능만큼이나 강력한 것도 없다. 이는 종종 우리도 모르는 사이에 우리를 통제한다. 본능을 잘 다스리지 못하면 이것은 더 미쳐 날뛴다.

이따금 최악으로 반응하는 자신이 이해되지 않는가? 문제는 우리의 마음이 아니다. 우리의 마음은 생물학적 메커니즘에 따라 짜인 각본대로 작동할 뿐이다. 이 각본은 생각에 소중한 시간을 허비하지 말고 위협에 효율적으로 신속히 반응하라고 명령한다.

누가 우리 집에 침입하면 본능적으로 자녀 앞에 서서 침입자와 맞서게 된다. 누가 위협적인 표정으로 다가오면 당연히 신경이 곤두선다. 일자리가 위태롭다는 느낌이 들면 무의식적으로 정보를 수집하기 시작한다. 우리의 동물적 두뇌는 그 일을 할 줄 아는 사람이 나밖에 없으므로 해고될 리 없다고 말한다. 이런 상황에서 어떻게 해야 할지를 알려주는 것은 합리적 마음이 아니라, 생물학적 메커니즘이다.

생각을 거치지 않은 반응으로 인해 상황이 더 악화하면 머릿속에서 자책하는 작은 목소리가 들리기 시작한다. "이 바보야, 도대체 무슨 생각으로 그렇게 한 거야?" 그런데 사실 우리는 생각하지 않았다. 그저 동물처럼 반응했을 뿐이다. 이는 우리의 탓이 아니다. 생물학적 메커니즘 탓이다.

인간 몸에는 생물학적 성향이 내장되어 있다.● 이런 성향은 선사시대 조상들에게는 상당한 도움이 되었지만, 오늘날에는 오히려 방해가 되곤 한다. 세월이 흘러도 변함없는 이런 행동에 관해서는 아리스토텔레스와 스토아학파부터 대니얼 카너

● 이에 관한 많은 대화를 통해 내 생각을 정리하게 도와준 피터 코프먼에게 감사하다.

먼과 조너선 하이트Jonathan Haidt에 이르기까지 많은 철학자와 과학자가 설명과 이론을 제시했다.[1]

예를 들어, 다른 모든 동물과 마찬가지로 인간에게는 본능적으로 자신의 영역을 방어하려는 경향이 있다.[2] 우리가 아프리카 사바나의 땅 조각을 방어할 일은 없겠지만, 이 영역이란 물리적일 뿐만 아니라 심리적인 것이기도 하다. 우리의 정체성도 인간 영역의 일부다. 누군가 우리의 일, 지위 또는 개인적 시각을 비판하면 우리는 본능적으로 마음을 닫거나 방어하는 자세를 취한다. 누군가 우리의 신념을 흔들면 귀를 기울이는 대신 공격에 나선다. 이럴 때 생각이란 존재하지 않는다. 순전히 동물적인 본능만 있을 뿐이다.

인간은 본능적으로 세상을 위계질서 체계로 보는 경향이 짙다. 그렇게 하면 세상을 이해하고 신념을 지키는 데 도움이 되며, 대개 기분도 좋아진다. 그러다 누군가 세상에 있는 우리의 자리나 세상을 보는 개인의 시각을 공격하면 생각 없이 반응한다. 고속도로에서 누군가 내 앞에 끼어들면 운전자의 더러운 성질이 발동하는데, 이럴 때 우리의 무의식적인 마음은 다음과 같이 말한다. "감히 누가 끼어들어?" 이는 우리 안의 위계 의식이 위협받을 때 생기는 반응이다. 도로에서 인간은 모두 평등하다. 우리는 모두 같은 규칙에 따라 게임을 해야 한다. 그런데 끼어들기는 규칙 위반이며 이런 위반 행동은 더 높은 지위를 시사하는 것이다.* 또 자식과 벌인 말다툼이 결국에는

"내가 그렇게 정했잖아"로 끝나는 상황을 떠올려 보라(이것의 정식 표현은 "내가 대장이잖아"이다). 이럴 때 우리는 사고를 멈추고 위계질서를 재확인하는 생물학적 성향으로 후퇴하게 된다.

인간에게는 자기보존의 본능이 있다. 원하는 목표를 달성하기 위해 의도적으로 다른 사람을 넘어뜨리는 사람은 많지 않다.●▲ 단, 여기서 포인트는 '의도적으로'다. 의도는 생각을 포함한다. 그러나 생각 없이 반응이 촉발할 때, 우리는 자신을 먼저 보호하려는 욕망에 지배당한다. 회사 내에 해고의 기운이 감돌면 평소 점잖던 사람들마저 자신의 자리를 보전하기 위해 다른 사람을 잽싸게 버스 아래로 밀어내기 시작한다. 물론 의식적으로 동료를 해치려고 하진 않을 것이다. 그러나 '너 아니면 나'의 상황에 내몰리면 틀림없이 누군가를 이기기 위해 발버둥 치게 될 것이다. 이것이 바로 인간에게 내장된 생물학적 메커니즘이다.

인간의 생물학적 본능 덕분에 우리는 의식적인 정보처리 없이도 자동으로 반응할 수 있다. 본능이 원래 그런 것이다! 의식적인 정보처리에는 시간과 에너지가 들어간다. 진화는 자극-반응의 지름길을 선호했는데, 이것이 집단에 유리했기 때

● 내가 이 예를 처음 접한 것은 틀림없이 짐 론 Jim Rohn의 책에서였는데, 해당 참고문헌을 찾을 길이 없다.

●▲ 물론 테일러 스위프트 Taylor Swift의 노래 <복수보다 잘하는 것 Better Than Revenge>의 상대라면 얘기가 다르다.

문이다. 즉, 집단 적응, 집단 생존 및 번식에 유리해서다. 인류가 집단을 이루어 번성하면서 위계질서가 발달하고, 혼돈 속에서 질서가 생겼으며, 우리 각자의 위치가 정해졌다. 영역 규정은 다른 사람과 다툼이 생기지 않도록 예방하는 방법이다. '네가 내 영역을 침범하지 않으면 나도 네 영역을 침범하지 않는다.' 또한 자기보존의 본능이란, 규칙과 규범, 관습 같은 것보다 생존이 우선한다는 의미다.

그러나 집단에서 개인으로, 아주 오랜 세월에 걸친 진화에서 '바로 이 순간의 결정'으로 관심의 초점을 바꾸면, 문제가 발생한다. 현대 세계에서 기초적인 생존은 더 이상 문제가 되지 않기 때문이다. 한때 인간에게 유용했던 성향들이 이제는 우리를 꼼짝 못 하게 붙잡는 닻처럼 작용해 우리의 위치를 약화하고 일을 쓸데없이 어렵게 만들 뿐이다.

자신의 기본값 알기

인간의 많은 본능 중에서도 내가 보기에 가장 두드러지고 가장 독특하며 가장 위험한 4가지 본능이 있다. 이런 본능에서 비롯된 행동은 인간 뇌의 기본값 또는 공장 설정과 같은 것이다.[3] 이것은 자연선택을 통해 우리의 DNA에 입력된 행동 프로그램이다. 이 본능이 촉발되면 잠시 멈추고 생각하지 않는

한 우리의 뇌가 자동으로 이를 실행한다. 이 4가지 본능은 다양하게 불리지만, 여기서는 이 책의 목적에 맞게 감정 기본값emotion default, 자아 기본값ego default, 사회적 기본값social default, 관성 기본값inertia default이라고 부르겠다.

이것들의 작동 방식은 기본적으로 다음과 같다.

감정 기본값	우리는 대개 이성과 사실보다 감정에 더 잘 반응한다.
자아 기본값	우리는 대개 우리의 자존감을 위협하거나 집단 위계질서에서 우리의 위치를 위협하는 모든 것에 민감하게 반응한다.
사회적 기본값	우리는 대개 우리가 속한 사회집단의 표준을 따른다.
관성 기본값	우리는 습관에 젖어 편안함을 추구한다. 그래서 우리는 대개 변화에 저항하고 익숙한 발상이나 과정 또는 환경을 선호한다.

이 기본값들 사이의 경계는 엄격하지 않으며 서로에게 영향을 미치곤 한다. 이 기본값 중 하나만으로도 경솔한 실수를 유발하기에 충분하지만, 이것들이 함께 작용하면 상황이 금세 악화될 수도 있다.

다만 이러한 기본값에 지배당하지 않고 주인이 되는 사람은 실생활에서 최고의 결과를 얻을 수 있다. 이들에게 성질이나 자존심이 없는 건 아니다. 다만 이런 것에 휘둘리는 대신

이를 통제하는 법을 알 뿐이다. 이런 사람은 오늘의 평범한 순간에 명료하게 사고하게 되므로 항상 내일에는 더 좋은 위치에 있게 된다.

다음 장에서는 이런 기본값들이 어떻게 인간의 행동으로 나타나는지, 이것들이 우리의 삶에서 작동하는 순간을 어떻게 알 수 있는지 살펴보기로 하자. 기본값을 이해하면 우리의 과거 행동을 더 잘 이해할 수 있게 될 뿐만 아니라, 다른 사람이 이것에 반응하는 순간도 알아챌 수 있다.

감정
기본값

내가 좋아하는 영화 〈대부 *The Godfather*〉에는 사업에 관한 교훈이 다수 등장한다. 코를레오네 가족범죄단의 우두머리인 비토 코를레오네 Vito Corleone는 인내와 규율의 대가다. 자신의 기본값을 통제할 줄 아는 그는 절대로 생각 없이 반응하지 않는데, 일단 반응하면 그 효과가 엄청나다.

비토의 장남인 산티노 Santino, 일명 소니 Sonny는 비토의 예상 후계자다. 그러나 아버지와 다르게 소니는 복수심에 불타고 충동적이며 다혈질이다. 그는 쉽게 분노에 휩싸이며, 먼저 반응하고 그다음에 생각한다. 경솔한 실수 때문에 늘 삶이 꼬이는 캐릭터다.

감정 기본값이 소니를 지배하지만 그는 이를 깨닫지 못한다. 한번은 남들이 보는 앞에서 매제인 카를로 리치**Carlo Rizzi**를 구타하는데, 이로 인해 나중에 뜻하지 않은 결과를 맞게 된다. 또 한번은 경쟁 가문이 비토에게 접근해 마약 판매를 함께 하자고 제안한다. 비토는 이를 거절하는데, 이때 무작정 잽싸게 반응하는 소니가 불쑥 끼어들어 아버지의 지위에 흠집을 낸다. 모임이 끝난 후 비토는 다음과 같이 아들을 타이른다. "다시는 가족이 아닌 사람에게 네 생각을 말하지 마라." 그러나 비토의 훈계는 너무 늦었고 피해는 이미 발생하고 말았다. 마약상이 비토를 제거하면 소니가 거래를 할 것이라고 생각한 것이다. 소니의 무분별한 행동으로 인해 비토의 목숨을 노리는 암살 시도가 벌어지면서 비토가 중상을 입는다.

비토가 병원에 입원해 있는 동안 소니가 집안의 우두머리 역할을 대신하게 된다. 그는 자신의 충동이 이끄는 대로 다른 집안과 전면전을 시작한다. 한편 부하들이 보는 앞에서 자신을 구타한 소니에 대한 분개심이 식지 않은 카를로 리치는 경쟁 가문과 공모해 소니를 죽이려 한다. 카를로는 소니가 생각 없이 반응하도록 미끼를 던진 후, 결국 존스 비치 코즈웨이**Jones Beach Causeway**에서 그를 잔인하게 살해한다.

그렇게 소니는 급한 성질 때문에 결국 몰락하고 마는데, 이것이 그에게만 일어나는 일은 아니다. 무턱대고 반응하는 사

람은 나중에 어처구니없는 실수를 저지르기 쉽다. 감정적으로
반응할 때 우리는 생각이 필요한 지점에 있다는 사실조차 깨
닫지 못하곤 한다. 순간에 사로잡히면 세상의 어떤 생각 도구
도 도움을 줄 수 없다.

감정에서 행동으로

우리 모두에게는 소니 같은 구석이 있다. 분노, 두려움 또는 그
밖의 어떤 감정에 휩싸여 당장 어떤 행동이든 해야 할 것 같은
충동을 느낀다. 그러나 이런 순간 충동에 떠밀려 저지른 행동
은 대개 도움이 되지 않는다.

경쟁자에 대한 분노에 휩싸이면 자신에게 최선의 이익이
되는 것을 하지 못하게 된다. 기회를 놓칠지 모른다는 두려움
에 휩싸이면 쉽게 생각하고 충동적으로 행동하게 된다. 누군
가에게 비판을 받아 화가 치밀면 방어를 위한 반격에 나섬으
로써 잠재적인 아군과 더 멀어지게 되기도 한다. 이 같은 사례
는 셀 수 없이 많다.

감정 때문에 공든 탑이 무너질 수 있다. 아무리 많은 생각과
노력을 투자했어도 한순간에 모든 것이 수포로 돌아갈 수 있
다. 이런 일은 누구에게나 일어날 수 있다. 예를 들어, 올림픽
에 출전한 매튜 에몬스**Matthew Emmons**는 라이플 사격 종목을

석권한 천재 선수였다. 그가 두 번째 올림픽 금메달을 목전에 두었던 순간, 그의 감정 기본값이 장난을 치기 시작했다. 에몬스는 최종 라운드에 진출했고, 그는 과녁을 조준해 총을 발사했다. 총알이 과녁 한복판에 명중했다! 문제는 그가 엉뚱한 과녁을 맞췄다는 것이다! 자신의 과녁에 명중했다면 금메달은 그의 것이었겠지만, 결국 그는 0점을 받으며 8위로 밀려나고 말았다.

나중에 에몬스는, 자신은 보통 라이플총 조준경을 통해 과녁 위의 숫자를 보고 자신의 과녁을 확인한 후 과녁 중앙으로 총을 내리는데, 그 순간에는 이 중요한 첫 단계를 생략했다고 고백했다.

"총을 쏘는 순간에는 마음을 진정시키는 데만 신경 썼어요. … 그러느라 숫자는 아예 쳐다보지도 않았지요"라고 그는 말했다.[1] 결국 감정 기본값에 점수를 내준 셈이었다.

에몬스의 금메달 실패담은 영화의 한 장면처럼 기막힌 일이긴 하지만, 나의 예전 동료의 삶에 벌어진 비극에 비하면 아무것도 아니다. 그 동료의 이름을 스티브라고 하자. 스티브는 회식 자리에서 정치 관련 얘기가 나올 때마다 입을 다물었다. 어느 날 무리와 떨어져 있을 때 나는 그에게 이유를 물었다. 그때 나는 평생 잊지 못할 이야기를 스티브에게 들었다.

어느 날 밤, 스티브의 부모님이 저녁을 함께하러 그의 집에 오셨다. 정치와 세금에 관한 이야기가 나왔고 대화는 점점 뜨

거워졌다. 이내 감정이 격해진 스티브는 이내 후회할 게 빤한 말들을 내뱉기 시작했고, 그렇게 쏟아진 물을 주워 담을 수 없었다. 이것이 우리가 생각 없이 반응할 때 일어나는 일이다.

그런데 이후 스티브는 부모님과 대화를 나눌 수 없게 되었다. 집으로 돌아가던 길에 부모님의 차가 음주 운전자의 차와 정면으로 충돌한 것이다. 생존자는 없었다. 그날 밤의 기억이 현재까지도 스티브의 머릿속을 떠나지 않는다고 했다. 그것이 그에게 영원한 후회를 안긴 평범한 순간의 기억이었다.

이처럼 감정은 명료한 사고를 방해해 최고의 사람도 바보로 만들 수 있다. 물론 감정이 유용할 때도 있다. 나중에 우리는 감정 기본값의 영향력이 특히 막강해지는 인간의 많은 생물학적 취약성에 관해서도 살펴볼 것이다. 수면 부족, 배고픔, 피로, 흥분, 주의 산만, 서둘러야 하거나 낯선 환경에 처했을 때 느끼는 스트레스 등이 그렇다. 이런 상황에 처하면 더욱 조심해야 한다! 감정 기본값이 작동할 시간이기 때문이다. 이 같은 상황에서 스스로 보호하는 방법에 관해서도 찬찬히 살펴보기로 하자.

자아
기본값

〈대부〉이야기로 다시 돌아가 보자. 등장인물인 카를로 리치는 또 다른 인간 본능의 기본값인 자아 기본값에 휘둘린 전형적인 사례다.

카를로는 비토의 딸 코니Connie와 결혼하면서 코를레오네 가문의 일원이 되었다. 외부인이었던 그는 사회적 위계질서에서 비교적 낮은 위치에 있었다. 그러나 나름의 자부심과 자존심이 강했던 그는 가족 사업에서 주변만 맴도는 자신의 역할에 점점 더 좌절감을 느꼈고, 이런 좌절감으로 인해 이윽고 용서받을 수 없는 행동을 저지르게 된다.

살다 보면 이런 일이 종종 있다. 이럴 때 우리는 자아 기본 값에 휘둘려 무슨 대가를 치르든 개의치 않고 우리의 자아상을 지키려 한다.

카를로의 경우, 낮은 지위에 대한 불만과 자아상을 지키려는 욕망이 결합하면서('나는 지금 하는 일보다 더 많은 것을 할 수 있는데 저들은 내게 더 많은 것을 맡기려 들지 않는다'), 결국 배신으로 치닫게 되었다. 그에게 코를레오네 가문을 발기발기 찢어놓을 의도까진 없었다. 그저 자신의 자아상에 걸맞은 역할을 원했을 뿐이다. 그러나 하찮은 존재로 취급받는 일상적인 모멸감으로 인해 그는 의도치 않은 연쇄반응에 빠지고 말았다.

성공처럼 보이는 것과 진짜 성공

모든 자신감이 똑같은 방식으로 생기는 것은 아니다.

심오한 지식을 성공적으로 적용하여 놀라운 실적을 거두었을 때뿐만 아니라, 기사 한 편을 읽고 피상적인 지식을 얻었을 때도 자신감이 생길 수 있다. 여기에 자존심이 발동하면 쉽게 얻은 지식일 때도 무모한 자신감이 생기곤 한다.

그러나 얄팍한 지식은 위험할 수 있다. 우리 아이는 이를 힘들게 깨달았다. 우리 아이는 프랑스어로 과제를 해야 했는데, 그러려면 많은 시간과 노력이 필요하므로 먼저 영어로 과제를 한 다음에 온라인 번역기를 돌려서 완성하기로 마음먹었다. 생각보다 빨리 과제를 끝낸 아이에게 내가 어떻게 그렇게 빨리 했는지 묻자, 아이는 그리 어렵지 않다면서 넘어갔다. 하지만 결국 아이의 프랑스어 선생님께서 아이가 한 짓을 쉽게 알아채고 과제 점수를 0점으로 처리했다.

자아에 휘둘리면 자신이 실제보다 더 뛰어나다고 착각하게 된다. 이를 그대로 두면 자신감이 과신이 되고 오만으로 발전할 수 있다. 인터넷에서 얻은 얄팍한 지식만으로 갑자기 자만심에 빠지는 것이다. 이때는 모든 것이 쉬워 보인다. 그래서 제대로 이해하지 못하는 위험까지 감수한다. 원하는 결과를 얻고 싶은가? 그렇다면 이 같은 헛된 자신감을 경계해야 한다.

최근 노숙자 증가 문제를 다룬 강연회에서도 내 옆에 앉은 사람이 본인은 복잡하고 까다로운 이 문제를 쉽게 해결할 수 있다고 말했다. 얄팍한 지식에 기초한 헛된 자신감에 취하면 문제가 쉬워 보인다. 그러나 힘들게 얻은 지식에 기초한 역량을 갖춘 사람은 문제를 전혀 간단하게 보지 않았다. 그들은 현실을 제대로 알고 있기 때문이다.

쉽게 얻은 지식은 섣부른 판단으로 이어진다. 우리는 이따금 '(무엇이 문제인지) 알았어!'라고 생각한다. 확률이 낮은 사태는 결코 일어나지 않으리라 확신하면서, 최선의 결과만 상상한다. 새로 장착한 (헛된) 자신감 때문에 다른 사람들에게는 종종 일어나는 불운이 내게는 결코 일어나지 않을 것 같은 느

껨이 든다.[1]

　자신감이 생긴다고 해서 나쁜 결과가 덜 발생하거나 좋은
결과가 더 발생하는 건 아니다. 다만 이 같은 자신감에 빠지면
위험을 보지 못하게 된다는 게 문제다. 게다가 자아 기본값에
도취되면 지식이나 기술을 확장하는 일보다는, 사회적 위계질
서에서 자신이 느끼는 지위를 유지하고 향상하는 일에 더 신
경을 쓰게 된다.

　직장에서 우리가 다른 사람에게 선뜻 자율권을 주지 못하
는 까닭은 무엇일까? 매사에 다른 사람이 우리의 결정에 의존
해야만 우리가 중요하고 없어서는 안 될 존재로 느껴지기 때
문이다. 다른 사람이 자신을 의지하면 스스로가 꼭 필요할 뿐
만 아니라 강력한 존재로 느껴진다. 우리에게 의지하는 사람
이 많을수록 더 강력해졌다고 느끼는 것이다. 그러나 이런 지
위는 종종 역효과를 낳는다. 우리는 서서히, 그러다 일순간에
스스로 만든 환경의 포로가 된다. 그래서 우리의 지위를 유지
하기 위해 점점 더 많은 노력을 기울이게 되고 결국에는 '무차
별 대입법의 한계 ceiling of brute force'●에 도달한다(무차별 대입
법 또는 무차별 대입 공격 brute force attack이란, 지능형 알고리즘을
사용하는 대신에 모든 경우의 수를 대입해 암호 또는 문제를 풀려고

●　이것은 벤처 캐피털리스트 브렌트 비쇼어 Brent Beshore가 사용
한 표현이다.

시도하는 것을 말한다. 더 넓은 의미에서는 본문에서처럼 전략 없이 노력으로만 문제를 해결하려는 태도를 뜻한다 – 옮긴이). 사태가 터지는 것은 시간문제일 뿐이다.

위대해 보이고 싶은 사람은 다른 사람을 조종하는 능력을 과시한다. 사실 우리는 실제로 위대한 것보다 위대한 인상을 풍기는 데 더 신경을 쓴다. 우리의 자아상(또는 우리가 원하는 자아상)이 짓밟히면 자존심이 상해 생각 없이 반응하기 쉽다. 카를로 리치는 허구적 사례이지만, 실제 사례도 수두룩하다.

예를 들어, 1780년 9월에 미국 독립 전쟁에 참전했던 장군 베네딕트 아놀드Benedict Arnold는 몰래 영국 스파이를 만났다. 아놀드는 2만 파운드와 영국군의 지휘권을 넘겨받는 대가로, 당시에 그가 지휘하던 웨스트포인트West Point 요새의 통제권을 영국군에 넘기기로 합의했다.

도대체 얼마나 강력한 힘이 작용했기에, 그는 조국까지 배신한 것일까? 아놀드의 동기는 카를로 리치의 것과 다르지 않았다. 자신의 사회적 지위에 대해 오랫동안 품었던 분노가 원인이었다.

아놀드는 유능한 장교였지만 사람들로부터 많은 호감을 얻지는 못했다. 질투심이 강했고 의회가 자신보다 어리고 능력이 더 뛰어난 것 같지 않은 장교를 먼저 승진시킨 데 대해 자주 불평을 늘어놓았다. 아놀드는 현실 또는 상상 속의 사회적 모욕에 신속히 반응했다. 자신의 우월함을 증명하기 위해 본인과 견해가 다른 사람을 모욕하던 그는 결국 보이지 않는 적들로 둘러싸이게 되었다.

그런데도 그는 미국군 총사령관이던 조지 워싱턴George Washington의 신임을 얻어 필라델피아의 군정 장관으로 임명되었다. 이 무렵 아놀드는 필라델피아의 부유한 집안 출신인 페기 시펜Peggy Shippen에게 접근했다.

시펜 가문은 영국 친왕파의 후손으로 비슷한 부유층과만 관계를 맺었다. 그러나 아놀드는 부자가 아니었다. 알코올중독자인 아버지는 아놀드가 어렸을 때 집안 재산을 탕진했고, 그 후 아놀드는 집안의 사회적 지위를 회복하기 위해 열심히 노력했다.

아놀드는 필라델피아 부유층의 환심을 사기 위해 호화로운 파티를 열면서 사치스러운 생활을 했다. 그는 재력을 증명하기 위해 페기와 결혼하기 전에 그녀에게 거액을 선물하겠다고 시펜 가문에 약속했고, 대저택을 구입하기 위해 거액의 담보 대출을 받았다. 마침내 페기와 결혼했을 때 그는 빚더미에 올라 앉았다. 대출금을 갚기 위해 저택을 임대해야 했기에 아놀드는 그곳에서 살 수도 없었다.

아놀드의 생활 방식은 적지 않은 적들의 눈에 띄었는데, 그중에는 펜실베이니아 최고행정위원회의 파렴치한 의장 조셉 리드Joseph Reed도 포함됐다. 리드는 아놀드를 상대로 어설픈 소송을 제기했는데, 이는 그를 공개적으로 망신 주기 위한 의

도였다. 그러나 재판 중에 아놀드가 군정 장관의 지위를 이용해 금전적 이득을 취한 사실이 드러났고, 결국 군법회의에 회부되었다. 워싱턴 장군은 아놀드에게 가벼운 견책 명령을 내렸지만, 그는 워싱턴이 자신을 배신했다고 느꼈다.

그리고 얼마 후 아놀드는 조국을 배신하기에 이른다.

아놀드는 자존심에 큰 상처를 입었다. 그는 다른 사람들에게 자신의 가치와 중요성을 보여주고 싶었고, 그들이 자신을 제대로 알아주길 원했다. 그러나 이런 기대가 깨지자 판단력을 잃고 역사에 오명을 남기고 말았다.

누구든 이와 비슷한 상황에 처할 때가 있다. 가까운 사람이 나를 알아주지 않을 때가 있다. 내가 얼마나 뛰어난 통찰력을 가졌는지 사람들이 모를 때가 있다. 내가 그들을 위해 얼마나 많은 것을 했는지 그들이 보지 못할 때가 있다. 개인적으로든 업무적으로든 자아를 만족시키는 데 실패하면, 생각이 작동을 멈추고 파티에서 누군가에게 추파를 던지거나 경쟁사에 접근하거나 하는 식으로, 평소라면 하지 않을 행동을 하게 된다. 자신이 과소평가를 받고 있단 생각에 능력을 100% 발휘하지 않는 이들을, 나는 직장에서 수없이 보았다.● 자아가 무의식을

● 이런 행동은 꽤 오래전부터 있었는데, 2020년에 코로나19 대유행을 겪으면서 이를 '조용한 사직quiet quitting'이라고 부르는 사람이 많아졌다.

점령하면, 인간은 장기적인 목표를 내팽개치고 파멸의 길로
접어든다.

만약 아놀드가 자아의 덫에 그렇게 심하게 걸리지 않았더
라면, 만약 그가 덜 반응하고 더 많이 생각했더라면, 자신의 장
기적인 정치적 목표와 가족의 행복을 위해 좀 더 절제된 삶을
살았을 것이다.

내가 옳다는 느낌과 객관적으로 옳은 것

내가 옳다고 느끼고 싶은 욕망이, 객관적으로 옳은 것에 대한
욕망보다 더 강하다.

자아 기본값에 휘둘리면, 객관적으로 옳은 것보다 내가 옳
다는 느낌에 집착하게 된다. 내가 옳다고 느끼는 것보다 더 기
분 좋은 것은 별로 없다. 그래서 많은 사람이 자신의 신념을
유지하고 나에 대해 더 좋은 느낌을 갖기 위해 무의식적으로
세상의 위계질서를 멋대로 재편한다. 나도 이런 짓을 벌인 적
이 있다. 첫 번째 기억은 열여섯 살 때 식료품점에서 일하던
시절로 거슬러 올라간다.

당시, 항상 직원들을 함부로 대하던 손님이 한 명 있었다.
그는 멋진 차를 몰고 와서 상점 밖에 아무렇게나 불법 주차를
한 다음, 무언가를 사러 뛰어 들어오곤 했다. 계산대에 줄이 길

게 늘어져 있으면 그는 무례한 말투로 빨리하라고 언성을 높이곤 했다. 우리는 그를 롤렉스**Rolex** 씨라고 불렀다.

어느 날 내가 일하는 줄에 대기 중이던 그는 나를 향해 "XX, 빨리해, 내 롤렉스가 닳잖아!"라고 소리쳤다. 내가 뭐라고 대꾸했는지는 말하지 않겠다. 어쨌든 나는 그날 일자리를 잃었다. 그러나 그때 나는 돈과 지위에 따라 무의식적으로 서열을 매기는 사람이 있다는 사실을 깨달았기에, 쓸모없는 경험은 아니었다. 이는 롤렉스 씨가 승리를 위해 득점을 올리는 방식이었다.

그날 밤 집으로 걸어가면서, 나는 비록 일자리는 잃었지만 내가 그와 같은 종류의 인간은 아니라고 생각했다. 바로 그 순간에 나는 자동차도 없고 비싼 손목시계도 없이 방금 일자리마저 잃은 고등학생 처지였지만, 세상을 재구성함으로써 최후의 승자가 될 수 있었다. 내가 그보다 더 위에 있고 나에 대해 더 좋은 느낌이 들도록 세상을 무의식적으로 바꾼 셈이었다.

그날 우리 두 사람 모두 자아 기본값에 충실했다.

대다수 사람은 자신이 옳다고 생각하면서 살아간다. 그리고 자신과 다르게 세상을 보는 사람들은 틀렸다고 생각한다.[2] 이렇게 우리는 우리가 원하는 세상과 실제 세상을 혼동한다.

주제는 중요하지 않다. 정치에 관해서든 다른 사람에 관해서든 기억에 관해서든 우리는 항상 옳다. 우리는 우리가 원하는 세상의 작동 방식을 실제 작동 방식이라고 착각한다.

그러나 당연히 우리는 모든 것에 관해 항상 옳을 수 없다. 누구나 실수를 범하고 잘못 기억하곤 한다. 그래도 우리는 늘 자신이 옳다는 느낌을 원한다. 그리고 이왕이면 다른 사람들을 통해 이런 느낌을 확인받고 싶어 한다. 그래서 우리는 우리가 옳다는 것을 다른 사람에게 (또는 스스로에게) 증명하기 위해 과도한 에너지를 쏟아붓는다. 이럴 때 우리의 관심은 결과 자체라기보다 우리의 자아를 지키는 것이다.

자아 기본값과 싸우는 법에 관해서는 앞으로 더 자세히 설명할 것이다. 일단은, 이것이 고개를 내미는 순간을 어떻게 알아챌 수 있는지만 명심하자. 남들이 나를 어떻게 보는지에 몰두할 때, 자존심에 상처가 났다고 느낄 때, 특정 주제에 대한 한두 개의 기사를 읽고 자신이 전문가처럼 느껴질 때, 늘 자신이 옳다는 것을 증명하려 하고 실수를 인정하기 어려울 때, "모르겠는데요"라고 말하기가 어려울 때, 종종 남을 질투하거나 자신이 제대로 인정받지 못하고 있다는 느낌이 들 때, 조심하라! 이럴 때 자아가 고개를 쳐든다.

사회적
기본값

> 모두 비슷하게 생각하는 곳에선 아무도 많이 생각하지 않는다.
>
> — 월터 리프먼Walter Lippmann, 《외교의 이해관계The Stakes of
> Diplomacy》

몇 년 전, 나는 한 콘퍼런스에서 유난히 추잡하고 암울한 발표를 들었다. 발표가 끝나자 사람들이 박수를 치기 시작했다. 망설이던 나도 마지못해 같이 박수를 쳤다. 박수를 치지 않으면 어색한 상황이었으니 말이다.*

사회적 기본값은 순응을 유도한다. 사회적 기본값이 작동하면 다른 사람들도 그렇게 한다는 이유만으로 특정 견해나 행동에 동조하게 된다. 이른바 '사회적 압력'이 구현되는 것이다. 무리에 속하고 싶은 마음, 아웃사이더가 되는 것에 대한 두려움, 멸시당하는 것에 대한 두려움, 다른 사람을 실망시키는 것에 대한 두려움 등이 이에 해당한다.

집단과 어울리고 싶은 욕망은 인류의 역사에서 비롯했다. 집단 이익이 높은 수준의 순응을 요구하기 때문이다. 그러나 개인 이익도 다르지 않다. 부족 안에서 생존하는 것도 힘든 일이었지만 부족 밖에서 생존하기란 불가능했다. 인간에겐 집단이 필요했기에 개인 이익은 집단 이익보다 후순위가 되었다. 오늘날 우리가 살고 있는 세상은 우리가 진화해 온 세상과 매우 다르지만, 우리는 여전히 어떻게 처신할지 결정하기 위해 다른 사람의 눈치를 살핀다.

무리와 함께해서 얻는 사회적 보상은 무리를 거슬러서 얻는 이득보다 훨씬 일찍 체감된다. 다수의 신념에 반하는 상황에서 옳은 일을 얼마나 할 수 있는지는, 개인을 평가하는 척도가 될 수 있다. 하지만 실제로 무리에서 벗어나려는 의지는 과대평가되고 순응하려는 생물학적 본능은 과소평가되는 경향이 있다. 사회적 기본값은 우리의 사고나 신념 및 결과를 다른 사람에게 맡기도록 부추긴다. 다른 모든 사람이 그렇게 할 때

● 역사 속 많은 지도자가 박수라는 단순한 행동을 이용 또는 악용한 사실은 놀라운 일도 아니다. 옛날에는 극장이나 오페라 하우스 앞에 전문 박수꾼 또는 박수 부대가 배치되곤 했다. 수천 명의 군인이 환호하는 자리에서 연설했던 네로 황제 시절에도 박수 부대가 있었다. 몇몇 사람이 박수를 치기 시작하면 사회적 기본값이 작동해 내가 그랬던 것처럼 영문도 모른 채 덩달아 박수를 치게 된다.

나도 그렇게 하는 것은 쉽게 합리화된다. 유난스러워 보일 필요도 없고 결과를 책임지거나 스스로 생각할 필요도 없다. 그저 나의 뇌를 자동조종 장치에 맡기고 낮잠을 즐기면 된다.

사회적 기본값은 '착한 척하기'를 부추긴다. 그래서 다른 사람들이 나의 공개적인 신념을 인정하거나 칭찬하도록 유도한다. 특히 이런 행동에 비용이 들지 않으면 더욱 그렇다.

프린스턴 대학교의 로버트 조지Robert George 교수는 다음과 같이 썼다. "나는 가끔 학생들에게 만약 자신이 노예제가 폐지되기 전의 미국 남부에서 살던 백인이라면 노예제에 대해 어떤 입장을 취했을지 묻는다. 그들이 어떤 대답을 할까? 모두 노예제 폐지론자처럼 답한다! 그들은 용감하게 노예제 반대를 외치며 이를 폐지하기 위해 끊임없이 싸웠을 것이라고!"[1]

그러나 실제로는 그렇지 않았을 것이다. 지금은 그것이 당연해 보이니까 그런 척하지만, 과거로 돌아가면 당시에 많은 사람이 그랬던 것처럼 그들도 똑같이 행동했을 것이다.[2]

레밍이 역사를 만드는 일은 거의 없다

사회적 기본값 때문에 우리는 무시당하고 조롱당하고 바보 취급을 받게 될까 두려워한다. 대다수 사람의 마음속에는 이런 식으로 사회적 자본을 잃는 것에 대한 두려움이 사회 표준을

벗어나 생길 수 있는 잠재 이득보다 크기 때문에 사회 표준을 받아들이려는 성향이 생긴다.[3]

두려움 때문에 위험을 감수하면서 자신의 잠재력을 발휘하려는 시도를 포기하는 것이다.

장래 희망을 물을 때 "다른 사람처럼 될 거예요"라고 답하는 아이는 없다. 그러나 자기와 비슷하게 생각하거나 행동하는 사람들 속에 있으면 마음이 편안해진다. 물론 때로는 집단에 내재된 지혜가 있기도 하지만, 집단이 주는 편안함을 자신이 좋은 방향으로 나아가고 있다는 증거로 착각하게 만드는 것이야말로 사회적 기본값의 커다란 거짓말이다.

평범한 일을 하면서 두드러진 성과를 내려면 다른 사람보다 더 열심히 일하는 수밖에 없다. 손으로 도랑을 파야 하는 집단을 상상해 보라. 시간당 파낸 흙의 양이 조금씩 다른 것은 거의 눈에 띄지 않는다. 내 작업과 옆 사람의 작업이 거의 다르지 않다. 더 많은 흙을 파내려면 더 오래 팔 수밖에 없다. 이런 상황에서 누가 일주일 휴가를 내서 실험을 통해 삽을 발명하려 한다면 미친놈처럼 보일 것이다. 그는 위험을 감수하는 바보처럼 보일 뿐만 아니라, 그가 땅을 파지 않는 날마다 기대치를 밑도는 성과가 쌓일 것이다. 실제로 삽이 발명되어 나타나야만 다른 이들도 그 장점을 인정할 것이다. 이처럼 성공하려면 뻔뻔해야 한다. 실패도 마찬가지다.

무언가 다른 것을 시도한다는 것은 뒤처질 수 있다는 의미다. 그러나 잘되면 판도를 완전히 뒤바꿀 수도 있다.

남들과 똑같이 하면 남들과 똑같은 결과를 얻을 것이다.[*] 표준 작업이 항상 최선은 아니다. 오히려 이는 평균을 의미한다.

스스로 결정을 내릴 수 있을 만큼 잘 알지 못한다면 다른 사람들이 하는 대로 하는 것이 좋을 수도 있다. 하지만 평균 이상의 결과를 원한다면 '클리어 씽킹'이 필요하다. 여기서 클리어 씽킹이란 독립적인 사고를 뜻한다. 때로는 사회적 기본 값에서 벗어나 주변 사람들과 다르게 생각할 줄 알아야 한다. 단, 미리 경고하자면 이것이 불편을 낳을 수 있다.

적응하고 싶은 욕망이 더 나은 결과를 얻고 싶은 욕망을 압도할 때가 많다. 이럴 때면 다른 것을 시도하는 대신에 할 수 있는 것들이 마음속에서 들린다.

기존 관행에서 벗어나는 것은 고통을 수반할 수 있다. 성과도 없는데 다른 시도를 하려는 사람은 없다. 좋은 결과를 얻지도 못하면서 현재 상태에서 너무 멀리 벗어나면 사람들의 존경과 우정, 심지어 직장까지 잃을 수 있다. 이러한 이유로 새로운 시도는 자주 발생하지 않는다. 어쩌다 새로운 시도를 하더라도 엄청난 두려움이 따르기 때문에, 조금만 차질이 생겨도 안정감을 주는 순응의 담요를 다시 찾게 된다.

다른 사람들도 나처럼 생각한다는 것을 확인하면 마음이

● 피터 카우프먼은 항상 내게 이것을 강조했다.

편해진다. 그러나 전설적인 투자자 워런 버핏은 다음처럼 지적했다. "다른 사람들이 나와 생각이 같다고 해서 또는 다르다고 해서 내가 옳거나 그른 것은 아니다. 나의 사실과 추론이 정확해야 내가 옳은 것이다."

기존 관행을 따르는 사람들도 새로운 아이디어를 원한다. 하지만 나쁜 아이디어만큼은 정말 원하지 않는다. 이처럼 나쁜 아이디어를 대단히 싫어하므로 새롭고 좋은 아이디어를 찾아 나서질 못한다.

앞으로 나아가려면 표준에서 벗어나야 하지만 벗어난다고 해서 항상 좋은 것은 아니다. 다른 것만으로는 성공이 보장되지 않는다. 성공하려면 객관적으로 옳은 것이 필요하다. 무언가 다른 것을 하려면 다르게 생각할 줄 알아야 하는데, 이런 사람은 유난스러워 보일 것이다.●▲

●▲ 대다수 사람은 복잡한 것을 좋아한다. 기본을 익혀서 평균 수준에 도달하면 비법, 지름길, 비밀 정보 같은 것을 찾는다. 그러나 기본의 고수가 되는 것이야말로 엄청난 효과를 낳는 비결이다. 기본은 단순해 보여도 지나치게 단순하지 않다. 세계의 고수들에게도 특별한 지름길이나 비밀 정보 같은 것은 없을 것이다. 그저 다른 사람들보다 기본을 더 잘 이해하고 있을 뿐이다. 나는 특히 워런 버핏의 다음과 같은 말을 좋아한다. "투자의 첫째 원칙은 절대로 돈을 잃지 않는 것이다." 이 말에는 평생의 지혜가 담겨 있지만, 사람들은 이것이 너무 뻔하다고 무시한다. 밑바닥에서부터 기본 원칙들을 통해 이런 통찰에 이르는 나만의 길을 찾아본다면 좋은 사고 연습이 될 것이다.

프로야구 선수 루 브록Lou Brock은 이를 재치 있게 표현했다. "형편없게 보이는 것을 두려워하는 사람만큼 쉬운 상대도 없다." 즉, 사회적 기본값에 사로잡힌 사람을 이기기는 매우 쉽다는 얘기다.

워런 버핏도 1984년 버크셔 해서웨이의 주주들에게 보낸 서한에서 사회적 기본값의 영향에 대해 비슷한 지적을 했다.

> 대다수 매니저는 영리하지만, 약간의 가능성이 있는 바보 같은 결정을 내리려 해도 얻을 게 거의 없습니다. 개인적 손익 비율이 너무 명백합니다. 즉, 비상식적인 결정을 통해 좋은 결과를 얻으면 칭찬을 듣고, 나쁜 결과를 얻으면 해고 통지서를 받습니다(상식적인 결정을 통해 실패하는 것은 늘 있는 일입니다. 이러면 레밍Lemming(나그네쥐) 집단은 욕을 먹을지 몰라도 레밍 개체는 결코 욕을 먹지 않습니다).[4]

레밍도 작은 변화는 만들어 낼 수 있겠지만, 엄청난 결과를 위해 필요한 변화는 만들지 못할 것이다. 다른 사람들이 땅 밑에서 도랑을 파는 동안 상황을 바꾸기 위해 자신이 얼마나 대단한 일을 하고 있는지를 떠벌리는 사람들이 있다. 하지만 결국 상황은 이전과 똑같다. 이럴 때 실제로 달라진 것은 마케팅뿐이다.

변화를 만들어 내고 싶은가? 그렇다면 독립적으로 사고하고 다른 사람이 하지 않는 것을 하면서 이 때문에 바보처럼 보일 위험을 감수해야만 한다. 자신이 남들과 똑같이 하고 있다는 것을 깨달았다면, 그리고 그렇게 하는 유일한 이유가 남들도 그렇게 하기 때문임을 깨달았다면, 이제 뭔가 새로운 것을 시도할 때다.

우리는 나중에 사회적 기본값의 작동 방식과 이에 대처하는 법에 관해 더 많은 사례를 살펴볼 것이다. 우리가 우선 명심해야 할 것은 다음과 같다. 무리에 속하기 위해 애를 쓸 때, 다른 사람들을 실망시킬지 모른다는 걱정이 자꾸 들 때, 아웃사이더가 되는 것이 두려울 때, 멸시당할까 봐 걱정될 때 등을 경계하라! 이럴 때 사회적 기본값이 고개를 쳐든다.

관성
기본값

습관을 바꾸려는 시도의 가장 큰 적은 관성이다.
관성이 문명을 제한한다.

– 에드워드 L. 버네이스Edward L. Bernays, 《프로파간다Propaganda》

2000년대 중반, 나는 자산의 상당 부분을 소규모 식당 체인업체에 투자했다. 대규모 투자자가 회사의 지배 지분을 매입해 경영을 정상화했는데, 이런 변화가 회사 주가에는 미처 반영되지 않은 상태였다. 이 업체의 CEO는 말과 행동이 늘 적절했고, 나는 이를 대단한 기회로 보고 모든 것을 걸었다.

그러나 그 후 몇 년 동안 CEO의 태도가 바뀌었다. 처음엔 공정한 협력관계로 출발했으나 어느새 독재로 바뀌었다. 냄비의 물이 끓는 과정처럼 처음에는 알아챌 수 없을 만큼 조금씩 바뀌다가 어느 순간 갑자기 끓어 넘쳤다.

나는 이미 몇 배의 수익을 올렸고 회사의 미래를 믿고 있었기에 너무 빨리 매도하지 않으려고 망설였지만, 결국에는 현실을 직시하고 주식을 팔아야만 했다. CEO는 약간의 성공을 거두자 자아 기본값에 휘어잡혔다. 그래서 협력자들의 동등했던 역학관계가 사라지고 한 협력자가 나머지 협력자를 지배하게 되었다.●

내 마음이 바뀌는 데는 시간이 좀 걸렸다. CEO의 일탈 행위가 있을 때도 나는 큰일이 아니라며 가볍게 넘겼다. 그러나한 발 떨어져서 조금 냉정하게 바라보자 얼마나 멀리 갔는지가 눈에 들어왔다. 그래도 모두가 알아차리기 전에 나는 운 좋게 빠져나왔다. 돈을 전부 날리기 일보 직전에.●▲

관성 기본값은 현재 상태를 유지하도록 다그친다. 무언가를 시작하는 것도 어렵지만 멈추기는 더욱 어렵다.[1] 우리는 변화가 최선일 때도 변화에 저항한다.

라틴어로 관성을 뜻하는 이너티아inertia는 '둔함', 즉 게으름이나 나태를 의미한다. 물리학에서는 운동 상태의 변화에 저항하는 물체의 성질을 가리켜 관성이라고 부른다. 따라서

● 위계질서는 강력한 생물학적 본능이다.

●▲ 이 글을 집필하던 시점 이 회사 주가는 지난 10년간 마이너스 수익률을 기록 중이었는데, 당시는 주식시장 전체가 큰 수익을 낼 때였다. 결론적으로 나는 꼭대기에서 매도한 셈인데, 하늘이 도왔다!

뉴턴의 제1운동법칙인 관성의 법칙을 쉽게 표현하면 다음과 같다. '움직이는 물체는 계속 움직이려고 하고 정지한 물체는 계속 정지해 있으려고 한다.'

물체는 외부 힘이 없으면 절대로 상태를 바꾸지 않는다. 물체는 스스로 운동을 시작하지 않으며 무언가가 멈추지 않으면 운동을 멈추지도 않는다.• 이 물리학 법칙은 인간 행동에도 적용되며 유리한 변화에도 저항하는 우리의 본능도 마찬가지다. 물리학자 레너드 플로디노프Leonard Mlodinow는 이것을 다음과 같이 요약했다. "우리의 마음은 일단 방향을 잡으면 외부 힘이 작용할 때까지 그 방향을 유지하는 경향이 있다."2 이러한 인지적 관성 때문에 마음을 바꾸는 것은 쉽지 않다.

관성 때문에 인간은 싫어하는 일과 행복하지 않은 관계를 버리지 못한다. 왜냐하면 예측이 가능하고 예측이 잘 맞으면 마음이 편안해지기 때문이다.

우리가 변화에 저항하는 이유 중 하나는, 현재 상태를 유지하는 데는 거의 노력이 들지 않기 때문이다. 이것이 우리가 현실에 안주하는 까닭에 대한 일부 설명이 된다. 움직임을 개시하려면 많은 노력이 필요하지만 움직임을 유지하기는 훨씬 쉽

• 뉴턴이 이 법칙을 발표하기 약 50년 전에 데카르트는 이것을 다음과 같이 요약했다. "모든 물체는 외부 힘이 없으면 항상 같은 상태를 유지한다. 그리고 일단 움직이면 언제나 계속 움직인다."

다. 어떤 것이 '만족할 만큼' 되면 노력을 멈춰도 그럴듯한 결과를 얻을 수 있다. 관성 기본값은 적당한 수준에 머물러 더이상 최적이 아닐 때도 검증된 기술과 표준에 의지하고 싶은 우리의 욕망을 자극한다.

우리가 변화를 밀쳐내는 또 다른 이유는, 무언가 다른 것을 했다가 더 나쁜 결과를 얻을 수도 있기 때문이다. 변화는 비대칭적이다. 긍정적 결과보다 부정적 결과가 더 마음에 와닿는다. 결과가 나쁘면 오명을 뒤집어쓴다. 평균으로 남을 수 있는데, 왜 굳이 바보처럼 보일 위험을 감수하겠는가? 우리는 평균이하로 떨어질 위험을 감수하느니 평균으로 남으려 한다.

관성은 일상적인 습관에서 쉽게 찾아볼 수 있다. 예를 들어 더 우수한 신제품이 출시되어도 똑같은 브랜드만 고집하는 행동이 그렇다. 신제품에 선뜻 손이 가지 않는 이유 중 하나는, 불확실하고 제품을 평가하는 데 노력이 들어가기 때문이다. 이런 문제를 해결하기 위해 기업들은 종종 무료 샘플을 제공한다. 그렇게 하면 고객은 실망에 따른 손해를 걱정할 필요 없이 작은 위험 부담으로 신제품을 사용해 보고 품질을 평가할 수 있다.

우리는 스스로 상황이 바뀌면 기꺼이 신념을 바꿀 만큼 개방적이라고 생각하지만, 실제로 역사를 살펴보면 전혀 그렇지 않다. 자동차가 처음 시장에 나왔을 때 사람들은 말과 마차가더 안정된 교통수단이라면서 자동차는 일시적 유행에 그칠 것이라 주장했다. 마찬가지로 비행기가 처음 발명되었을 때도 사람들은 비행기의 실현 가능성과 안전성을 의심했다. 라디오, TV, 인터넷 등도 처음에는 비슷한 회의론에 부딪혔지만 이런 발명품 모두 현대인의 생활 방식에 막대한 영향을 미쳤다.

관성과 결부된 '평균 영역'은 위험한 곳이다. 이곳은 만족할 만큼 잘 작동해서 변화의 필요성을 느끼지 못하는 지점이다. 이럴 때 인간은 상황이 저절로 나아지길 기대한다. 물론 그런 경우는 거의 없다. 평균 영역의 대표적인 사례는 떠나기엔 너무 좋고 머물기엔 너무 나쁜 관계를 고집하는 경우다. 물론 상황이 훨씬 더 나쁘다면 행동에 나설 것이다. 그러나 우리는 최악의 상황이 벌어질 때까지 머뭇거리면서 상황이 저절로 나아지기만을 바란다.

틀렸을 때 판돈을 2배로 올리기 ——————

찰스 다윈Charles Darwin의 명언으로 잘못 알려진, 다음과 같은 말이 있다. "살아남는 것은 가장 강한 종도 아니고 가장 똑똑한 종도 아니다. 변화에 가장 잘 적응하는 종이 살아남는다."[3] 이는 다윈이 한 말은 아니지만, 그렇다고 쓸모없는 말이 아니다.

상황이 변하면 이에 적응해야 한다. 그러나 관성은 우리의 마음을 닫게 하고 지금까지 하던 방식을 바꾸고자 하는 동기를 짓밟는다. 관성은 대안을 떠올리기 어렵게 하고 실험과 경로 수정을 방해한다.

예를 들어, 공개 발표가 관성을 낳기도 한다. 어떤 사안을 공개적으로 발표하면 사람들의 기대가 생기고 이런 기대를 충족해야 하는 사회적 압력이 발생한다. 발표 내용과 다른 새로운 정보가 있어도 본능적으로 이를 무시하면서 발표를 뒷받침하는 이전 정보를 강조하게 된다. 사람들은 자신이 내뱉은 말에 매달린다. 그래서 마음을 바꾸기가 점점 더 어려워진다. 예컨대 바뀐 상황에 대처하기 위해 입장을 바꾸는 정치인을 가리켜 사람들은, '똑똑한' 사람이라고 부르는 대신 '변절자'라고 부른다. 그리고 이런 분위기에서는 마음을 바꿀 때 생기는 사회적 결과에 대한 두려움이 계속 커질 수밖에 없다.

관성은 또한 어려운 일을 회피하는 경향을 낳는다. 해야 한다고 생각하면서도 어려운 일을 회피하는 시간이 길어질수록, 이를 추진하기는 점점 더 어려워진다. 갈등을 피하기는 편하고 쉽다. 그러나 피하는 시간이 길어지면 계속 피할 수밖에 없게 된다. 곤란한 대화를 살짝 피한 것이 어느새 더는 감당할 수 없을 만큼 중대한 대화를 피해야 하는 상황으로 치닫기도 한다. 결국 우리가 회피한 것의 무게에 우리의 관계가 신음하게 된다.

집단 역시 집단의 관성을 낳는다. 집단은 효율보다 일관성을 더 높게 평가하고 현상을 유지하는 사람에게 보상을 제공하는 경향이 있다. 관성은 집단 표준에서 벗어나는 것을 어렵게 만든다. 사람들은 부정적으로 두드러지는 것에 대한 두려움 때문에 웬만하면 이탈하려 들지 않는다. 그러면 결국 집단의 역동성은 사라지고 기본값을 지키는 사람들만 남게 된다.

나의 한 친구가 (그리고 아마도 많은 사람이) 결혼한 이유도 상당 부분 집단 관성 때문일 것이다. 그는 과거를 돌아보면서 다음과 같이 말했다. "잘 풀리지 않을 것이라는 징후가 도처에 있었어. 하지만 그래도 누군가와 새로 시작해야만 할 것 같았지. 주변 사람들도 다 약혼을 한 상태였거든. 그래서 우리도 그렇게 한 거야."

관성은 직장과 인간관계뿐만 아니라 건강에도 나쁜 영향을 미칠 수 있다. 1910년 미국의 대표적인 산업독성학 전문가인 앨리스 해밀턴Alice Hamilton은 일리노이주 산업병 조사의 책임자로 임명되었다. 그 후 몇 년에 걸쳐 그녀는 직장에서의 납 중독 및 납이 섞인 자동차 배기가스의 위험성에 대한 결정적 증거를 찾아 제시했다. 그러나 명백한 증거에도 제너럴 모터스General Motors 및 기타 자동차 제조업체들은 유연휘발유 자동차를 계속 생산했다. 1980년대가 되어서야 미국은 마침내 유연휘발유를 금지했다. 오늘날에도 납은 비슷한 가격대의 무독성 대안이 있는데도, 다양한 용도로 계속 사용되고 있다.[4]

관성은 우리가 원치 않는 결과를 낳는 일을 계속하도록 만든다. 결과가 감당할 수 없을 만큼 커질 때까지 관성은 우리의 잠재의식 속에서 거의 감지되지 않은 채 계속 작동한다. 나중에 관성 기본값의 작동 방식과 이에 대처하는 법에 관해 더 많은 사례를 살펴볼 테지만, 우리가 우선 명심해야 할 것이 있다. 집단 속에서 하고 싶은 말을 꾹 참고 있을 때, 우리 또는 우리 팀이 변화에 저항하거나 전에도 그랬다는 이유만으로 똑같이 같은 행동을 반복하고 있을 때 등을 조심하라! 이럴 때 관성 기본값이 작동할 가능성이 크다.

명료함을 위한 기본값

인간은 자신이 원하는 대로 할 수 있지만,
자신이 원하는 대로 하지 않으려 한다.

– 아르투어 쇼펜하우어Arthur Schopenhauer

우리의 기본값을 아주 없앨 수는 없지만, 재훈련시킬 수는 있다. 자신의 행동을 개선하고 목표를 더 많이 달성해 삶의 기쁨과 의미를 더 충실하게 경험하고 싶다면 기본값을 관리하는 법을 배워야 한다.

반가운 소식은, 우리로 하여금 생각 없이 반응하게 만드는 바로 그 생물학적 성향을 우리에게 유익한 힘으로 재훈련시킬 수 있다는 점이다.

사고, 감정, 행동의 기본값이 다른 사람 혹은 환경으로부터 들어오는 입력에 반응해 무의식적으로 작동하도록 짜인 알고리즘이라고 생각해 보라. 의사가 반사 망치로 무릎을 칠 때 '무릎을 움직여야지'라고 생각하는 사람은 없다. 그저 자동으로 움직인다. 사고와 행동도 마찬가지다. 환경에서 특정 유형의 입력이 들어오면 이 입력을 처리해 자동으로 출력을 생성하는 알고리즘이 작동하는 것이다.

우리 안에서 작동하는 많은 알고리즘은 진화, 문화, 형식적 절차, 부모, 속한 공동체 등을 통해 우리 안에 프로그래밍된 것이다. 이런 알고리즘 중 몇몇은 우리가 원하는 목표에 더 가까이 가도록 도와주지만, 또 다른 알고리즘은 더 멀어지게 만든다.

함께 지내는 주위 사람들의 습관이 무의식적으로 나의 습관이 되게 마련인데, 이런 습관 때문에 원하는 목표를 달성하기가 더 쉬워질 수도 있고 더 어려워질 수도 있다. 사람들과 어울리는 시간이 많을수록 나의 사고와 행동이 그들과 비슷해진다.

의지력으로 버티는 데도 한계가 있다. 시간문제일 뿐이다. 나의 부모님을 예로 들어보자. 두 분 모두 군에 입대했을 때는 담배를 피우지 않았다. 그러나 흡연하는 동료들을 따르기까지 그리 오랜 시간이 걸리지 않았다. 처음에는 저항했지만, 며칠이 몇 주가 되면서 계속 사양하는 데도 한계가 있었다. 그로부터 몇십 년이 지났을 때는 주변 사람 모두가 담배를 피웠기 때문에 금연이 거의 불가능했다. 담배를 피우도록 다그친 바로 그 힘 때문에 담배를 끊을 수 없었다. 부모님은 환경을 바꾼 후에야 금연하셨다. 나의 부모님은 그들이 원하는 행동이 기본값인 새로운 친구를 찾아야만 했다.

이런 일은 우리가 습관에 젖거나 습관을 버릴 때 종종 일어난다. 규율처럼 보이는 것에는 종종 특정 행동을 장려하기 위해 세심하게 고안된 환경이 포함되어 있다. 어리석은 선택은 종종 자신의 기본값에 거역하면서 의지력을 발휘하려고 애를 쓸 때 발생한다. 최선의 기본값을 가진 사람은 보통 최선의 환경 속에 있는 사람이다. 이는 계획적 전략의 일부일 수도 있고 그저 행운의 결과일 수도 있다. 어느 쪽이든 주위 사람들이 모두 올바른 행동을 하는 상황에서 덩달아 올바른 행동을 하는 일은 대단히 쉽다.

기본값을 개선하는 방법은 간단하다. 의지력을 통해서가 아니라 원하는 행동이 기본 행동이 되도록 환경을 의도적으로 조성하는 것이다. 내가 원하는 행동이 기본 행동인 집단에 들어가는 것이야말로, 계획된 환경을 조성하는 가장 효과적인 방법이다. 책 읽는 것을 좋아한다면 독서클럽에 가입하라. 달리기를 더 많이 하고 싶으면 러닝 크루에 가입하라. 다양한 운동을 하고 싶으면 트레이너를 고용하라. 의지력만으로는 어렵고 내가 선택한 환경이 나를 뒷받침할 때 최선의 선택이 가능해진다.

실천은 말처럼 쉽지 않다. 컴퓨터 프로그램을 다시 짜는 것은 코드 몇 줄로 될 수 있지만, 우리 안의 프로그램을 다시 짜려면 훨씬 더 길고 복잡한 과정이 필요하다. 이 과정에 관해서는 뒤이은 장들에서 설명할 것이다.

CLEAR
THINKING

2장

강점을
강화하라

나를 아는 것보다 남을 비판하는 것이 더 쉬운 법이다.

— 이소룡李小龍

명료한 사고의 장애물에 맞서려면 의지력만으로는 안 된다. 그 이상이 필요하다.

인간의 기본값은 내면에 깊이 뿌리박힌 생물학적 성향들, 즉 자기보존 성향, 사회적 위계질서를 인정하고 유지하려는 성향, 자신과 자기 영역을 지키려는 성향 등에 기초한다. 이런 성향이 있다는 것을 아는 것만으로 이를 쉽게 없애 버릴 수 있는 것도 아니다. 의지만 있으면 이런 것들을 제거할 수 있으리란 생각이야말로 오히려 생물학적 성향의 통제에서 벗어나지 못하게 만드는 착각이다.

올바른 판단을 방해하는 기본값의 작용을 멈추려면, 똑같이 강력한 생물학적 힘을 이용해야 한다. 기본값이 이용하는 바로 그 힘을 우리에게 유익한 방향으로 바꾸는 것이다. 그중에서도 가장 중요한 것은 관성의 힘이다.

관성은 양날의 검이다. 앞에서 보았듯, 관성은 현상을 유지하려는 성향이다. 현재 상태가 최적이 아니거나 제대로 작동하지 않을 때 관성은 현상을 유지시킴으로써 우리에게 해롭게 작용한다. 그렇다고 현재 상태가 늘 최적이어야 하는 것은 아니다. 가장 중요한 목표를 촉진하는 방향으로 꾸준히 생각하고 느끼고 행동하도록 훈련하면, 다시 말해 우리의 강점을 키우면, 관성은 우리의 잠재력을 끌어내는 막강한 힘이 된다.

긍정적 관성을 만드는 열쇠는 리추얼ritual, 즉 의식을 확립하는 데 있다. 리추얼은 바로 이 순간 외의 것에 마음을 집중하게 만든다. 직장에서 다른 사람의 주장에 반박하기 전 잠시 멈추는 행동처럼 리추얼은 단순할 수도 있다. 나의 오랜 멘토는 내게 다음과 같이 말하곤 했다. "회의에서 누가 너를 무시하면 말하기 전에 심호흡을 해. 그러면서 방금 네가 하려던 말이 얼마나 쉽게 바뀌는지 관찰해 봐."

리추얼은 성질 때문에 성과를 망칠 수 있는 곳에서 효과를 발휘한다. 다음에 농구나 테니스 경기를 보게 된다면 선수들이 자유투를 쏘거나 서브를 넣기 전에 항상 똑같은 횟수로 공을 튕기는 것을 눈여겨보라. 직전의 플레이가 최고였는지 최악이었는지는 중요하지 않다. 리추얼은 최근이 아닌 바로 다음 플레이에 집중하도록 만든다.

기본값의 작동을 잠시 멈추고 올바른 판단을 내릴 수 있게 돕는 도구가 있다면 우리에게 커다란 힘이 될 것이다. 세상이 어떻게 돌아가든 얼마나 불공평해 보이든 상관없다. 내가 당황하든 두려움을 느끼든 화가 나든 상관없다. 잠시 물러서서 중심을 잡고 '바로 이 순간'에서 벗어날 수 있는 사람은 그렇지 못한 사람보다 더 나은 성과를 낼 수 있다.

러디어드 키플링Rudyard Kipling의 고전적인 시 〈만약에If〉에서, '만약에 주위의 모든 사람이 냉정을 잃고 / 너를 비난할 때 냉정을 잃지 않을 수 있다면 / 만약에 모두가 … 너를 의심할 때 너 자신을 믿을 수 있다면'이라는 구절은 이런 인간의 강점을 잘 보여준다.●

강점을 키운다는 것은 인간 본성의 야생마를 길들여 우리 삶의 질을 향상하는 데 이용하는 것이다. 이것은 생물학적 메커니즘의 역풍을 순풍으로 바꾸어 우리에게 가장 소중한 목표를 향해 안정적으로 나아가게 하는 것이다.

우리에게 필요한 4가지 핵심 강점은 다음과 같다.

자기책임 능력을 개발하고 무능력을 관리하면서 이성을 사용해 행동을 통제하는 책임을 지는 것

자기이해 자신의 강점과 약점, 즉 내가 할 수 있는 것과 그렇지 못한 것을 아는 것

자제력 두려움, 욕망, 감정을 다스리는 것

자신감 자신의 능력과 자신이 타인을 위해 할 수 있는 일의 가치를 신뢰하는 것

● 인용문은 원래 '모든 남자all men 가 너를 의심할 때'인데 '남자'를 생략하고 '모두가'로 바꾸었다.

우선 이러한 인간의 핵심 강점을 정의하고 이것으로 어떻
게 인간의 기본값에 맞설 수 있는지를 살펴본 다음, 이 같은
강점을 키워서 삶을 통제하는 법에 관해 설명하겠다.

자기
책임

나는 내 운명의 주인이고 내 영혼의 선장이다.

– 윌리엄 어니스트 헨리|William Ernest Henley, <인빅터스 *Invictus*>

자기책임이란 자신의 능력, 무능력, 행동에 대해 책임을 지는 것이다. 그렇게 하지 못하면 앞으로 나아갈 수 없다.

내게 책임을 묻는 사람이 주위에 없을 수도 있지만, 그것은 중요하지 않다. 내가 스스로 책임을 물을 수 있어야 한다. 다른 사람은 내게 큰 기대를 하지 않더라도 나는 할 수 있다. 자기 책임에는 다른 누구의 보상이나 처벌이 필요하지 않다.

외부 보상이 있으면 좋지만 그것은 선택 사항일 뿐이다. 그것은 내가 최선을 다하기 위한 필수 조건이 아니다. 나 자신에 대한 나의 솔직한 판단이 다른 누구의 판단보다도 중요하다.

자신이 일을 망쳤을 때 거울을 보면서 '이것은 내 탓이야. 더 분발하자'라고 말할 수 있을 만큼 강해야 한다. 스스로 자신에게 책임을 물은 적이 한 번도 없는가? 내 삶에 대한 책임은 내게 있다. 내 삶의 결과 중 상당 부분에 대해, 어쩌면 내가 평소 생각하던 것보다 더 큰 책임이 내게 있을 것이다.

자기책임감이 부족한 사람은 자동조종 장치에 의존하는 경향이 있다. 이는 스스로 삶을 통제하는 것과 정반대에 있는 것이다. 이런 사람은 끊임없이 외부 압력에 굴복한다. 그래서 보상을 좇고 처벌을 피하며 다른 사람의 성적표에 견주어 자신을 평가한다. 이런 사람은 지도자가 아니라 추종자다. 이런 사람은 자신의 실수에 책임을 지지 않는다. 늘 타인이나 환경, 불운을 탓하면서 자기 잘못은 전혀 없다고 생각한다.

그러나 실제로는 모두 자신의 탓이다.

내일의 위치를 개선하기 위해 오늘 이 순간에 스스로 할 수 있는 일은 언제나 존재한다! 당장 문제를 해결하지 못할 수도 있다. 그러나 나의 다음 행동에 따라 상황이 더 나아질 수도 있고 더 나빠질 수도 있다. 아무리 사소한 것이라도 내가 통제할 수 있고 내가 앞으로 나아가는 데 도움이 되는 행동은 늘 존재한다는 사실을 기억해야 한다.

변명, 또 변명

> 불평은 전략이 아니다. 내가 꿈꾸는 세상이 아니라
> 있는 그대로의 세상을 직시할 줄 알아야 한다.
>
> — 제프 베이조스 Jeff Bezos [1]

내가 사회생활을 시작한 지 얼마 안 되었던 때였다. 어느 일요일 아침 회사에 도착하니 이미 출근한 동료가 있었다. 우리는 곧 있을 비밀 작전을 위해 중요한 소프트웨어를 개발 중이었는데, 책상에 앉자마자 그가 내게 다가왔다.

"네가 만들기로 한 코드는 이틀 전에 완성되었어야 하는 것 아냐? 작전이 오늘 밤인데 네 것 없이는 안 되잖아. 이제 테스트해야 하는데 너 때문에 모든 것이 위험에 빠졌어. 사람들이 우리만 보고 있다고!"

9·11 테러 이후 모두가 쉬지 않고 일하면서 많은 압박을 받고 있었다. 누구도 하루에 대여섯 시간 이상을 잘 수 없었다. 한 시간에 한두 번씩 커피와 졸트 콜라 Jolt cola를 들이붓다 보니 건강 상태도 말이 아니었다(졸트 사에서 만든 졸트 콜라는 보통 콜라보다 카페인이 2배 들어간 에너지 드링크다 — 옮긴이).

우리는 운영체제의 가장 낮은 수준에서 좀 더 복잡하고 임무에 결정적인 소프트웨어를 만들고 있었는데, 이것은 최적의 환경에서도 매우 고된 작업이었다. 매뉴얼도 없었고 함부로 구글에 검색할 수도 없었다.

우리는 말 그대로 새 지평을 열어야 했다. 시간 압박도 도움이 되지 않았다. 최선을 다했지만 결코 충분해 보이지 않았다. 수년에 걸친 끊임없는 압박 속에서 주당 60시간씩 근무하다 보니 사생활과 직장생활에서 인간관계에 스트레스가 쌓이고 금이 가기 시작했다. 동료의 추궁에 대한 내 반응은 아주 자연스러웠다.

"그렇긴 한데… 나도 그 회의에 모두 참석해야 했고 부장님이 최우선 과제라고 말한 다른 프로젝트에 끌려 들어가는 바람에 이렇게 됐잖아. 게다가… 금요일 아침에 작업할 계획이었는데, 버스가 눈에 갇혀서 출근하는 데 2시간이나 걸렸다고."

나는 평정심을 꽤 잘 유지했다고 생각했지만, 이어진 대화는 다음과 같이 훨씬 더 방어적이었다.

"야! 그만 좀 몰아붙여. 일요일이잖아. 나는 몇 년 동안 휴가도 못 갔어. 여자 친구보다 너와 보낸 시간이 훨씬 더 길 정도야. 나도 최선을 다하고 있지만 아무리 해도 충분하질 않다고."

"그래서 네 잘못이 아니라고?"

그는 꽤 순진한 척 말했는데, 거기에는 내가 발견하지 못한 함정이 숨어 있었다.

"이것 봐! 내가 감당할 수 없을 만큼 일이 쌓였다고. 걱정 마. 그래도 오늘은 끝낼 테니."

"허튼소리 하지 마! 이렇게 된 건 모두 네 탓이야. 변명하지 말라고!"

그는 홱 등을 돌려 나가면서 말했다.

"제발 네가 해야 할 일을 해. 그렇지 않으면 너 때문에 작전이 취소될 테니까!"

나는 갑자기 기운이 생겼다. 그러나 그것은 목표를 향해 나아가는 긍정적인 기운이 아니었다. 기본값이 나를 휘어잡았다. 자아를 지키려는 에너지였다. 나는 내 영역을 지키고 자아상을 방어해야 했다.

자아상을 방어할 때만큼 재생에너지가 마구 생기는 경우도 없다. 동료가 나를 신체적으로 위협한 것은 아니지만, 열심히 일해서 과업을 완수해 내는 내 자아상을 건드렸다. 이렇게 누군가가 자아상을 건드리면, 사고가 멈추고 반응이 시작된다.

나는 그 주에 내가 처리한 모든 일의 목록을 작성하기 시작했다. 내가 일한 시간, 내가 참여한 프로젝트 수, 내가 도움을 준 사람과 작전 수 등을 적었다. 이런 것들을 복기하면서 나는 점점 더 화가 치밀었다. 내 부정적 감정의 관성이 강력한 악순환의 고리로 바뀌었다. 나는 내가 무슨 길로 가고 있는지 깨닫지 못했다. 나는 사고하는 대신 반응하고 있었다. 변명하는 내 능력은 무한해 보였다. '누가 감히 내 잘못이라고 말하는 거야? 그는 내가 보는 것을 보지 못하고 있잖아!'

나는 이메일로 그에게 내가 한 일의 목록을 보냈다. 목록만으로도 한 페이지가 가득 찼다. 잠시 후 그에게서 답장이 왔다.

나와는 상관없어. 단지 이 일을 끝내는 것이 우리 팀과 우리 임무에 대한 네 책임이니까. 만약 이번 일을 완수하지 못하더라도 이를 교훈 삼아 다음에는 잘하길 바라. 지금 나는 너와 일하는 것이 즐겁지 않아.

추신: 지각한 일로 버스를 탓하지 말고, 자동차를 사라고.

씨X 뭐라고?!! 내 반응은 이미 정신을 넘어 신체로도 나타났다. 감정과 사고가 통제를 벗어나자 심박수가 빨라지고 눈동자가 좁아졌다. 그 짧은 이메일 때문에 나는 몇 시간 동안 제정신이 아니었다.

자신을 방어하는 데 쓰는 에너지만큼 상황을 개선할 여지는 줄어들 게 마련이다. 앞으로 나아가기 위해 해야 할 일에 집중할 수 없기 때문이다. 이것은 우리의 무의식적인 선택이다. 만약 누가 내 어깨를 두드리면서 "정말로 이것에 3시간의 에너지를 쏟아부을 작정이야? 네가 정말로 원하는 것이 이거야?"라고 물었다면, 나는 "아니요"라고 답했을 것이다.

그의 이메일은 다정하거나 공정하진 않았지만, 꽤 친절한 것이었으며 이를 통해 내 삶은 크게 바뀌었다. 이메일을 어떻게 더 친절하게 쓰겠는가?® 또 다정하지 않았다고 해서 그가

●   그는 훗날 나의 가장 친한 친구가 되었다.

틀린 것은 아니잖은가?

피드백을 원할 때 우리는 친절하긴 해도 다정하지 않은 답변을 듣게 될 때가 많다. 친절한 사람의 말은 다정한 사람의 말과 다르다. 친절한 사람은 내 치아에 시금치가 끼었다고 말해줄 것이다. 반면 다정한 사람은 내가 당황할까 봐 이런 말을 하지 않을 것이다. 친절한 사람은 불편하더라도 무엇이 내 발목을 잡고 있는지 알려준다. 반면 다정한 사람은 내 감정이 상할까 봐 웬만하면 비판적인 피드백을 주지 않는다. 어쨌든 내 구차한 변명을 들어주는 사람이 있다는 것만 해도 고마울 따름이다.●▲

우리 팀은 버스가 늦은 것이 내 탓이 아니라는 사실에도 전혀 흔들리지 않았다. 중요한 것은 오직 작전의 성공이었다. 그리고 결과는 평소와 다르지 않았다.

내 변명에 관해서는 나를 포함해 어느 누구도 신경 쓰지 않았다. 실제로 나의 변명은 나를 뺀 어느 누구에게도 중요하지 않았다.

●▲ 친절과 다정의 차이를 내게 알려준 사람은 <지식 프로젝트> 팟캐스트 135회에 출연한 경영인 사라 존스 심머 Sarah Jones Simmer 였다.

다른 것은 중요치 않다. 이것은 내 탓이다 ——

자신의 행동으로 인해 자신의 자아상에 어울리지 않는 결과가 초래되었을 때, 사람들은 보통 다른 사람이나 열악한 여건을 탓하면서 자아를 보호하려고 한다. 심리학자들은 이런 성향을 가리키는 용어까지 만들었다. 이른바 '자기만족 편향self-serving bias'이다. 자아상을 보호하고 강화하는 방향으로 사물을 평가하는 습관을 의미한다. "아이디어는 좋았는데 실행이 제대로 안 됐네" "어쨌든 우리는 최선을 다했잖아" "애당초 이런 상황에 빠진 게 문제야" 같은 표현이 이런 편향의 사례일 수 있다.●

하지만 문제는 그것이 아니다. 이런 말들이 사실일 수 있다. 어쩌면 정말로 아이디어는 나쁘지 않았는데 실행이 제대로 이루어지지 않은 것일 수 있다. 어쩌면 정말로 최선을 다했을 수 있다. 어쩌면 정말로 그런 상황에 빠진 것이 문제일 수 있다. 그러나 불행하게도 중요한 것은 그게 아니다. 다른 것은 중요치 않다. 그것들이 결과를 바꾸거나 여전히 존재하는 문제를 해결하는 데 아무 도움도 되지 않기 때문이다.

● 자기만족 편향은 자기보존의 기능도 수행한다. 이를 통해 우리는 우리의 자아감, 우리의 정체성을 보존한다.

네 탓이 아니라고? 네 책임이야

내가 통제할 수 없는 일이 벌어졌어도 최선을 다해 사태를 수습할 책임은 여전히 내게 있다.

우리는 자신을 보호하려는 욕망 때문에 앞으로 나아가질 못한다. 머리 위로 손을 올리면서 이런 상황에선 나도 어쩔 수 없다고 스스로에게 면죄부를 주기 쉽다. 물론 가끔은 정말로 그럴 때도 있다. 내게 부정적인 영향을 미치는 상황이 벌어질 수도 있다. 자신이 통제할 수 없는 불운 때문에 고통받는 사람들은 늘 있게 마련이다. 사람들은 유탄을 맞거나 질병에 걸리거나 음주 운전자의 차량에 치이기도 한다.

그러나 이런 것들을 아무리 불평해도 현재 처한 상황이 바뀌지는 않는다. 내 잘못이 아닌 이유를 아무리 궁리해도 상황이 나아지지 않는다. 내가 감당해야 할 결과는 그대로 있다.

우리는 항상 다음 움직임에 초점을 맞춰야 한다. 다음 움직임에 따라 원하는 목표에 더 가까워지거나 더 멀어질 수 있기 때문이다.

포커 게임을 해보면 이를 직관적으로 알 수 있다. 내 카드는 주로 운에 따라 결정된다. 내 불운을 탓하거나 내가 받은 카드에 대한 불평을 늘어놓거나 다른 사람이 내놓는 카드를 탓하는 것은 나의 통제력을 분산시킬 뿐이다. 내가 할 일은 최선을 다해 카드를 내놓는 것이다.

우리는 자신이 통제할 수 있는 것에 에너지를 쏟을 수도 있고, 통제할 수 없는 것에 에너지를 쏟을 수도 있다. 다만 통제할 수 없는 것에 에너지를 쏟으면 통제할 수 있는 것에 쏟을 에너지가 그만큼 줄어든다.

일부러 어려운 상황을 고르는 사람은 없겠지만, 역경은 기회이기도 하다. 이를 통해 자신을 시험하고 자신이 나중에 어떻게 될지 확인할 수 있다. 이는 다른 사람에 대한 시험이 아니라 과거의 자신에 대한 시험이다. 오늘의 나는 어제의 나보다 나아졌나? 상황이 쉽게 돌아갈 때는 평범한 사람과 비범한 사람을 구분하거나 내 안의 비범함을 발견하기가 쉽지 않다. 로마의 노예 출신 작가 푸블릴리우스 시루스Publilius Syrus의 명언처럼, "바다가 잔잔하면 누구나 배를 조종할 수 있다."•

비범한 사람이 되는 길은 상황과 상관없이 자신의 행동에 책임을 지려는 결심에서 출발한다. 비범한 사람은 이미 받은 카드를 바꿀 수 없다는 것을 알기에 더 나은 카드를 꿈꾸면서 시간을 허비하지 않는다. 대신, 카드를 어떻게 사용해야 최상의 결과를 얻을 수 있을지에 집중한다. 이런 사람은 다른 사람 뒤에 숨지 않는다. 최고의 사람들은 어떤 도전이든 이에 맞선

•   《푸블릴리우스 시루스의 도덕적 명언 The Moral Sayings of Publius Syrus》, 358. 내가 운영하는 투자회사 시루스 파트너스Syrus Partners(syruspartners.com)의 이름은 그의 이름을 딴 것이다.

다. 그들은 기본값에 굴복하는 대신 최고의 자아상에 부응하는 삶을 선택한다.

사람들이 가장 많이 저지르는 실수 하나는, 세상의 실제 모습을 인정하는 대신 세상이 어때야 하는지에 관해 이러쿵저러쿵 흥정하는 것이다. "이건 아니야" "이건 불공평해" "이러면 안 되지"라고 불평하는 사람은 인정하는 대신, 흥정하고 있는 것이다. 그러나 이런 사람이 원하는 세상의 작동 방식은 현실의 작동 방식이 아니다. 세상의 실제 작동 방식을 인정하지 못하면 내가 왜 옳은지를 증명하는 데 시간과 에너지를 허비하게 된다. 원하는 결과를 얻지 못하면 손쉽게 환경이나 다른 사람을 탓하게 되는데, 나는 이것을 '옳은 것의 반대편**the wrong side of right**'이라고 부른다. 이런 사람은 결과가 아니라 자아에 집중한다.

해결책은 흥정을 멈추고 상황의 현실을 인정하기 시작할 때 나타난다. 왜 이 지경이 되었는지가 아닌 다음 움직임에 초점을 맞출 때, 많은 가능성이 열린다. 자아보다 결과를 우선시할 때 더 나은 결과를 얻을 수 있다.

대응에 따라 더 나아지거나 나빠질 수 있다 ——

우리는 모든 것을 통제할 수 없지만 자신의 대응은 통제할 수 있다. 그리고 이 대응을 통해 상황이 더 나아질 수도 혹은 더 나빠질 수도 있다. 모든 대응은 미래에 영향을 미친다. 대응할 때마다 우리가 원하는 결과와 우리가 원하는 사람에 한 걸음 더 가까워지거나 더 멀어질 수 있다.

행동에 앞서 자신에게 던져봐야 할 효과적인 질문은 이것이다. "이 행동을 통해 미래가 더 쉬워질까 아니면 더 어려워질까?"● 놀랍도록 단순한 이 질문을 통해 상황을 바라보는 시각을 바꾸고 상황이 더 나빠지는 것을 방지할 수 있다. 나의 할아버지는 (그리고 다른 많은 사람도) 종종 다음과 같이 말했다. "구덩이에 빠졌을 때 가장 먼저 해야 할 일은 구덩이 파기를 멈추는 거야."

20대 중반이었을 때 하루는 멘토의 사무실에 방문했다. 나는 당시 승진 기회를 놓쳤는데, 이는 내가 처음으로 도전해서 실패한 사례였다. 나는 그에게 절차의 불공정성에 대해 불만을 토로했다.

● 나는 이 질문을 우리 아이들에게도 사용한다. "이렇게 하면
  네가 원하는 목표에 더 가까워질까 아니면 더 멀어질까?" 그
  효과는 놀랍다.

"저는 왜 이렇게 재수가 없을까요? 누가 제게 메시지를 보내고 있는 것은 아닐까요?"

내가 인사 결정권자에 관한 험담을 늘어놓기 시작하자 멘토가 내 말을 잘랐다.

"이미 벌어진 일을 인정하고 싶지 않은가 봐? 그것은 멍청한 짓이야."

"멍청하다고요?"

일그러진 표정으로 내가 대꾸했다.

"응. 이미 벌어진 일이잖아. 따져봐야 의미가 없지."

당황한 나를 괘념치 않는 듯 그가 말을 이었다.

"물론… 짜증 나겠지. 자네는 자격이 충분하니까. 하지만 어쨌든 안 되었고 안 된 데는 이유가 있는 법이지. 중요한 건 남 탓을 그만두고 주인의식을 갖는 거라네."

멘토의 지적이 마음에 와닿았다. 그가 옳다. 내 앞의 세상이 괜히 이런 것은 아니다. 세상이 일부러 내게 못된 짓을 하는 건 아니다. 필요한 것은 스스로 내면을 들여다보면서 내가 이 결과에 어떤 영향을 미쳤는지를 솔직히 평가하여 작업 방식을 개선하는 것이다.

멘토의 사무실을 나서면서 내가 얻은 교훈은 분명했다. 자기책임을 깨닫지 못하면 멀리 갈 수 없다는 것.

불평은 해결책이 아니다 ─────────

현실을 직시하는 것은 쉽지 않다. 오히려 내가 통제할 수 없는 것을 탓하는 것이 나 자신이 어떤 결과에 미친 영향을 살펴보는 것보다 훨씬 쉽다.

우리는 너무 자주 세상이 주는 피드백에 맞서 싸우면서 자신의 신념을 지키려고 한다. 자신을 바꾸려 하기보다 세상이 바뀌길 원한다. 그리고 세상을 바꿀 힘이 없을 때 할 수 있는 유일한 것이 바로 불평이다.

불평은 생산적이지 않다. 불평은 세상이 비현실적인 방식으로 작동해야 한다는 신념으로 우리를 오도할 뿐이다. 그러나 현실과 멀어질수록 당면 문제를 해결하기는 점점 더 어려워진다. 미래를 더 쉽게 만들기 위해 오늘 할 수 있는 일은 항상 있다. 불평을 멈출 때야 비로소 그것이 보이기 시작한다.

당신은 피해자가 아니다 ─────────

가장 중요한 이야기는 자신에게 하는 이야기다. 물론 자신에게 긍정적인 이야기를 한다고 해서 좋은 결과가 보장되는 것은 아니다. 하지만 자신에게 부정적인 이야기를 하면 종종 나쁜 결과가 따른다.

우리는 우리에 관해 우리가 말하는 이야기의 주인공이다. 우리가 스스로에게 부여한 영웅의 지위에는 잘못된 일의 책임을 지는 모습이 어울리지 않는다. 그래서 잘못된 이유를 설명하기 위해 우리는 종종 책임을 물을 다른 사람을 찾는다.

원하는 결과를 얻지 못했을 때 남 탓을 하면 당장은 기분이 풀릴지 모른다. 하지만 이를 통해 더 나은 판단이 생기거나 우리가 더 나은 사람이 될 수 있는 것은 아니다. 남 탓은 자아 기본값이 촉발한 방어적 반응에 불과하며, 이를 통해서는 나약함과 연약함의 품속에서 벗어날 수 없다.

상황이나 환경 또는 다른 사람을 끊임없이 비난하는 사람은 사실상 자신에게는 결과에 영향을 미칠 능력이 없다고 주장하는 것이나 다름없다. 현실은 이와 다르다. 우리는 살면서 끊임없이 선택하고, 이런 선택이 쌓여서 습관이 되며, 이런 습관이 길을 결정하고, 그 길이 우리의 결과를 좌우한다. 따라서 원치 않았던 결과를 남 탓으로 돌리는 것은 자신에게 면죄부를 주는 것이다.

문제에 봉착했을 때 늘 다른 사람이나 상황을 탓하는 사람들은 '피해자'라는 말을 즐겨 사용한다. 물론 실제로는 그들이 피해자가 아닐 때가 많다. 그저 피해자처럼 느낄 뿐인데, 이런 느낌이 올바른 판단에 방해가 된다. 만성 피해의식은 대책 없고 무력하며 종종 절망적인 느낌으로 이어진다. 자신에겐 아무 책임도 없고 자신을 방해하는 누군가 혹은 무언가가 항상 있게 마련이다. 처음부터 만성 피해자가 되기를 원하는 사람은 없겠지만, 책임을 회피하는 반응이 서서히 쌓이면 자신이 어떻게 바뀌고 있는지를 보기 어렵게 되고, 결국에는 만성 피해의식에 사로잡히고 만다.

만성 피해자가 되는 과정에서 사람들은 종종 자신이 거짓말을 하고 있다는 것을 깨닫는다. 그들은 자신이 하는 이야기가 사실이 아니라는 것도 인식한다. 그리고 자신에게 책임이 있다는 것도 알게 된다. 하지만 현실을 직시하고 책임을 지는 것은 어려운 일이다. 불편한 일이다. 뒤에 숨어서 다른 사람과 상황, 불운 등을 탓하는 것이 훨씬 더 쉽다.

역설적이게도 만성 피해자를 가장 걱정해 주는 사람이, 뜻하지 않게 만성 피해자의 책임 전가 게임을 부추길 수 있다. 일이 뜻대로 풀리지 않으면 우리는 보통 가족이나 가까운 친구에게 고민을 털어놓는다. 그들은 우리를 사랑하고 지원하면서 늘 우리가 잘되기만을 바란다. 그들은 우리의 상황 해석을 기꺼이 인정해 주면서 우리를 안심시키려 한다. 그러나 이런 행동으로는 아무것도 달라지지 않는다. 세상을 보는 우리의 잘못된 시각이 그대로 유지되기 때문이다. 그들은 우리의 사고, 감정, 행동 방식을 재평가하도록 격려하지 않는다. 따라서 나중에 비슷한 상황에 처해도 우리는 똑같이 반응하게 될 것이며 똑같이 실망스러운 결과를 얻기 쉽다.

반면, 다음과 같이 말하는 친구가 있다면 어떻겠는가? "네가 일을 다 망쳤잖아. 문제를 해결할 수 있도록 내가 좀 도와 줄까?" 또는 "네가 원하는 결과를 얻지 못하는 이유에 대해 내 생각을 말해볼까?"

이런 친구가 있다면 지금 바로 전화해서 고맙다고 말하라. 이런 친구는 우리의 삶에 소중한 선물이다. 이런 친구를 소중 히 여길 줄 알아야 한다!

어쩌면 부모님 중 한 분이 이런 역할을 할 수도 있다. 내가 열세 살이었을 때, 방과 후 나는 친구들과 함께 어울리곤 했다. 어느 날 친구들이 반 친구 한 명을 괴롭혔는데, 나는 그 모습 을 그저 지켜봤다. 다행히 일이 더 커지기 전에 선생님이 오셔 서 순식간에 상황은 종료되었다. 그런데 근처에 주차하시던 아버지가 그 광경을 목격했다. 내가 차에 올라타자 아버지가 무슨 일인지 내게 물었다.

"아무것도 아니에요."

간단한 대답에 나를 바라보던 아버지의 눈빛이 요즘 내가 우리 아이들을 보는 눈빛과 다르지 않게 변했다. 나는 이어서 대답했다.

"그냥 한 아이를 좀 힘들게 했을 뿐이에요."

"왜?"

아버지의 질문에 다시 대수롭지 않게 나는 대답했다.

"다 그렇게 해요. 별것 아니에요. 걱정 마세요."

아버지는 길 한가운데 차를 세우더니 조금 전과 똑같은 눈빛으로 다시 나를 보셨다.

"너도 거기에 있었으면서 말리지 않은 거네? 남들이 다 한다고 무턱대고 따라 하면 안 되지. 네 선택은 네가 책임져야 하는 거야. 아까 네가 한 선택은 너답지 않았다."

그렇게 말씀하신 후 아버지는 다음 날까지 내게 아무 말도 하지 않으셨다.

그때 나는 중요한 교훈을 얻었다. 아무것도 하지 않는 선택도 무언가를 하는 선택만큼 중요할 수 있다는 것. 개인을 시험하는 진정한 척도는, 옳은 것을 위해 얼마나 대세를 거스를 수 있는지를 살펴보는 것이다.

아버지에게 실망을 안긴 것은 내가 거기에 같이 있었다는 사실이 아닌, 내가 나쁜 행동을 하는 다른 아이들을 말리지 않았다는 사실이었다는 것을 깨닫기까지는 상당한 시간이 걸렸다.[2] 아버지는 내가 주위 사람들과 상황에 따라 행동이 좌우되는 수동적인 사람이 되는 것을 원치 않으셨다. 아버지는 내가 상황의 만성 피해자가 되는 것을 원치 않으셨다.

성공적인 사람은 만성 피해자와 어울리는 것을 원치 않는다. 피해자와 어울리고 싶어 하는 사람은 다른 피해자뿐이다.

만성 피해자들은 자신이 통제할 수 없는 것에 태도와 감정이 휘둘리기 때문에 매우 취약하다. 일이 잘 풀리면 행복하지만 일이 잘 풀리지 않으면 방어적인 태도와 수동적 공격성을 보이며, 때때로 '공격적 공격성'을 드러내기도 한다. 함께 생활

하는 배우자의 기분이 좋지 않으면 덩달아 기분이 좋지 않고, 출근길에 교통 체증에 시달리면 회사에 와서까지 불만과 분노를 표출하며, 자신이 이끄는 프로젝트가 제대로 굴러가지 않으면 팀원을 비난한다.

자기책임의 힘은, 비록 모든 것을 통제할 순 없어도 모든 것에 대한 자신의 반응을 통제할 수 있다는 것을 깨닫는 데서 비롯된다. 이는 살아가면서 어떤 상황에 직면하든 그저 반응하는 대신에 행동하려는 태도다. 이를 통해 장애물은 학습과 성장의 기회가 된다. 곤경 자체보다는 곤경에 어떻게 대응하는지가 나의 행복에 더 큰 영향을 미친다는 사실을 깨닫는 것이 중요하다. 상황을 있는 그대로 받아들이고 계속 나아가는 것이야말로 종종 최선의 길이라는 것을 이해해야 한다.

자기
이해

너 자신을 알라.

– 델포이의 아폴로 신전에 새겨진 비문

자기이해는 자신의 강점과 약점을 아는 것이다. 자신이 할 수 있는 것과 할 수 없는 것, 자신의 능력과 한계, 강점과 약점, 자신의 통제력 안에 있는 것과 밖에 있는 것을 알아야 한다. 자신이 무엇을 알고 무엇을 모르는지를 알아야 한다. 나아가 자신의 인지적 맹점을 알아야 한다. 즉, 자신이 모르는 것이 있을 뿐만 아니라 그것을 모르는 것을 모른다는 사실, 즉 미국 국방부 장관을 지낸 도널드 럼스펠드Donald Rumsfeld의 유명한 표현을 빌리자면, "미지의 불확실성unknown unknowns"이 있다는 사실을 알아야 한다.

자신의 자기이해 수준을 더 잘 이해하고 싶다면 "모르겠는데"라는 말을 하루에 몇 번 하는지 체크해 보라. 이 말을 한 번도 하지 않는다면, 이해되지 않는 것을 무시하거나 결과를 이해하는 대신 대충 넘겨 버리고 있을 가능성이 크다.

자신이 무엇을 알고 무엇을 모르는지를 이해하는 것이야말로 승산 있는 게임을 하기 위한 열쇠다.

최근에 나는 단체 회식 자리에서 부동산으로 큰돈을 번 친구의 강력한 자기이해를 목격할 수 있었다. 그 자리에서 소식에 밝은 한 주식 투자자가 친구에게 개인적으로 자신이 투자하고 있는 기업에 관해 소개했다. 그의 설명은 내가 몇 년 동안 들어본 것 중에서 가장 그럴싸했다.

설명을 끝까지 들은 친구는 잠시 물을 한 모금 마시더니 "저는 주식 투자에 관심 없는데요"라고 말했다. 그 순간 테이블 전체가 조용해졌고, 사람들은 자신이 무슨 이야기를 놓친 건지 궁금해했다. 마침내 누군가 침묵을 깨면서 그가 주식 투자에 관심이 없는 이유에 관해 물었다. 친구는 대답했다.

"저는 그 분야에 관해서는 아무것도 몰라요. 저는 제가 아는 것에만 집중하는 편이에요."

식당을 나오면서 나는 친구와 대화를 이어갔다. 친구는 그 주식 투자자도 믿을 만하고 기업에 관한 그의 설명도 그럴듯했다며, 투자하면 큰돈을 벌 것 같다고 했다(실제로 그렇게 됐다). 그러면서 친구는 내게 다음과 같이 말했다.

"성공적인 투자의 열쇠는 자신이 무엇을 아는지를 알고 거기에 집중하는 거야."

내 친구는 부동산에 관해 잘 알았고 그 분야에서 인내심을 갖고 투자하면 반드시 성공할 수 있다는 것도 알고 있었다.

중요한 것은 지식의 활용

자신이 무엇을 아는지를 아는 것은, 아주 실용적인 기술이 될 수 있다. 다만 지식의 양보다 지식의 경계를 이해하는 것이 더 중요하다.

어느 날 저녁 식사 자리에서, 찰스 멍거Charles Munger가 나의 부동산 투자자인 친구의 견해와 유사한 이야기를 했다.

"다른 사람의 적성에는 맞고 자네 적성에는 맞지 않는 게임을 한다면, 당연히 자네가 질 거야. 자네가 우위를 점할 수 있는 분야를 찾아서 거기에 집중해야 해."

나아가 자신이 우위를 점할 수 있는 분야뿐만 아니라, 이런 우위가 사라지는 시점도 알아야 한다. 자신이 경계선의 어느 쪽에 있는지 모르거나 경계선이 있다는 사실조차 모르는 사람이라면, 경계선 밖에 있는 것이다.

다만, 자기이해는 구체적인 기술에 한정되지 않는다. 자기이해는 기본값에 취약한 시점, 즉 언제 나 대신 상황이 생각하게 되는지를 인지하는 것이기도 하다. 때때로 우리는 지나치게 흥분해서 슬픔이나 분노, 문제를 더 키우는 사고 등에 휘둘리기도 한다. 때때로 우리는 너무나 피곤해서 성질을 부리거나 너무 배가 고파서 괴물처럼 행동하기도 한다. 때때로 우리는 사회적 압력과 사회적 멸시의 위협에 극도로 예민해지기도 한다.

자신의 강점과 약점, 능력과 한계를 아는 것은 기본값에 대응하기 위한 필수 조건이다. 자신의 취약점을 알지 못하면 기본값이 취약점을 파고들어 우리와 우리가 처한 상황을 휘어잡을 것이다.

자제력

감정의 노예가 되지 않는 사람이 있다면 알려주게. 그런 사람이라면 나는 그대처럼 암, 내 마음속 깊이 마음의 끝까지 간직할 거야.

– 윌리엄 셰익스피어William Shakespeare, 《햄릿Hamlet》

자제력은 자신의 두려움과 욕망 및 그 밖의 감정을 통제할 수 있는 능력이다.

감정은 인간 삶의 피할 수 없는 일부다. 인간과 같은 포유류는 환경의 즉각적인 위협과 기회에 신속히 반응하도록 진화했다. 그래서 위협에는 두려움을, 사회적 유대 경험에는 기쁨을, 상실에는 슬픔을 느낀다. 이런 생리반응이나 이를 촉발하는 조건을 완전히 없앨 수는 없다. 우리가 할 수 있는 것은 이런 조건에 반응하는 방식을 관리하는 것뿐이다.

어떤 사람들은 감정의 바다에서 파도에 흔들리는 코르크와 같다. 이런 사람은 감정의 노예 같아서 이 순간에 촉발된 분노, 기쁨, 슬픔, 두려움 등에 따라 행동한다. 그런가 하면 자기 삶의 주인이 되기로 결심한 사람들도 있다. 이들은 키를 잡고 자신이 가려고 하는 방향으로 파도를 헤치며 배를 조종한다. 이런 사람도 다른 사람들처럼 감정의 기복을 느끼지만, 감정의 파도에 휩쓸려 삶의 방향이 정해지도록 내버려 두지 않을 뿐이다. 대신 이들은 필요할 때마다 올바른 판단을 바탕으로 핸들을 돌려서 경로를 유지한다.

자제력은 맹목적으로 본능을 따르는 대신 이성을 위한 공간을 확보하는 것이다. 이는 감정을 무생물처럼, 즉 내가 허락하지 않으면 내 행동에 개입할 힘이 없는 물건처럼 바라보면서 관리할 줄 아는 능력이다. 이것은 나와 내 감정 사이에 거리를 두고 감정에 어떻게 대응할지를 결정할 힘이 나 자신에게 있음을 깨닫는 것이다. 감정이 나를 자극할 때 나는 그저 반응할 수도 있고, 명료한 사고를 바탕으로 감정을 따를 가치가 있는지 판단할 수도 있다.

감정 기본값은 나와 내 감정 사이의 거리를 없앰으로써 생각 없는 반응을 촉발하려 한다. 이는 나의 미래를 망치면서까지 현재 순간을 지배하려 한다. 반면 자제력은 감정을 억제할 수 있는 힘이다.

막무가내로 떼를 쓰는 어린아이는 자제력이 없는 사람에게 감정 기본값이 어떤 영향을 미칠 수 있는지를 잘 보여주는 사례다. 정말로 놀라운 것은 어른 중에도 어린아이처럼 감정 기본값에 취약한 사람이 있다는 점이다. 이런 사람은 자제력이 부족해서 감정에 쉽게 휩쓸린다.

성공의 상당 부분은 바로 이 순간에 내키지 않더라도 할 일을 해내는 자제력에 달렸다. 장기적으로 미래를 결정하는 것은 감정의 강도가 아니라 일관된 규율이다. 영감과 흥분이 나를 움직이게 할 수도 있지만 목표에 다다를 때까지 나를 계속 움직이게 하는 것은 끈기와 일상의 규칙이다. 잠시 동안은 흥미를 유지할 수 있지만, 프로젝트가 길어질수록 이에 대한 흥미를 유지할 수 있는 사람은 점점 줄어든다.

최고로 성공한 사람들은 언제든 계속 나아갈 수 있는 자제력을 가지고 있다. 항상 흥미진진하지는 않더라도 그들은 결국 목적지에 도달한다.

자신감

자신감은 자신의 능력과 자신이 타인을 위해 할 수 있는 일의 가치를 신뢰하는 것이다.

독립적으로 사고하면서 사회적 압력과 자아, 관성 또는 감정에 맞서 굳건히 버티려면 자신감이 필요하다. 모든 결과가 즉각적으로 나오는 것은 아니라는 점을 이해하면서, 최종적으로 원하는 결과를 얻기 위해 지금 해야 할 일에 집중할 수 있어야 한다.

아이들은 지퍼 올리기나 신발 끈 묶기, 자전거 타기와 같은 간단한 기술을 배우면서 자신감을 키운다. 이러한 자신감을 바탕으로 어른이 되면서 소프트웨어 개발, 벽화 그리기, 낙심한 친구 위로하기와 같은 더욱 복잡한 능력들을 익히게 된다.

자신감은 부정적인 피드백을 이겨내고 회복하는 능력과 변화하는 환경에 적응하는 능력의 원천이다. 자신감 있는 사람은 남이 알아주든 말든 자신의 능력을 신뢰하면서 가치를 창출할 줄 안다. 건강한 자신감을 키운 사람은 어떤 도전과 어려움이 닥쳐도 이를 헤쳐 나갈 수 있다.

자신감 대 자존심

자신감은 어려운 결정을 내리고 자기이해를 발전시킬 수 있는 원천이다. 자존심은 자신의 결함을 인정하지 못하게 막는 반면, 자신감은 이런 결함을 인정할 수 있는 힘을 제공한다. 그리고 이를 통해 겸손을 배울 수 있다.

겸손하지 않은 자신감은 보통 과신과 같으며, 이는 강점이 아니라 약점이다. 자신감 있는 사람은 자신의 약점과 취약성을 받아들이고 다른 사람이 어떤 면에서 자신보다 더 낫다는 것을 인정하면서 도움이 필요할 때 도움을 요청할 수 있는 힘도 가지고 있다.

당면 과제를 잘해낼 수 있을지 의구심이 드는 것은 당연한 일이다. 아무리 유능한 사람이라도 때때로 이런 의구심을 품는다. 그러나 자신감 있는 사람은 결코 절망감이나 무가치감에 굴복하지 않는다. 이는 자존심의 또 다른 함정일 뿐이다. 자신감 있는 사람은 다른 사람의 도움을 받더라도 당면 과제를 완수하는 데 주의를 집중한다. 그런 사람이 거두는 모든 성공은 자신에 대한 신뢰를 키우고 자신감의 성장을 촉진한다.

혼잣말, 자신감의 원천

꿈을 포기하는 것은 역량 부족보다 자신감 부족이 원인일 때가 많다. 자신감은 종종 성취의 부산물이지만, 자신에게 하는 혼잣말을 통해서도 생길 수 있다.

내면의 작은 목소리가 의구심을 부추길 수도 있지만, 과거에 인내하며 극복한 많은 곤경과 도전을 상기시킬 수도 있다. 누구에게나 이 작은 목소리가 화제로 삼을 수 있는 긍정적인 순간들이 있게 마련이다. 누구에게든 수천 번을 넘어지면서 걸음마를 배운 경험이 있다. 누구에게든 처음에는 실패했지만 무엇이 잘못되었는지를 이해해 다음번에는 성공한 경험이 있을 것이다. 어쩌면 해고를 당했지만 결국 더 나은 자리로 이동한 경험이 있을 수도 있다. 이별의 아픔이든 사업의 실패이든 스키를 처음 타면서 크게 겁먹은 순간이든, 그것을 이겨내고 통과해 이전보다 더욱 강해진 경험이 있을 것이다.

과거의 곤경은 미래의 곤경에 맞설 수 있는 자신감의 원천이 된다. 따라서 자신이 겪은 역경에 관해 자신과 대화를 나누는 것이 중요하다.

막내아들을 데리고 절벽 점프를 하러 간 날, 우리는 심각한 딜레마에 빠졌다. 힘들게 꼭대기까지 올라와 8m에 가까운 절벽을 내려다본 아들이, 갑자기 두려움에 휩싸여 다시 기어 내려가려고 한 것이다. 그러나 기어 내려가는 것이 점프보다 훨씬 더 위험하기에 그렇게 할 수 없었다. 살짝만 삐끗해도 날카로운 바위 위로 추락할 수도 있었다. 아들은 아래를 내려다보면서 점점 더 공포에 질려갔다. 나는 아들이 이 상황에서 벗어날 수 있도록 무언가를 해야 했다.

가장 먼저 한 것은 호흡에 집중하는 것이었다. 심호흡은 마음을 진정시키는 데 효과적인 도구다. 우리는 정상적으로 숨을 들이마신 다음에 곧바로 더 짧게 숨을 들이마시기 시작했다. 이는 흐느끼며 울 때 호흡하는 방식과 같은데, 이렇게 하면 흐느껴 울고 난 후처럼 다소 마음이 진정된다. 이렇게 먼저 신체의 긴장을 푼 후에야 내면과의 대화를 시도해 볼 수 있었다.

나는 아들에게 어떤 혼잣말을 했는지 물었는데, 상태가 좋지 않았다. 아들은 절벽을 오른 것부터가 어리석은 짓이었다고 자책하면서 상황을 제대로 이해하지 못한 탓에 큰 곤경에 처했다며 후회하고 있었다. 이는 우리 모두가 (적어도 내 경험상) 가끔 혼잣말로 하는 내용과 다르지 않았다.

두 번째로 시도한 것은 아들의 머릿속에서 전개되는 대화를 바꾸는 것이었다. 우리는 다른 사람에게 우리가 하는 말이 그들의 기분에 어떤 영향을 미치는지 잘 알고 있다. 하지만 정작 우리가 자신에게 하는 말이 스스로에게 어떤 영향을 미치는가에 관해서는 거의 생각하지 않는다. 나는 아들에게 과거의 경험 중, 처음에는 겁이 났지만 결국 해낸 것들을 말해보라고 했다. 내 질문이 입 밖으로 나오자마자 아들은 스노보드를 탄 일이나 스키장에서 실수로 최고 난도의 슬로프에 들어갔던 일, 수상스키를 처음 타러 갔던 때를 이야기했다. 이와 같은 사례들이 계속 이어졌다. 아들에게 크나큰 용기가 필요했던 상황이 한두 가지가 아니었다.

자신이 예전에 처음으로 해냈던 어려운 일들을 떠올리면서 아들은 다시 호흡을 가다듬었다. 그런 다음, 절벽에서 뛰어내렸다. 몇 초도 지나지 않아, 아들의 얼굴이 수면 위로 떠올랐다. 나는 또다시 점프하기 위해 절벽으로 기어 올라오는 아들의 얼굴에서 환한 미소를 볼 수 있었다.

자신감 있는 사람은 감당할 자신이 있기에 현실을 마주하는 것을 두려워하지 않는다. 자신감 있는 사람은 다른 사람이 자신을 어떻게 보든 신경 쓰지 않으며, 유난스러워 보일 것도 두려워하지 않고, 새로운 것을 시도하는 동안에 바보처럼 보일 위험도 감수한다. 이런 사람은 이미 충분히 두들겨 맞고 다시 일어서본 경험이 있기에 필요하면 다시 그렇게 할 수 있다는 자신감이 있다. 또한 결정적으로 이런 사람은 무리를 능가하려면 때때로 다르게 할 필요가 있으며, 그러면 방해꾼과 습관적 반대자가 생길 수밖에 없다는 사실도 안다. 이런 사람은 대중의 의견 대신 현실의 피드백을 소중히 여긴다.

우리가 귀를 기울여야 할 가장 중요한 목소리는, 자신이 과거에 성취한 온갖 것들을 상기시키는 목소리다. 그러면 해본 적 없는 특정 작업이라도 어떻게 하면 되는지 알아낼 수 있다.

자신감과 정직함

자신감은 마주하기 힘든 진실을 받아들이는 힘이기도 하다. 우리 모두는 원하는 세상이 아닌, 실제 세상을 마주해야 한다. 불편한 진실을 외면하지 않고 어려운 현실을 마주하는 것은 빠르면 빠를수록 좋다.

우리 모두에겐 지금 부정하고 있는 것들이 있을 것이다. 인정함으로써 감수해야 할 고통을 피하고 싶기 때문이다. 때때로 우리는 장래성이 없는 직장에서 썩고 있거나 파산 직전 혹은 실패를 인정하기 싫은 투자처를 붙들고 있기도 한다. 그러나 현실을 일찍 받아들일수록 그 여파에 더 일찍 대처할 수 있으며 그럴수록 그 여파를 관리하기도 한결 쉬워진다. 힘든 일을 처리할 적절한 순간을 기다리는 일은 대개 할 일을 미루고 합리화하는 변명에 불과하다. 완벽한 순간이란 없다.[1] 그런 순간을 계속 기다리고 싶은 마음만 있을 뿐이다.

자신감 있는 사람은 자신의 동기와 행동 및 결과에 솔직하다. 이들은 내면의 목소리가 현실을 무시할 수도 있다는 것을 안다. 또한 이런 사람은 다른 사람들의 의견을 구하는 대신 세상의 피드백에 귀를 기울인다.

인터넷 덕분에 우리의 신념이 무엇이든 우리와 같은 생각을 가진 사람을 찾는 것은 일도 아니게 되었다. 홀로코스트를 부정하고 싶은가? 세상에는 이런 단체가 있다. 백신이 자폐증을 유발한다고 생각하는가? 그렇게 생각하는 많은 사람이 있다. 황당하지만, 지구 전체에 걸쳐 수백 명의 회원을 보유한 평평한 지구 학회 Flat Earth Society라는 것이 아직도 있다.

우리는 똑같은 망상을 가진 사람들과 쉽고 빠르게 어울릴 수 있다. 하지만 그렇다고 해서 망상이 사실이 되는 것은 아니다. 현실은 인기 경쟁이 아니다. 내가 옳다고 말하는 사람들이 주변에 많다고 해서 내가 옳은 것도 아니다. 집단 동의라는 따끈한 물에 일단 몸을 담그면, 다시 나오기가 쉽지 않다. 이럴 때 사회적 기본값이 다시 발동한다!

우리를 둘러싼 집단은 내가 아니라 세상이 문제라고 생각하도록 우리를 부추긴다. 내가 옳고 다른 모든 사람은 틀렸다고 생각하면서 현실을 부정하면 현실에 적응하고 현실을 개선하기 위해 필요한 에너지와 주의력만 허비된다. 우리가 이렇게 하는 까닭은 이것이 현실을 인정하기보다 더 편안하게 느껴지기 때문이다. 그러나 현실을 인정해야만 현실을 바꾸려고 시도할 수 있다. 마음 한구석에서는 '왜 결과가 원하는 대로 나오지 않지? 왜 누구는 나보다 좋은 결과를 얻지? 그 사람은 나와 뭐가 다르지?' 하면서 궁금해하더라도 현실을 직시하지 않으면 아무 소용없다.

어느 날 나는 한 대기업의 CEO와 산책을 하면서 주요 직책에 직원을 뽑는 방법에 관해 이야기를 나누었다. 내가 그에게 물었다.

"직원의 수행 능력을 예측할 수 있는 성격 특성을 하나만 고르라면 무엇일까요?"

"그거야 쉽죠. 자신이 안다고 생각하는 사안에 대해 얼마나 솔직하게 생각을 바꿀 수 있는가 하는 점이죠."

그의 설명에 따르면, 회사에 가장 필요한 인재는 처음부터 최선의 아이디어를 가진 사람이 아니라 자신의 생각을 재빨리 바꿀 수 있는 사람이었다. 이런 사람은 자아가 아닌, 결과에 주목한다. 반면 실패할 확률이 가장 높은 사람은 자신의 관점을 뒷받침하는 세세한 부분에 집착하는 사람이라고 그는 말했다.

"그런 사람은 무엇이 옳은지가 아니라 자신이 옳다는 것을 증명하는 데만 너무 집중하거든요."

자기책임에 관한 장에서 언급한 것처럼 나는 이를 '옳은 것의 반대편'이라고 부른다. 평소에는 똑똑한 사람이 모두를 위

한 최선의 결과와 자신에게만 최선인 결과를 혼동할 때 이런 일이 일어난다.[2]

객관적으로 옳은 것을 위해 자신의 입장을 기꺼이 바꿀 준비가 되어 있어야 한다. 이런 준비가 되어 있지 않으면 오류를 범하기 쉽다. 옳은 것의 반대편에 자주 서게 되는 사람은 나무와 숲을 번갈아 보면서 여러 각도에서 사태를 바라보지 못하는 경우가 많다. 이런 사람은 종종 하나의 시각, 즉 자신의 시각에 갇혀 있다. 여러 관점에서 사태를 바라보지 못하면 맹점이 생긴다. 그리고 이런 맹점이 있으면 곤란에 처하기 쉽다.

자신의 잘못을 인정하는 것은 약함의 표시가 아니라 강함의 표시다. 다른 사람의 설명이 내 설명보다 낫다고 인정하는 것은 적응력의 표시다. 현실을 직시하려면 용기가 필요하다. 자신의 입장을 수정하거나 안다고 여겼던 것을 재고하려면 용기가 필요하다. 어딘가 문제가 있다는 것을 스스로 인정하려면 용기가 필요하다. 오래된 자아상에 흠집을 내는 피드백을 받아들이려면 용기가 필요하다.

현실을 직시하라는 말은 결국 자신을 직시하라는 말이다. 자신이 통제할 수 없는 것이 있다는 점을 인정하고 통제할 수 있는 것을 관리하는 데 노력을 집중해야 한다. 현실을 직시한다는 것은 자신의 실수와 실패를 인정하고 이것을 교훈 삼아 앞으로 나아가는 것이다.

옳은 것의 반대편

한번은 뉴욕에서 '효과적인 결정'에 관한 강연을 했다. 강연이 끝나자 한 여성이 질문이 있다면서 내게 다가왔다. 나는 그녀에게 강연이 늦은 시각에 끝나는 바람에 바로 공항으로 가야 한다며 양해를 구했다. 그러자 그녀는 자신의 운전기사가 공항까지 태워다 줄 수 있는데 가는 동안 이야기를 나눌 수 있느냐고 물었다.*

내가 차에 올라타자 그녀는 현재 자신이 씨름 중인 매우 어려운 문제에 관해 이야기하기 시작했다. 그녀는 자신이 지금 몸담고 있는 조직의 차기 CEO 자리를 두고 경쟁하는 두 후보 중 한 명이라고 하면서, 조직의 당면 문제를 어떻게 처리하느냐에 따라 당락이 결정될 것 같다고 했다. 그녀는 문제를 자세히 설명한 후 자신이 조직에 제시한 해법을 내게 말해주었다. 그 해법은 꽤 그럴듯했지만, 다소 복잡하고 실행에 많은 위험이 따랐다. 사실 더 간단하면서도 비용과 위험이 적은 대안이 있었다. 그 방법이 객관적으로 더 나은 해법이었는데, 문제는 그것이 경쟁 후보의 아이디어라는 점이었다.

그녀는 자신의 생각을 자세히 설명하면서 스스로를 방어하

* 뉴욕에서 전혀 모르는 사람의 차를 얻어 타는 캐나다인처럼
순진한 사람도 없을 것이다(저자는 캐나다인이다).

고 자신의 해법이 더 나은 것임을 증명하는 데 많은 시간과 노력을 들였다. 그러면서도 자신의 해법이 최선이 아니라는 것을 스스로도 잘 알고 있다는 점을 마지못해 고백했다. 그녀가 옳은 것의 반대편에 서게 된 셈이었다. 하지만 그녀는 이를 인정하고 싶지 않았다.

많은 사람이 똑같이 느낀다. 그들은 자신이 옳지 않으면 쓸모없는 존재가 되리라 생각한다. 나도 예전에는 그랬다. 나는 그녀가 실패를 통해 몸소 깨닫도록 놔두는 대신, 마음가짐과 옳은 것의 반대편에 서게 되는 문제에 관해 내가 비싼 수업료를 치르면서 깨달은 몇 가지를 이야기해 주었다.

오랫동안 나는 나의 아이디어가 최고가 아니면 내가 아무것도 아니라는 생각에 사로잡혀 있었다. 그렇게 되면 아무도 나를 소중히 여기거나 통찰력 있는 사람으로 보지 않을 것이며, 내가 기여할 수 있는 것도 없을 것이라고 생각했다. 이렇게 나의 정체성은 내가 옳다는 느낌의 포로가 되어 있었다.

나의 잘못을 깨달은 것은, 사업을 하면서부터였다. 모든 것이 내 어깨에 달렸고 오류의 대가가 매우 커지면 누가 옳은가보다 무엇이 옳은가에 집중하게 된다. 나는 이 사실을 그녀에게 설명해 주었다. 내가 옳다고 느끼고 싶은 욕망을 포기할수록 더 좋은 결과를 얻을 수 있었다. 나는 내 공적을 쌓는 것보다 좋은 결과를 얻는 것에 집중했다.

"만약 당신이 회사의 지분을 100% 가지고 있고 100년 동안 그 회사를 팔 생각이 없다면, 어떤 해법을 선택하시겠어요?"

나의 질문에 한참을 망설이더니 그녀가 대답했다.

"제가 무엇을 해야 하는지 이제 알겠어요. 고마워요."

몇 달 후, 휴대폰 벨소리가 울렸다. 그녀였다.●

"무슨 일이 있었는지 아마 믿지 못하실 거예요! 선생님 덕분에 제가 CEO가 되었어요. 삼키기 힘든 약이었지만 결국 경쟁자의 해결책을 지지하기로 마음먹었는데, 그렇게 함으로써 저울추가 오히려 제 쪽으로 기울었어요. 설령 경쟁자를 지지하는 꼴이 된다고 해도 자존심을 버리고 회사에 최선인 해결책을 선택했는데, 이사회가 그런 모습에 저를 적임자라고 판단했답니다."

자신감은 누가 옳은가가 아닌, 무엇이 옳은가에 집중할 수 있는 능력이다. 이것은 현실을 직시하는 힘이다. 자신의 실수를 인정하고 입장을 바꿀 수 있는 힘이다. 자신감은 옳은 것의 편에 서게 해준다.

그러니 자아가 아닌 결과에 집중하라.

● 나는 사람들이 어떻게 내 휴대폰 번호를 알아내는지 지금도 궁금하다.

강점의
작동 방식

05

지금까지 살펴본 자기책임, 자기이해, 자제력, 자신감은 올바른 판단을 위한 필수 조건이다. 이것들이 함께 작동하는 몇 가지 사례를 살펴보자.

사례 1: **표준 거스르기**

세 글자 기관에서 일하는 사람 중 대다수는 직장에서 평생 벗어나지 못한다. 왜 그럴까? 많은 급여와 물가상승률에 연동되는 연금, 놀라울 정도로 똑똑하고 헌신적인 사람들로 가득 찬 과제 중심 조직이기 때문이다.

내가 직장 동료에게 일을 그만둘 거라고 말했을 때, 그들은 깜짝 놀란 표정으로 나를 바라보았다. 그들은 일을 그만둠으로써 내가 잃게 될 고액 연금과 혜택, 조만간 직면하게 될 온갖 위험 등에 관해 이야기하기 시작했다. 특히나 그들이 주목한 것은 시간의 자유처럼 내가 앞으로 얻게 될 것이 아닌, 내가 잃게 될 것이었다.

직업을 그만두는 과정에서도 4가지 강점의 작동 방식을 확인할 수 있었다. 나에게는 앞으로 닥칠 일을 자세히 알 수는 없지만 결국 잘해 낼 것이라는 자신감과 내게는 돈보다 시간이 더 소중하다는 자기이해가 있었다. 또 앞으로는 아침에 이불 속에서 꾸물대지 않고 바로 일어날 수 있는 자제력은 물론, 이전보다 더 높은 수행 기준을 받아들이는 자기책임감이 필요하다는 걸 알았다.

자기이해가 없었다면 나를 행복하게 하는 것이 무엇인지 깨닫지 못했을 것이다. 자신감이 없었다면 직장을 떠나지 못했을 것이다. 자기책임감과 자제력이 없었다면 무슨 일을 해야 할지 알더라도 쓸모없는 바쁜 일로 하루하루를 허비하면서 앞으로 나아가지 못했을 것이다.

사례 2: **사회적 기본값에 저항하기**

경험을 통해 자신이 사회적 압력에 쉽게 굴복하는 편이라는 것을 이미 알고 있다고 가정해 보자. 가령 옆구리를 찌르는 판매원의 유혹에 넘어가 원치 않는 물건을 구매하거나 다그치는 동료의 등쌀에 떠밀려 능력 밖의 일을 떠안게 되는 식이다. 그런데 의지력만으로는 앞으로도 이런 행동을 고칠 자신이 없다고 하자.

그래서 당신은 사회적 기본값의 영향으로부터 스스로 보호하기 위해 안전장치를 마련하기로 결심한다. 일단은 중요한 사안에 동의하기 전에는 반드시 하루 동안 숙고하는 시간을 갖기로 규칙을 세운다.

이 안전장치를 실천하는 것은 그리 유쾌하지 않다. 누군가에게 하루를 기다려 달라고 요청하는 것도 당장 불편할 수 있다. 다만 이 안전장치를 실천하는 것이 장기적으로 좋은 결과를 낳을 수 있다. 규칙은 간단해 보여도 일반적인 상황에서 좋은 결과를 낳는다. 자동 규칙에 관해서는 다음 장에서 더 자세히 살펴보기로 하자.

이런 계획의 실천은 앞서 언급한 4가지 강점 모두를 잘 보여준다. 자신이 사회적 압력에 쉽게 굴복하고 이에 저항하는 능력이 부족하다는 것을 알려면 자기이해가 필요하다. 더 나은 결과를 위해 이런 약점을 고치기로 결심하려면 자신감이 필요하다. 스스로 세운 규칙을 지키려면 자기책임감이 필요하다. 장기적인 이익을 위해 일상의 단기적인 불편을 이겨내려면 자제력이 필요하다.[●]

사회적 기본값의 영향에 저항하려면 이 4가지 강점이 모두 필요하다. 이들이 함께 작동하기 시작하면 놀라운 결과를 얻게 될 것이다. 그러면 이제 각 강점들을 체계적으로 구축하는 방법에 관해 살펴보자.

● 규칙은 절차를 낳고 절차는 관성을 낳는다. 이 규칙은 평소에 우리를 곤경에 빠뜨리는 인간 본성의 한 측면을 이용한다.

기준
세우기

> 정기적으로 사람들과 관계를 맺으면 필연적으로 그들처럼 성장
> 할 것이다. … 불씨가 꺼진 석탄을 불씨가 살아 있는 석탄 옆에 놓
> 으면 옆에 있는 석탄 때문에 살아 있는 석탄이 꺼지거나 꺼진 석
> 탄에 다시 불이 붙을 것이다. … 흙먼지로 뒤덮인 사람과 어울리
> 면 자신도 어느 정도 더러워질 수밖에 없다는 것을 명심하라.
>
> — 에픽테토스Epictetus, 《담화록*Discourses*》

자신의 강점을 키우기 위한 첫 번째 단계는 자신에 대한 기준
을 높이는 것이다. 이는 자신의 일상 환경을 구성하는 사람들
과 관행을 둘러보는 것에서 시작해야 한다.

물리적 환경이든 주변 사람들이든, 환경은 우리에게 매우
큰 영향을 미친다. 부적절한 사람들을 피하는 것만큼 인생에
서 중요한 것도 많지 않다. 자신은 의지력이 강해서 다른 사람
들의 나쁜 점에 물들지 않으리라 생각할 수 있지만, 보통은 그

렇지 않다.

우리는 무의식적으로 주위 사람들을 닮는다. 멍청이 밑에서 일하다 보면 조만간 자신도 그렇게 될 것이다. 이기적인 직장 동료들 사이에서 일하면 조만간 자신도 그렇게 될 것이다. 불친절한 사람과 자주 어울리다 보면 자신도 서서히 불친절해질 것이다. 주위 사람들의 생각과 감정, 태도와 기준이 조금씩 조금씩 자신의 것이 된다. 이러한 변화는 매우 점진적으로 일어나서 알아차리기 어려우며 변화가 너무 커졌을 때는 더 이상 감당하기 어렵다.

주위 사람들을 닮는다는 것은 시간이 지나면서 그들의 기준을 받아들이게 된다는 의미다. 평균적인 사람들만 보다 보면 결국 자신도 평균적인 기준을 갖게 된다. 그러나 평균적인 기준만으로는 원하는 목표를 달성할 수 없다. 기준은 습관이 되고 습관은 결과가 된다. 비범한 결과를 위해서는 거의 언제나 평균 이상의 기준이 필요하다는 것을 깨달아야 한다.

가장 성공한 사람들은 다른 사람에 대해서뿐 아니라, 자신에 대해서도 가장 높은 기준을 가지고 있다. 언젠가 파견 근무를 나갔을 때, 나는 회의 자리에서 작전 요소들의 작동 방식에 관해 설명했다. 조금 후 이 분야의 전문가로 정평 난 사람이 끼어들더니 자신이 무슨 말을 하는지 모르면 떠들지 말라고 했다. 그러면서 그는 자리에서 일어나 내가 상상도 못할 만큼 자세하게 문제를 설명했다. 회의를 마친 후 나는 그의 사무실로 가서 그와 이야기를 나눴다. 그는 내가 일하던 곳에서는 어땠는지 몰라도, 여기서는 제대로 알지 못하면 떠들지 않는 것이 기준이라고 했다.

챔피언이 비범한 기준을 만드는 것이 아니다. 비범한 기준이 챔피언을 만든다.*

높은 기준이야말로, 최고 성과자들의 공통된 특징이다. 행운이나 재능으로 설명되지 않는 비범한 성과를 거두는 선수나 팀은 언제나 높은 기준을 추구한다. 뉴잉글랜드 패트리어츠New England Patriots 풋볼팀과 감독 빌 벨리칙Bill Belichick은 지난 20년간 내셔널 풋볼 리그National Football League, NFL의 어느 다른 팀보다도 많은 경기에서 승리했다. 게다가 이 성과는 공평한 경쟁을 유도하고 절대 강팀의 등장을 막기 위해 고안된 '팀 연봉 상한제' 속에서 거둔 것이기에 더욱 놀라웠다. 어느 날 해당 포지션에서 리그 최고였던 올스타 코너백 대럴 레비스Darrelle Revis가 훈련장에 몇 분 늦게 도착하자, 벨리칙 감독은 그를 즉시 집으로 돌려보냈다.[1] 벨리칙 감독은 이 일로 큰 소란을 만들지는 않았지만 입장은 단호했다. 그는 레비스를 특별 대우하지 않았다. 다른 팀의 스타 플레이어들이 어떤

● 이것을 미식축구 감독 빌 월시Bill Walsh 는 다음과 같이 멋지게 표현했다. "챔피언은 챔피언이 되기 전부터 챔피언답게 행동한다. 챔피언은 승리하기 전부터 승리의 수행 기준을 가지고 있다."

대우를 받는지는 그의 관심사가 아니었다. 레비스는 뉴잉글랜드 패트리어츠 선수였고 팀의 기준을 따라야만 했다.

최고의 교사는 학생들과 교사 자신에게 더 많은 것을 기대한다. 그렇게 하면 많은 학생이 이런 기대에 부응하기 위해 노력한다. 최고의 팀장은 팀원에게 더 많은 것을 기대한다. 이런 팀장은 자신에게 적용하는 기준을, 즉 대다수 사람이 가능하다고 여기는 것보다 더 높은 기준을 팀원에게도 적용한다.

영리하지만 기준이 낮은 사람

평균적인 성과를 내는 팀과 비범한 성과를 내는 팀의 차이는 어디서 오는 걸까? 팀장이 영리하지만 게으른 팀원들로부터 꾸준히 더 많은 것을 이끌어 내느냐 아니냐에 갈릴 때가 많다. 한번은 이런 직원과 함께 일한 적이 있다. 그는 이제 막 팀장으로 승진한 내게 작업 초안을 이메일로 보내면서 '지도와 피드백'을 요청했다. 초안은 끔찍했고 빤한 결함으로 가득했다. 그것은 그가 할 수 있는 최선의 결과가 아니라는 것을 한눈에 알 수 있었다. 그 역시 그것을 알았다.

큰 조직에서 일하다 보면 이와 비슷한 사람을 만나기 쉽다. 형편없는 아이디어로 가득 찬 반쪽짜리 초안을 만들어서 주변에 전송한 후 다른 사람이 수정해 주기를 기다리는 사람 말이다. 이 같은 전술은 인간의 기본값 중 하나를 이용한다. 즉, 타인의 잘못을 바로잡는 것을 좋아하는 인간의 기본값. 누군가가 일을 제대로 못하면 우리는 보통 그냥 지나치지 않고 어떻게 하는지 알려주려고 한다. 이렇게 우리가 대신 작업해 주면 그 사람은 직접 작업할 때보다 훨씬 빠르게 작업을 마치고 공로를 인정받을 수 있다. 그들은 참 영리하다. 그러나 게으르다.

나는 그날 저녁 나머지 시간을 (또는 내 경력 전체를) 이 남자의 작업을 수정하는 데 허비하고 싶지 않았다. 나는 그의 행동을 바꿀 필요가 있었다. 그런데 어떻게?

나는 미국의 전 국무장관이었던 헨리 키신저 **Henry Kissinger**에 관해 읽었던 이야기가 생각났다. 한 직원이 초안 메모를 작성해 키신저가 읽을 수 있게 그의 책상 위에 놓았다. 잠시 후 키신저가 그에게 다가와 이것이 그가 할 수 있는 최선의 결과냐고 물었다. 그러자 직원은 "아니요"라고 답하면서 메모 전체를 다시 작성해 제출했다. 다음 날 직원은 키신저에게 다시 달려와 그의 의견을 물었다. 키신저는 그에게 다시 이것이 그가 할 수 있는 최선이냐고 물었다. 직원은 메모를 가져가 또다시 작성했다. 그다음 날 아침에도 똑같은 장면이 연출되었는데, 이번에는 직원이 정말로 최선의 결과라고 대답했다. 그제야 키신저는 "알았어요, 읽어볼게요"라고 답했다.

나는 키신저의 방법을 사용하기로 마음먹었다. 나는 이메일에 "이것이 당신이 할 수 있는 최선의 결과인가요?"라고만 적어서 그에게 보냈다.

그러자 그는 아니라면서 생각을 정리할 시간을 며칠만 달라고 했다. 그리고 며칠 후에 크게 개선했다는 새 버전을 다시 제출했다. 나는 문서를 열어 보지도 않고 똑같이 쏘아붙였다. 그러자 그는 "예, 이것이 제가 할 수 있는 최선입니다"라고 답했다.

그 버전은 읽어보니 정말로 훌륭했다. 이제 나는 그가 무엇을 할 수 있는지 알았고 그도 내가 안다는 것을 알았다. 나는 그에게 매번 이런 수준을 기대한다고 말했다. 기준은 분명했다. 그리고 그 후로 그가 나를 실망시킨 적은 없었다.

왜 낮은 기준에 만족할까?

우리는 왜 종종 자신의 수준 이하의 작업 결과를 순순히 받아들이는 걸까? 특별한 관심이 없기 때문이다. 이 정도면 됐다고 생각하거나 제한된 시간을 고려하면 이것이 최선이라고 여기는 것이다. 하지만 적어도 해당 작업에서 우리가 최선을 다하지 않은 것만은 사실이다.

다른 사람이 작업한 수준 이하의 결과를 우리가 받아들이는 까닭도 역시 그렇다. 우리가 전력을 다하지 않기 때문이다. 최선을 다하는 팀장이라면 팀원이 대충하게 놔두지 않을 것이다. 높은 기준을 가진 사람은 함께 일하는 모든 사람에게 자신처럼 열심히 일해서 기대하는 수준 또는 그 이상을 달성하길 기대한다. 그 이하는 용납되지 않는다.

장루이민張瑞敏이 가전제품 회사 하이얼의 전신인 칭다오 냉장고 공장의 최고경영자로 취임했을 때, 그 회사는 망하기 직전이었다. 루이민은 직원들에게 명확한 신호를 보내기 위해 직원들을 밖으로 소집했다. 그러곤 기준 이하의 냉장고 76대가 큰 쇠망치로 산산조각 나는 광경을 지켜보게 했다. 그는 재직 기간 내내 그 쇠망치를 이사회실의 유리 상자 안에 보관했는데, 쇠망치는 그가 회사에 기대하는 높은 수준에 대한 상징이었다.[2]

최고가 되려면 최고가 필요하다

각 분야의 대가는 그저 점검하고 넘기는 것으로 만족하지 않는다. 이들은 자신이 하는 일에 계속 전념한다. 대가 수준의 작업에는 거의 광적으로 보이는 기준이 필요하며, 이런 대가는 우리의 기준이 어떠해야 하는지를 보여준다. 대가 수준의 기획자는 장황하고 횡설수설하는 이메일을 용납하지 않을 것이다. 대가 수준의 프로그래머는 조야한 코드를 용납하지 않을 것이다. 이들 모두 불분명한 설명을 이해로 받아들이지 않을 것이다.

자신과 자신이 할 수 있는 것의 기준을 높이지 않으면, 어떤 일에서든 비범한 결과를 얻을 수 없다. 이 말이 많은 노력이 필요하다는 소리처럼 들릴 수도 있다. 대부분의 사람은 부드럽게 현실에 안주하려고 한다. 우리는 대충 하는 것을 좋아한다. 그것도 나쁘지 않다. 다만 남들처럼 하면 남들과 똑같은 결과를 기대할 수밖에 없다는 점을 명심하라. 만약 다른 결과를 원한다면 기준을 높여야만 한다.

대가와 함께 일하는 것은 최고의 교육이다. 이는 기준을 높이는 가장 확실한 방법이다. 대가의 탁월함에 맞추려면 나의 탁월함이 필요하다. 다만 그러한 행운의 기회는 쉽게 찾아오지 않는다. 그렇다고 절망할 필요는 없다. 비록 대가와 직접 함께 일할 기회가 없다고 해도 더 높은 기준을 가진 사람을 주변에 두는 방법이 있다. 그것은 대가와 대가의 업적에 관해 읽고 배우는 것이다.

롤 모델과
연습

기준을 높여 강점을 키우는 데는 2가지 요소가 필요하다.

(a) 기준을 높이기에 적절한 롤 모델이다. 함께 일하고 있거나 존경하는 사람 또는 오래전에 세상을 떠난 사람이라도 롤 모델로 삼을 수 있다. 중요한 것은 기술이든 성격 특성이든 가치관이든, 특정 영역에서 자신을 더 나은 사람으로 만들 수 있는 사람이어야 한다.

(b) 롤 모델을 닮기 위한 일정한 방식의 연습이다. 바로 지금 공간을 확보해, 만약 롤 모델이 자신의 입장이었다면 어떻게 했을 것 같은지 성찰하여 그에 맞춰 행동하라.

그럼 이 2가지 요소에 관해 하나씩 자세히 살펴보자.

앞 장에서 대다수 사람이 전혀 생각하지 못하는 사실에 관해 이야기했다. 즉, 우리가 주위 사람들을 선별하고 관리하지 않으면, 결국 우리 인생에는 우리의 선택이 아닌 우연히 우리 주위에 있게 된 사람들로 가득하게 될 것이다. 이 집단에는 부모와 친구, 가족, 동료 등이 포함된다. 물론 고등학교 친구가 좋은 인격과 예리한 감각을 지닌 훌륭한 롤 모델인 경우도 있겠지만, 그보다는 평균적인 친구일 확률이 훨씬 더 높다.

물론 자신의 부모가 세상에서 가장 똑똑한 사업가일 수도 있지만, 그렇지 않을 가능성이 더 크다. 이런 사람들을 인생에서 지워야 한다는 뜻은 아니다. 다만 자신의 환경을 통제한다는 것은, 의도적으로 이러한 롤 모델을 내 주변에 추가하는 것을 의미한다.

당신의 롤 모델은?

누군가의 롤 모델을 보면, 그 사람의 미래를 알 수 있다.

세 글자 정보기관에서 처음 일을 시작했을 때, 나는 직장 상사인 매트Matt를 존경했다. 그는 운영체제의 작동 방식과 다양한 활용에 관한 한 세계 최고 중 한 명이었다. 내게 가장 인상 깊었던 점은, 그의 믿을 수 없을 만큼 높은 기준이었다. 매트는 마이클 조던Michael Jordan처럼 타고난 재능과 최고 수준의 직업윤리를 겸비한 인물이었다. 게다가 그는 완벽을 추구했다(그가 세계 최고 중 하나인 것이 당연해 보이지 않는가?).

매트 곁에서는 제대로 알지 못하면 입을 뻥긋하기조차 어려웠다. 그랬다가는 그가 바로 끼어들었으니까. 매트로 인해 팀 전체의 기준이 올라갔다. 그는 누구보다도 열심히 일했을 뿐만 아니라, 복잡한 문제에도 늘 명쾌한 해결책을 제시했다. 매트는 모범적인 삶의 방식을 보여주는 내 롤 모델이었고, 무엇이 가능한지를 보여주었다.

나는 운이 좋았다. 평범한 상사를 만날 수도 있었는데 매트처럼 비범한 상사를 만났기 때문이다. 그러나 관건은 행운에 의지하지 않는 것이다. 본받을 만한 사람과 우연히 함께 일하게 되길 기대하기보다 그런 사람을, 즉 자신의 롤 모델을 찾을 수 있어야 한다.

적절한 롤 모델을, 즉 자신보다 높은 기준을 가진 사람을 선택하면 부모나 친구, 지인 등으로부터 물려받은 기준을 뛰어넘을 수 있다. 롤 모델은 자신의 기준이 어떠해야 하는지를 보여준다. 피터 카우프먼은 내게 다음과 같이 말한 적이 있다. "내 인생에서 성공에 가장 크게 기여한 것은 특별한 기술이 아니었어. 오히려 다른 사람들의 훌륭한 모범을 공부하고 받아들인 것이었지."

이러한 지혜는 오래전부터 있었다. 고대 로마 철학자 세네카Seneca는 친구 루킬리우스Lucilius에게 보낸 편지에서 삶의 기준으로 삼을 롤 모델 또는 모범을 찾으라고 충고했다.

> 인간의 마음에는 존경할 수 있는 누군가가 필요하다. 내면의 성지까지도 더욱 신성하게 만들어줄 권위를 가진 누군가가 필요하다. … 떠올리기만 해도 마음이 차분해지고 가르침을 얻을 만큼 존경하는 사람이 있는 자는 행복하다!
>
> 이렇게 다른 사람을 존경할 수 있는 자는 이내 스스로 존경을 받을 것이다. 그러므로 카토Cato를 선택하거나 이것이 자네에게 너무 엄격해 보이면 좀 더 온화한 정신을 가진 라엘리우스Laelius 같은 사람을 선택하라(두 사람은 모두 로마의 장군이자 정치가였다–옮긴이). 삶과 연설을 통해 자네를 기쁘게 하는 사람, 겉으로 드러나는 성격과 실제 성격이 같은 사람을 선택하라. 이런 사람을 자네의 수호자 또는 모범으로 늘 곁에 두어라. 다시 강조하지만, 우리의 삶을 견줄 수 있는 누군가가 필요하다. 잣대가 없으면 비뚤어진 것을 바로잡을 수 없다.[1]

롤 모델은 우리가 본받을 수 있는 원칙과 결의, 우리의 것으로 만들고 싶은 사고와 감정, 행동의 전반적인 유형을 제시한다. 이러한 모범은 우리가 세상을 탐색하는 데 도움을 준다. 우리의 북극성과도 같다.

첫 직장에서 일할 때 대다수 사람은 매트의 기준이 너무 엄격했기 때문에 이를 받아들이려 하지 않았다. 하지만 노력할 의사가 있는 사람들에게 매트는 최고를 향한 지름길이었다. 정규분포 그래프의 맨 오른쪽에 있는 사람들(즉, 비범한 아웃사이더들)은 당신이 평생에 걸쳐 배워야 할 조언, 요령, 통찰 등을 가르쳐줄 수 있다. 이런 사람들은 힘든 일을 해냈다. 그들이 이미 수업료를 낸 덕분에 우리는 공짜로 얻을 수 있다. 매트에게서 배우고 그의 기준에 맞춰 살고자 노력한 덕분에 나는 예상보다 훨씬 빨리 일에 능숙해질 수 있었다.

최고의 롤 모델을 찾기 위해 주위를 둘러보라. 내가 키우고 싶은 특성을 이미 지니고 있는 사람, 내가 원하는 행동이 기본값인 사람, 내 기준을 높여서 더 나은 버전으로 변화하고 싶은 욕망을 자극하는 사람을 찾아보라.

롤 모델이 꼭 살아 있어야만 하는 건 아니다. 죽었거나 가상의 인물이더라도 롤 모델로 삼을 수 있다. 애티커스 핀치**Atticus Finch**와 워런 버핏, 징기스칸과 배트맨 모두 우리의 롤 모델이 될 수 있다(애티커스 핀치는 영화 〈앵무새 죽이기*To Kill a Mockingbird*〉에서 누명을 쓴 흑인을 변호하는 주인공 백인 변호사다—옮긴이). 누가 롤 모델로 적절할지는 당신 선택에 달렸다.

개인 이사회 ────────────────────

이제 당신의 롤 모델들을 모두 '개인 이사회personal board of directors'에 소집하라. 이는 베스트셀러 작가이자 유명한 경영 컨설턴트인 짐 콜린스Jim Collins의 아이디어다.

> 1980년대 초에 저는 빌(빌 레이지어Bill Lazier)을 제 개인 이사회의 명예 이사장으로 임명했어요. 그리고 이사들을 선정했는데, 기준은 그들의 성공 여부가 아니었어요. 저는 그들의 가치관과 성격을 보고 선정했어요. … 그들로 말하자면, 제가 실망시키고 싶지 않은 사람들이었죠.[2]

큰 성공을 거둔 사람들과 훌륭한 성품을 지닌 사람들을 섞어서 개인 이사회를 구성할 수도 있다. 중요한 것은 그들 모두가 내가 본받고 싶은 기술이나 태도 또는 성향을 가진 사람이어야 한다는 점이다. 완벽할 필요는 없다. 모든 사람에게 결함이 있으며 개인 이사진도 다르지 않다. 단, 그들 모두 어떤 면에서든지 당신보다 나아야 한다. 당신이 해야 할 일은 그 어떤 면을 찾아내서 거기서 배우고 나머지는 무시하는 것이다.

사람들이 흔히 저지르는 치명적인 실수가 하나 있다. 성격에 흠이 있거나 자신의 세계관과 맞지 않는 세계관을 가진 사람에게서는 도통 배우려 하지 않는다는 것이다. 이에 대해 세네카는 《마음의 평화에 관하여 *On The Tranquility Of The Mind*》에서 다음과 같이 말했다. "나는 구절이 좋으면 나쁜 작가의 것을 인용해도 부끄러워하지 않을 것이다." 또 대 카토**Cato the Elder**는 다음과 같이 말했다. "다른 이에게서 배우는 것을 성급하게 거부하지 마라."**3** 멍이 들었다고 사과를 버리지는 말라는 이야기다.

개인 이사회는 고정된 것이 아니다. 이사들이 들어오고 나갈 수 있다. 이사진 목록의 관리자는 항상 우리 자신이다. 영화 〈대부〉를 다시 예로 들자면, 평시 고문이 필요할 때도 있고 전시 고문이 필요할 때도 있는 법이다. 때로는 자신이 무엇을 할 수 있는지를 누군가에게 배운 후 그 사람을 다른 사람으로 대체하고 싶을 수도 있다. 당신이 배울 수 있는 것은 사람에 따라 다양하기 때문이다.

대가는 우리와 다른 기준을 가지고 있다. 그것은 종종 우아하고 아름다운 기준이다. 대가가 나의 이사회에 참여하면 내 기준이 높아진다. 이전에는 충분해 보였던 것이 더 이상 충분해 보이지 않게 된다.

나의 롤 모델 중 한 명은 워런 버핏의 억만장자 동업자인 찰리 멍거다. 그 덕분에 의견 보유에 대한 나의 기준이 높아졌다. 어느 날 저녁 식사 자리에서 그는 다음과 같이 말했다. "나는 상대방의 주장에 관해 그보다 더 잘 알지 못하면 어떤 것에 대해서도 의견을 제시하지 않습니다."

기준을 높이는 것에 관해 대화하라! 많은 사람이 의견을 가지고 있지만, 의견을 갖기 위해 필요한 공부를 하는 사람은 거의 없다. 공부를 한다는 것은 상대방의 주장보다 더 강력한 주장을 스스로에게 제시할 수 있어야 한다는 것이다. 그러려면 자신의 신념에 의문을 제기하고 양측의 주장을 모두 고려할 줄 알아야 하는데, 그러기 위해서는 주장을 제대로 이해하기 위한 노력이 필요하다. 주장을 뒷받침하는 이유와 반대 이유를 모두 이해해야 한다. 이런 작업을 거쳐야 비로소 자신의 의견에 자신감이 생긴다.[4]

자신의 영웅과 함께 직접 일하는 것만큼 좋은 학습법은 없다. 함께 일하면 여러 가지 통찰을 자연스럽게 주고받으면서 그저 본받을 대상을 넘어서는 개인 교습 관계를 형성할 수 있다. 또한 개인적인 관계를 형성하면 필요할 때 도움을 요청할 수도 있다. 물론 존경하는 사람과 직접 일할 기회가 언제나 생기는 것은 아니다. 또 이 방식을 주위 많은 사람이 모두 받아들여야 한다는 의미도 아니다.

주머니 속의 휴대폰은 살아 있든 죽었든 세상에서 가장 똑똑한 사람들에게 접근 가능한 기회를 제공한다. 설령 그들에게 직접 접촉할 순 없더라도 그들의 이야기를 제3자의 중간 개입 없이, 있는 그대로 들을 수도 있다! 놀랍지 않은가? 우리의 롤 모델이 이런저런 것들을 그들만의 방식으로 설명하는 것을 어느 누구의 중간 개입도 없이 그대로 들을 수 있는 기회가 역사상 처음으로 우리에게 존재한다.*

인류 역사상 가장 성공한 기업 중 하나로 꼽히는 쇼피파이**Shopify**의 창업자 토비 뤼트케**Tobi Lutke**가 당신의 영웅이라면 인터넷에서 그와 인터뷰한 무수한 자료를 찾을 수 있다. 우리는 이런 대가의 발치에 앉아 그가 어떻게 생각하고 어떻게 결정을 내리고 어떻게 회사를 운영하는지에 관해 이야기하는 것을 듣고 배울 수 있다. 피터 D. 카우프먼, 워런 버핏, 제프 베이조스, 톰 브래디**Tom Brady**, 시몬 바일스**Simone Biles**, 세레나 윌리엄스**Serena Williams**, 케이티 레데키**Katie Ledecky** 등도 마찬가지다.

역사 속 위인을 선택하는 것도 가능하다. 리처드 파인만**Richard Feynman**, 조지 워싱턴, 샤를 드골**Charles de Gaulle**, 윈스턴 처칠**Winston Churchill**, 코코 샤넬**Coco Chanel**, 찰리 멍거, 마리 퀴리**Marie Curie**, 마르쿠스 아우렐리우스**Marcus Aurelius** 등등. 누구든 우리의 개인 이사회에 초대할 수 있다. 우리의 할 일은 이 중에서 최고를 골라 마음속에서 하나로 묶는 것이다. 프랑스의 철학자 몽테뉴**Michel de Montaigne**의 말처럼 "나는 다른 사람들의 꽃을 모아 화환을 만들었다. 내 꽃은 없지만 이들을

● 요즘에는 책도 편집자의 중간 개입을 거친다. 옛날에는 제3자의 중간 개입 없이 책을 직접 출판하는 것이 가능했다고 주장할 수도 있겠지만, 이는 요점을 빗나간 이야기다.

묶는 끈은 내 것이다."[5]

개인 이사회가 있는 사람은 결코 혼자가 아니다. 이사들이 늘 함께 있기 때문이다. 이들이 우리의 결정을 지켜본다고 상상하면 권력 이동이 발생한다. 그리고 이들이 지켜본다고 상상하면 우리의 행동도 자연스럽게 이 새로운 청중을 반영하게 된다. 이들은 우리가 추구하는 삶을 위한 기준을 세우도록 돕고 우리 자신을 견줄 잣대를 제공한다. 우리가 이들보다 못하다고 해서, 우리가 베스트셀러 책을 쓰거나 억만장자가 되거나 매일 운동하지 못한다고 해서 실패한 것은 아니다. 롤 모델은 우리의 경쟁자가 아니다. 우리의 유일한 경쟁자는 어제의 우리일 뿐이다. 승리란 오늘 조금 더 나아지는 것이다.

좋은 행동의 저장소

적절한 롤 모델을 선택하면 '좋은 행동'의 저장소를 만드는 데 도움이 된다. 누군가의 글에서 읽은 것, 사람들과 대화한 것, 누군가의 경험에서 배운 것, 자신의 경험에서 배운 것 등이 쌓이다 보면 특정 상황과 대응에 관한 데이터베이스가 형성된다. 이 같은 데이터베이스를 구축하는 것이야말로 우리 삶에 이성을 위한 공간을 확보하는 데 매우 중요하다. 이런 공간이 있어야만 단순히 반응하거나 주위 사람들을 따라 하는 대신,

'이럴 때 비범한 아웃사이더들은 이렇게 하지'라고 떠올릴 수 있기 때문이다.

새로운 상황에 직면했을 때 그렇게 만든 대응 목록을 참고하면 정규분포 그래프의 맨 오른쪽에 있는 사람들이 비슷한 상황에서 어떻게 대응했는지를 알 수 있다. 이를 통해 우리의 기본 대응도 점점 더 향상되고 반응에서 이성으로 이동할 수 있다. 본능이 아닌 우리의 이사회가, 우리를 올바른 방향으로 인도할 것이다.

훌륭한 성품을 지닌 사람들로 이사회가 구성되었다면 스스로 고매한 성품을 지닌 사람이 되고자 노력하게 마련이다. 그렇게 되면 사회적 조류가 잘못된 방향으로 흘러갈 때도 휩쓸리지 않고 자신 있게 도덕적 입장을 취하게 된다. 사회적 조류의 밀물과 썰물에 수동적으로 몸을 맡길 이유가 없다. 우리의 개인 이사회가 최선의 방향으로 헤엄칠 용기와 통찰을 제공해 줄 것이기 때문이다.

롤 모델에 대해 마지막으로 한마디만 더 하겠다. 다른 사람들이 우리의 개인 이사회에서 봉사하는 것처럼 우리도 다른 사람들의 이사회에서 봉사할 수 있다. 이에 관해 영화배우 덴젤 워싱턴Denzel Washington이 다음처럼 말했다. "우리가 누구에게 감동을 줄지 알 수 없는 일이다. 우리가 언제 어떻게 영향을 미칠지, 우리의 사례가 다른 누구에게 얼마나 중요할지 알 수 없는 일이다."[6]

복도 저편의 신입 직원이 그 누구일 수도 있다. 우리 집 아이가 그 누구일 수도 있다. 또는 내 사촌이 그 누구일 수도 있다. 그가 누구인지는 중요하지 않다. 중요한 것은 누군가가 우리를 바라보고 우리의 행동이 그의 북극성이 될 수도 있다는 점이다. 우리가 하는 모든 것에는 다른 사람의 삶을 더 낫게 바꿀 수 있는 힘이 있다. 세네카의 말처럼 "다른 사람과 함께 있을 때뿐만 아니라 다른 사람의 생각 속에 있을 때도 다른 사람을 향상시킬 수 있는 자는 행복하다!"[7]

연습, 연습, 연습

> 성격의 힘은 습관에서 비롯된다. … 이것의 습득은 기술의 습득과도 같다. … 가령 건축업자가 되려면 건물을 지어야 하고 하프 연주자가 되려면 하프를 연주해야 한다. 마찬가지로 우리가 정의롭게 행동하면 정의로워지고 온화하게 행동하면 온화해지며 용감하게 행동하면 용감해진다.
>
> – 아리스토텔레스, 《니코마코스 윤리학Nicomachean Ethics》, 2권 1장

롤 모델들을 선정해서 개인 이사회를 꾸리는 것만으로는 충분치 않다. 우리는 이들의 모범을 따라야 한다. 한두 번이 아니라 반복해서 꾸준히 따라야 한다. 그래야만 이들의 기준을 내면

화하여 우리가 원하는 종류의 사람이 될 수 있다.

롤 모델을 따르려면 바로 이 순간에 이성을 발휘할 공간을 확보해 우리의 생각, 감정 및 가능한 행동 과정을 평가할 수 있어야 한다. 이렇게 하면 과거의 행동 방식이 재훈련되어 롤 모델의 행동 방식에 더 가까워질 수 있다.

이성을 위한 공간을 확보하는 방법 중 하나는 롤 모델이 내 입장이라면 어떻게 했을지를 자문하는 것이다. 그리고 자연스럽게 이어지는 다음 단계는 이들이 지켜본다고 상상하면서 결정을 내리고 이를 실천하는 것이다. 가령 투자 결정을 내려야하는 경우 '워런 버핏이라면 어떻게 했을까?' 자문할 수 있다. 마찬가지로 다음과 같이 자문할 수도 있다. '이 아이디어는 내 개인 이사회에 어떻게 설명하지? 그들은 어떤 종류의 요인에 주목할까? 또 어떤 종류의 요인은 중요하지 않다고 볼까?'

롤 모델이 지켜본다고 상상하면 자연스럽게 그들이 바람직하게 여길 것들을 하게 되고, 바람직하지 않게 여길 것들은 피하게 된다.

이 같은 사고 연습을 자주 하는 것이 중요하다. 생각, 감정, 행동의 새로운 방식이 몸에 익을 때까지 계속 반복해야 한다. 이것이 제2의 천성이 될 때까지 계속 연습하라. 그저 내가 되고 싶은 사람의 일부가 아니라 나의 실제 일부가 될 때까지 연습하는 것이다.

강점을 키우기 위한 전략 중 하나는 모래놀이를 할 수 있는 모래상자 안에서 연습하는 것이다. 짐작했겠지만, 여기서 말한 모래상자란 실수해도 비교적 피해가 적고 쉽게 되돌릴 수 있는 상황을 비유적으로 표현한 것이다. 모래상자를 이용하면 실수의 비용은 최소화하면서 실수를 통해 배울 수 있다. 모래상자 안에서 연습하면서 우리는 더욱 중대하고 치명적인 결과가 뒤따르며 되돌리기 힘든 상황에서도 성공할 확률을 높일 수 있다.

일반적으로 큰 조직이 회사 경영에 앞서, 단 한 사람이나 작은 팀의 관리부터 시작하는 까닭도 실패의 영향을 최소화할 수 있기 때문이다. 이렇게 소규모 관리부터 시작하는 것이 모래상자의 사례가 될 수 있다. 조직 전체를 경영하는 사람의 실수는 팀 관리자의 실수보다 더 큰 비용을 초래하고 파급효과를 통제하기도 어렵다.

실제 상황에서 연습하는 것만큼 효과적이지는 않겠지만, 모래상자는 연습 시 생길 수밖에 없는 부작용을 크게 줄여준다. 정보기관에서 일할 때, 우리는 항상 작전에 앞서 실패해도 안전한 환경에서 예행연습을 반복했다. 우리는 마치 실제 작전을 수행하듯 연습했다. 우리는 작전 중에 시행하려는 모든 것을 해보면서 발생 가능한 모든 상황을 예측하고 이에 대응하고자 애썼다. 그러다가 예상치 못한 사태가 벌어지면 이에 적응해야 했다. 물론 실패할 때도 있었다. 하지만 자칫 목숨이 위태로워질 수도 있는 실제 작전 실패와는 다르게, 모래상자 안

에서의 실패는 현실 세계에 거의 영향을 미치지 않는 좋은 학
습 기회가 되었다.

3장

약점을
관리하라

3

남 탓을 그만두고 내가 통제할 수 있는 것에 집중하면,

삶이 한결 쉬워진다.

— 제임스 클리어James Clear, 미국 최고의 자기계발 전문가

내 삶의 주인이 되는 1가지 방법은 내가 할 수 있는 것을 통제
하는 것이다. 또 다른 방법은 내가 할 수 없는 것을, 즉 나의 약
점이나 허점을 관리하는 것이다.

앞에서 언급했던 컴퓨터 비유를 다시 한번 생각해 보자. 우
리에게는 그래도 우리의 프로그램을 어느 정도 변경할 수 있
는 힘이 있다. 몇몇 경우에는 기존 알고리즘을 다시 써서 감정
과 사회적 압력, 자아에 대한 위협 등에 대응하는 방식을 재프
로그래밍할 수 있다. 이렇게 알고리즘을 다시 쓰는 것은 강점
을 강화할 수 있는 좋은 방법이다.

하지만 해로운데도 다시 쓰기 어려운 알고리즘도 있다. 우
리의 생물학적 본능은 바꾸기 어렵다. 이것은 어떤 변경 시도
도 거부하는 타고난 성향이기 때문이다. 단 변경할 수 없다고
해서 관리할 수도 없는 것은 아니다. 해로운 영향을 완화하거
나 억제하는 데 도움이 되는 새로운 서브루틴을 우리의 삶에
프로그래밍하면 된다. 이렇게 서브루틴을 추가하는 것이 바로
약점을 관리하는 하나의 방법이다.

자신의
약점 알기

01

우리는 모두 약점을 지니고 있으며, 이 중 많은 부분은 인간의 생물학적 특성에 내장되어 있다. 가령, 우리는 배고픔이나 목마름, 피로, 수면 부족, 감정, 주의 산만, 스트레스 등에 취약하다. 이러한 상태에 놓이면 명료한 사고 대신 반응이 앞설 수 있으며, 이로 인해 삶의 결정적인 순간을 놓칠 수도 있다.

또한 인간의 시각은 제한되어 있으며, 인간이 보고 알 수 있는 것에는 한계가 있다. 게다가 우리에게는 알지도 못하면서 판단하고 그에 대해 의견을 가지는 성향도 내재되어 있다. 앞에서 살펴본 것처럼 자기보존, 집단 소속감, 위계질서, 영역 방어 등의 본능이 잘못된 판단을 촉발하면, 우리 자신과 주위 사람들에게 해를 끼칠 수도 있다.

다만 인간이 지닌 약점 중 일부는 타고난 생물학적 특성이 아니라, 습관을 통해 획득된 것이다. 이런 것들은 관성의 힘에 의해 우리와 함께 있다. 나쁜 습관은 행동의 결과가 즉각적으로 나타나지 않을 때 생기기 쉽다. 오늘 초콜릿 바 한 개를 먹거나 운동을 걸렀다고 갑자기 건강이 나빠지진 않는다. 야근 때문에 며칠 동안 가족과 함께 저녁 식사를 하지 못했다고 관계가 결딴나진 않는다. 오늘 일을 제쳐두고 소셜미디어에 매달렸다고 내일 해고되지도 않는다. 그러나 이런 선택이 반복되면 습관이 되고, 습관이 누적되면 재앙으로 발전할 수 있다.

실패의 공식은 몇 가지 작은 실수를 꾸준히 반복하는 것이다. 결과를 즉시 체감할 수 없다고 해서 결과가 다가오지 않는 것은 아니다. 우리는 잠재된 결과를 알 수 있을 만큼 똑똑하지만, 그것이 언제 닥칠지를 항상 깨닫지는 못한다. 좋은 선택을 반복하면 시간이 우리의 친구가 되지만, 나쁜 선택을 반복하면 시간은 우리의 적이 된다.●

● 미국 최고의 성공철학자 짐 론은 다음과 같이 말했다. "실패의 정의 중 하나는 매일 몇 가지 판단 오류를 반복하는 것이다." 그리고 제임스 클리어의 명저 《아주 작은 습관의 힘*Atomic Habits*》을 요약하자면 좋은 습관은 시간을 친구로 만들고 나쁜 습관은 시간을 적으로 만든다는 것이다.

선천적 약점의 예	후천적 약점의 예
배고픔 목마름 피로 수면 부족 감정 주의 산만 스트레스 시각의 한계 인지편향	감정적 충동에 따른 행동 능력 이하로 일하기 두려움 때문에 시작을 포기하기 자신의 관점으로만 보기 재능만 믿고 노력 없이 대충 하기

우리의 약점이 무엇이든 그것이 어디에서 유래했든, 확실한 건 우리가 그것을 관리하지 않으면 그 기본값이 우리의 삶을 쉽게 지배할 것이라는 사실이다. 게다가 이런 일이 일어나도 우리는 이를 알아차리지 못할 때가 많다.

약점을 관리하는 2가지 방법

약점을 관리하는 방법에는 2가지가 있다. 첫째는, 강점을 강화해서 후천적 약점을 극복하는 것이다. 둘째는, 안전장치를 마련해 강점만으로 극복하기 어려운 약점을 관리하는 것이다. 이 안전장치는 인간의 생물학적 한계로 인한 약점과 같이 극복할 수 없는 약점을 관리하는 데도 도움이 된다.

선천적 약점을 관리하는 방법	후천적 약점을 관리하는 방법
안전장치 마련	강점 강화 + 안전장치 마련

2장에서는 강점을 통해 후천적 약점을 극복하는 방법에 관해 살펴보았다. 가령, 자제력을 키우면 감정에 따른 행동을 극복하고 이로 인한 후회를 피할 수 있다. 자신감을 키우면 관성을 극복하고 어려운 결정을 내릴 수 있다. 또한 사회적 압력을 극복하고 다수에 맞설 수 있는 힘이 생긴다. 또한 자존심을 극복하고 자신의 부족함을 인정하면서 더 나은 일을 하고 더 나은 사람이 되기 위한 길을 나설 수 있다.

맹점

인간의 약점 중 하나는 우리가 알 수 있는 것의 한계, 즉 맹점이 있다는 것이다. 예를 들어, 너무 멀거나 빛이 불충분하면 사물을 정확히 볼 수 없는 지각맹perceptual blind spot은 우리 모두가 쉽게 경험하는 현상이다. 인간에게는 청각맹deaf spot도 있다. 즉, 우리는 특정 음량 이하 또는 특정 음높이 이상의 소리를 듣지 못한다.

지각에 해당하는 것은 인지, 즉 사고와 판단 능력에도 해당한다. 인간이 부여받은 인지 능력은 최고의 정확성을 달성할 수 있는 정도가 아니라, 생존과 번식의 확률을 높이는 데 충분한 정도로 설계되었다. 실제로 이런 몇몇 능력은 정확성과 아무 상관도 없다. 그저 생존과 번식 잠재력에 대한 심각한 위협을 피하기 위해 존재할 뿐이다.

인간이 실제로 위협을 가하지 않는데도 놀라서 달아나는 토끼를 생각해 보라. 토끼가 이런 행동 성향을 보이는 까닭은 나중에 후회하느니 일단은 안전하게 피하고 보는 것이 낫다는 것을 '진화적 관점에서 알기' 때문이다. 거짓 음성의 생존 비용이 거짓 양성의 비용보다 훨씬 크다(즉, 위협 요인을 안전한 것으로 오판해서 생기는 생존 위험이 안전한 것을 위협 요인으로 오판해서 생기는 수고 비용보다 훨씬 크다-옮긴이). 인간의 수많은 인지 편향도 이렇게 작동한다. 이런 것들은 원래 생존과 번식을 촉진하는 쪽으로 편향되고 생존과 번식을 해칠 수 있는 행동을 멀리하도록 설계되었다.

가령 집단과 어울리면서 제한된 정보를 토대로 잽싸게 행동하는 것은 모두 선사시대 조상의 생존에 기여했다. 그러나 이런 성향이 판단 오류를 촉발하고 추가 맹점의 원인이 될 수도 있다는 걸 기억해야 한다.

맹점을 아는 것만으로는 부족하다

인간의 편향과 그 밖의 맹점에 대해 그저 아는 것만으로는 충분하지 않다. 필요한 것은 이런 것들을 관리하기 위한 조치다. 조치가 없으면 기본값이 우리를 통제할 테니 말이다.

몇몇 맹점은 우리의 시각과 관련이 있다. 어떤 상황에 관해 모든 각도에서 모든 것을 알 수 있는 사람은 없다. 포커 게임의 참가자를 생각해 보라. 누가 무슨 카드를 가지고 있는지에 대해 완전한 정보를 가지고 있는 게임 참가자가 있다면 실수하지 않을 것이다. 그러나 실제로 게임 참가자는 자신의 카드와 앞면이 보이도록 공개된 카드만 볼 수 있다. 다른 참가자의 패는 볼 수 없기에 실수가 발생한다.

포커 또는 그 밖의 상황에서 다른 사람의 행동 이유는 추측할 수밖에 없다. 다만 인간의 가장 큰 맹점은 보통 자신의 약점을 보지 못하는 데 있다. 이 문제와 관련해 물리학자 리처드 파인만은 다음과 같이 말했다. "첫째 원칙은 자신을 속이지 않는 것이다. 우리 자신이야말로 가장 속이기 쉬운 상대다."[1]

인간이 자신의 약점을 보지 못하는 이유는 크게 3가지다.

첫째, 이런 결함이 우리에게 익숙한 생각이나 감정, 행동의 일부여서 알아차리기가 어려울 수 있다. 습관 형성의 오랜 과정을 통해 결함 있는 행동이 몸에 깊이 배면 이것이 우리가 원하는 모습과 다른 실제 우리의 일부가 된다.

둘째, 자신의 결함을 보는 것이 자아에 흠집을 낼 수 있다. 결함이 몸에 깊이 밴 행동이 되었을 경우 특히 그렇다. 문제가 자신의 정체성과 관련이 있는 것처럼 느껴지기 때문에 기술 부족 등의 단점과는 종류가 다르다. 인간은 본래 자신의 자아상을 위협하는 정보에 대해서는 무시하면서 일종의 영역 방어 행동을 보이는 경향이 있다.

셋째, 우리의 관점은 제한되어 있다. 따라서 우리 자신이 속해 있는 시스템 전체를 이해하는 것은 매우 어렵다. 우리가 지금 열여섯 살 때의 자신이 무슨 생각을 했었는지 궁금한 것처럼, 미래의 우리도 현재의 우리를 돌아보면서 똑같은 생각을 할 것이다. 아마 현재의 자아도 미래의 자아의 관점을 알지 못한다.

관점과 인간의 본성 때문에 자신의 결함은 보기 어려운 반면, 다른 사람의 결함은 쉽게 보인다. 실제로 우리는 동료와 친구의 장단점을 파악하는 데 전문가적 능력을 발휘한다. 다만 다른 사람들 역시 우리를 똑같이 빤히 들여다볼 것이라는 사실을 받아들이기도 쉽지 않다. 그러나 기억하라. 나의 약점에 대한 세상의 피드백을 수용하는 것이 나 자신을 향상시키고 내가 진정으로 되고자 하는 인간상에 더 가까워질 수 있는 흔치 않은 기회라는 사실을. 이런 기회를 현명하게 이용하라!

벤폴드함의 맹점

미 해군 미사일 구축함인 벤폴드함USS Benfold에 관한 이야기
는 인간의 맹점을 인식하고 극복하는 방법을 보여주는 중요한
사례다.[2]

벤폴드함은 미 해군 전체에서 성과가 가장 좋지 않은 군함
에 속해 있었다. 사실 1996년에 태평양 함대의 임무 수행을
위해 취역한 이 군함은 해군의 최첨단 미사일과 기술을 갖추
고 있었다. 레이더 시스템 역시 80km 밖의 새도 추적할 수 있
을 정도로 뛰어났다. 벤폴드함의 임무는 항상 전쟁 대비 태세
를 갖추는 것이었는데, 그러질 못했다.

군함 성능의 상당 부분은 기술이 아닌 사람에게 달렸지만,
전임 사령관들은 화려한 군 경력을 자랑했음에도 벤폴드함의
성능을 제대로 끌어올리지 못했다.

팀장에게 가장 중요한 것은 팀원들의 능력을 최대한 활용
하는 것이다. 이를 위한 관건은 그들의 잠재력을 제한하는 장
애물을 제거하는 것일 때가 많다. 세상의 모든 기술은 그것을
사용하는 사람이 없다면 아무 쓸모도 없지 않겠는가.

벤폴드함의 운명은 마이클 에브라소프Michael Abrashoff가
사령관으로 임명된 날에 바뀌었다. 미 해군이 그에게 첫 해상
지휘관 임무를 제안했을 때, 에브라소프는 30대 중반이었다.
당시를 회고하면서 그는 다음과 같이 말했다. "제기능을 못 하

던 배 안에는 그곳에 있는 것을 원망하면서 하루빨리 해군을 떠나고 싶어 하는 침울한 선원들이 있었습니다." 그러나 에브라소프는 20개월도 지나지 않아 벤폴드함을 해군에서 가장 성과가 우수한 함정 중 하나로 탈바꿈시켰다. 심지어 그 성과는 숨이 막힐 정도로 엄격한 위계질서 속에서 거둔 것이었다.

과연 어떻게 그것이 가능했던 것일까?

놀랍게도 에브라소프는 아무것도 하지 않았다. 그는 어느 누구도 해고하거나 강등시키지 않았다. 그 어떤 위계질서도, 그 어떤 기술도 바꾸지 않았다. 진정한 변화는 그 자신 안에서만 있었다. 에브라소프는 자신의 잠재적 맹점을 깨닫고 선원의 시각에서 세상을 바라보기 시작했다.

지휘관으로 부임한 직후 일요일 오후, 군함의 일상적인 야외 식사 시간을 관찰하던 그는 배식을 기다리며 길게 늘어선 병사들 앞으로 장교들이 새치기하는 것을 목격했다. 뿐만 아니라, 장교들은 받은 음식을 개인 갑판으로 가져가서 병사들과 따로 식사했다. 당신이 군함의 병사인데 상관이 와서 내 앞으로 새치기한다고 상상해 보라. 어떤 생각이 들겠는가? 그런데도 자신의 임무에 충실해야겠다는 마음이 드는가? 여전히 군함을 위해 새로운 아이디어를 제안하고 싶은 마음이 드는가?

"장교들은 나쁜 사람들이 아니었습니다"라고 에브라소프는 회고했다. "그들은 그저 차이를 깨닫지 못했을 뿐입니다. 늘 그랬으니까." 장교들에게 다가가 무엇을 고쳐야 하는지 지시하는 대신(명령하고 통제하는 전형적인 접근법은 장기적으로는 효과가 별로 없다), 에브라소프는 말없이 줄의 맨 뒤에 섰다.

그러자 보급장교가 그에게 다가와 말했다. "아직 잘 모르시나 봅니다. 맨 앞으로 가시면 됩니다." 에브라소프는 그것이 좋아 보이지 않는다면서 장교의 말을 일축했다. 그는 줄을 서서 기다려 음식을 받은 후 병사들이 있는 곳으로 가서 앉았다. 다음 주말이 되자 모두 줄을 서서 기다렸고 함께 식사했다. 그사이 내려진 그 어떤 명령도 없었다.

에브라소프는 사람들에게 더 나은 사람이 될 것을 명령할 수는 없다는 걸 처음부터 알았다. 명령이 언뜻 작동하는 것처럼 보일지라도 그 효과는 단기에 그치며, 막대한 파급효과를 낳는다. 군함에서든 제조회사에서든 마찬가지다. 명령과 통제로는 사람들의 수완이나 지능, 기술 등을 활용할 수 없다.

에브라소프는 말했다. "주인의식을 갖춘 직원들이 일하는 조직은 경쟁사를 능가할 수 있습니다. 선장은 선원의 관점에서 선박을 볼 줄 알아야 합니다. 선원들이 자기 아이디어를 쉽게 표현하고 이를 통해 보람을 느낄 수 있어야 합니다."[3]

사고의 틈은, 우리가 세상을 보는 방식이 세상의 실제 작동 방식이라고 잘못 생각하기 때문에 발생한다. 우리의 관점을 바꿔야만, 다른 사람의 눈으로 상황을 바라봐야만, 그동안 놓치고 있던 것이 보인다. 그래야만 우리 자신의 맹점과 우리가 보지 못하던 것이 보이기 시작한다.

안전장치로
보호하기

앞에서도 이야기했지만, 우리 인간에게는 올바르고 명료한 사고와 판단을 방해하는 선천적인 생물학적 취약성이 많다. 수면 부족, 배고픔, 피로, 감정, 주의 산만, 서둘러야 하거나 낯선 환경에 처했을 때 느끼는 스트레스 등이 그렇다. 우리가 때때로 이런 상태에 처하게 되는 걸 방지하는 건 불가능하다. 다만 이런 상태에 빠졌을 때 기본값으로부터 자신을 보호해 줄 안전장치를 마련하는 것은 가능하다.

안전장치는 나를 나 자신으로부터 보호한다. 즉, 스스로는 도저히 극복할 힘이 없는 인간의 약점으로부터 자기 자신을 보호하는 도구다.

간단한 예를 들어보자. 당신이 더욱 건강한 식습관을 실천하려 한다고 가정하자. 하지만 지금 당신이 만약 건강하지 못한 환경에서 살고 있다면, 가령 식품 저장실과 냉장고가 정크푸드로 가득 차 있다면, 이 과제를 실천하기가 훨씬 더 힘들 것이다. 이럴 때는 집에 있는 모든 정크푸드를 치워 버리는 것이 일종의 안전장치가 될 수 있다. 그렇게 하면 배가 고프거나 입이 심심할 때 충동적으로 감자 칩 봉지를 뜯는 일을 미연에 방지할 수 있다. 물론 마트로 달려가서 감자 칩을 살 수도 있을 것이다. 하지만 그러려면 상당한 수고가 필요하다. 인간은 생각하고 계획해서 행동한다. 이 모든 작업을 수행하는 동안 더 나은 대안이 떠올라서 가급적 건강에 좋은 것을 먹기로 결정할 수도 있을 것이다.

집에 있는 정크푸드를 모두 치워 버리는 것은 안전장치 마련 전략의 한 사례다. 전략의 핵심은 장기적인 목표에 도움이 되지 않고 오히려 방해가 되는 일을 실행할 때 요구되는 '마찰'의 양을 늘리는 것이다. 우리가 활용할 수 있는 안전장치 전략은 다양하다. 그중에 내가 좋아하는 전략은 예방하기, 자기만의 규칙 만들기, 점검표 만들기, 준거를 바꾸기, 보이지 않던 것을 보이게 만들기 등이다. 이들에 대해 지금부터 자세히 살펴보자.

안전장치 전략1: 예방

첫 번째 종류의 안전장치는 문제가 발생하기 전에 미리 방지하는 것을 목표로 한다. 이를 위한 방법 중 하나는, 상태가 좋지 않을 때는 의사결정을 아예 하지 않는 것이다. 예를 들어, 스트레스는 잘못된 결정을 촉발하는 주요 요인이다. 몇몇 연구에 따르면, 스트레스는 숙고 과정의 축소를 초래한다. 즉, 효과적인 의사결정을 위해 필요한 대안의 체계적 평가를 저해한다는 말이다.[1]

알코올중독자갱생회Alcoholics Anonymous에서는 회원을 위한 안전장치를 운영한다(알코올중독자갱생회는 1935년 미국에서 시작된 금주를 위한 자조모임이다-옮긴이). 그 장치는 '홀트HALT'라고 불리는데, 배고프고 화나고 외롭고 피곤한Hungry, Angry, Lonely, and Tired 상태를 뜻하는 두문자어다. 홀트는 술을 마시고 싶을 때는 먼저, 자신이 이 4가지 상태에 해당하는지 살피고 거기에 해당한다면, 술을 찾는 대신 진짜 문제, 즉 배고픔, 분노, 외로움 또는 피로의 문제를 해결하라고 한다.

홀트의 원칙은 의사결정 전반에 대한 안전장치로 활용될 수 있다. 중요한 결정을 내려야 할 때 다음과 같이 자문하라.

'나는 지금 배가 고픈가? 지금 화가 났거나 또 다른 방식으로 흥분한 상태인가? 나는 지금 외로운가? 아니면 낯선 환경에 처했거나 시간에 쫓기는 등의 이유로 스트레스를 받고 있

는가? 나는 지금 피곤한가? 잠이 부족하거나 신체적으로 피로
한 상태인가?'

만약 이 중에 하나에라도 해당한다면 가급적 의사결정을
피하라. 좀 더 적절한 시기를 기다려라. 그렇지 않으면 기본값
이 당신을 지배할 것이다.

안전장치 전략2: **성공을 위한 자동 규칙**

인간의 생물학적 기본값에 따른 반응 행동은 자극에 대한 자
동 반응이다. 이런 반응은 대부분 의식 수준 아래에서 일어나
기에 우리는 이를 미처 의식하지도 못한다. 때로는 인간에게
내장된 반응의 속도를 크게 늦춰서 사실상 중단시킬 수도 있
지만, 그러기 위해서는 의식적인 많은 노력이 필요하다. 다행
히 더 쉬운 방법이 있다. 그것은 우리가 원하는 것을 얻는 데
기여하는 새로운 행동을 익히는 것이다. 이것을 '성공을 위한
자동 규칙'이라고 부르기로 하자.

성장 과정과 생활환경을 토대로 우리 몸에 밴 행동과 규칙
을 반드시 따라야만 할 이유는 없다. 우리는 언제든지 이를 제
거하고 더 나은 것으로 교체할 수 있다.

인지편향과 사고 오류 분야의 대부이자 노벨상 수상자이기
도 한 대니얼 카너먼은 나와 대화하던 중에 판단력을 향상시

킬 수 있는 뜻밖의 방법을 제시했는데, 그것은 결정을 규칙으로 대체하는 것이었다.[2] 규칙이 우리의 행동을 자동화해 성공과 목표 달성에 유리한 위치로 우리를 이동시킬 수 있다는 것이었다.

인간은 어떤 결정을 내릴 때, 종종 목표를 먼저 생각한 다음 그것을 성취하기 위한 수단을 찾는 식으로 거꾸로 노력한다. 몸매를 가꾸고 싶을 때는 헬스장에 다니면서 더 건강한 식습관을 실천하기 시작한다. 더 많은 돈을 모으고 싶어서 월급의 일부를 숨기는 사람도 있다. 이처럼 인간은 목표를 달성하기 위해 의지력을 사용한다. 그러나 일단 목표를 달성하면 예전의 기본 행동으로 돌아가고 결국, 다시 원하지 않던 곳으로 돌아온 것을 깨닫고 전체 과정을 다시 시작하는 식이다.

이런 방법에는 문제가 많다. 끊임없는 의사결정과 노력이 요구되기 때문이다. 목표를 선택하는 것도 필요하지만 그것만으로 목표를 달성할 수는 없다. 필요한 것은 목표를 향해 흔들림 없이 나아가는 것이다. 이는 목표에 도달하는 선택을 매일 해야 한다는 의미다. 운동을 할지 또는 디저트를 생략할지에 대해 매일 선택해야 한다. 그러나 이런 선택이 쌓일수록 목표를 향해 나아가는 선택을 흔들림 없이 하기가 쉬워지는 것이 아니라, 오히려 더 어려워진다.

왜냐하면 이런 모든 선택을 위해서는 많은 양의 지속적인 노력이 필요하기 때문이다. 또한 우리는 원치 않는 것에 굴복할 때마다 그럴듯한 핑계를 너무나 쉽게 생각해 낸다. '오늘은 긴 하루였어' '운동복을 깜빡해서…' '내일 회의에는 준비할 것이 많지' 하면서 말이다. 결국 목표를 향한 선택을 하기보다 이런 핑계를 대는 것이 더 쉬워진다.

삶의 다른 많은 요소와 마찬가지로, 건강과 관련된 행동들도 환경에 크게 좌우된다. 우리의 환경에 따라 특정 경로가 다른 경로보다 더 쉬워진다.* 구할 수 있는 음식이 모두 건강식뿐인 환경이라면, 건강에 좋은 음식을 선택하는 것이 한결 쉬울 것이다. 또한 익숙한 작업 환경이라면, 일관된 선택을 고수하기가 더 쉬울 것이다. 반면, 낯선 환경에서는 익숙한 행동 방식을 유지하기가 더 어려운데, 많은 사람이 여행 중에 운동이나 건강한 식습관을 중단하는 것도 이 때문이다.

환경에는 물리적 환경만 있는 것이 아니다. 여기엔 사람도 포함된다. 누군가의 제안을 거절하기 어려울 때가 있다. 인간에게는 다른 사람에게 호감을 얻고 싶은 성향이 있다. 그래서 누군가의 제안을 거절하면 그 사람이 나를 덜 좋아하게 될까봐 신경이 쓰인다. 심지어 반복해서 거절하는 것은 훨씬 더 어려울 수 있다. 어느 날 운동을 마친 후 친구가 탄산음료를 권

---

* 이는 세계적인 경영 컨설턴트 로버트 프리츠 Robert Fritz 의 《최소 저항의 법칙 The Path of Least Resistance》에 나오는 아이디어다. 로버트는 행동을 좌우하는 구조에 관해 이야기한다.

하면 거절할 수 있지만, 3일 연속으로 권하면 결국 넘어가게 된다. 매우 인간다운 현상이다.

또한 인간에게는 다른 사람들과 어울리고 싶어 하는 성향이 있다. 원래는 정말 물만 마시려고 했는데 결국 화기애애한 술자리로 바뀐 적이 얼마나 자주 있었는지 생각해 보라. 친구나 동료가 먼저 와인 한 잔을 시키면, 혼자만 술을 마시지 않는 데 대한 왠지 모를 죄책감이 든다. 그래서 덩달아 와인을 추가 주문하면서 정말로 원했던 것을 포기하고 만다.

매번 선택하는 것을 그만두고 자동 행동, 즉 규칙을 만들면 어떨까? 그러면 매 순간 결정할 필요도 없고 다른 사람들의 반발을 감당할 일도 없다. 그저 어울리기 위해서가 아니라, 정말로 술을 원할 때만 술을 주문한다는 규칙을 세우는 것이다.

탄산음료를 적게 마시는 것이 목표라고 가정해 보자.● 그러려면 노력도 많이 해야 하고 잘못된 결정을 내리기도 쉬우므로, 탄산음료를 마실지 말지를 매번 결정하는 대신 규칙을 만들어라. 가령 '금요일 저녁 식사 때만 탄산음료 마시기' 또는 '탄산음료라면 무조건 입에도 대지 않기' 같은 규칙을 만들 수 있다. 이런 규칙이 있으면 매번 결정할 필요가 없다. 그렇게 되면 실행 경로도 짧아지고 오류 위험도 줄어든다.

희한하게도 사람들은 개인이 세운 규칙에 대해서는 토를

● 이 사례는 내 친구 애니 듀크가 이야기해 준 것이다.

달지 않는 경향이 있다. 개인의 규칙을 그 사람의 특징으로 말없이 받아들이는 것이다. 사람들은 결정에 대해서는 의문을 제기하지만 규칙은 존중한다.

언젠가 카너먼은 내게 자신의 첫 번째 규칙을 말해주었는데, 전화로 무슨 요청을 받을 경우 절대로 수락하지 않는 것이라고 했다. 그 역시 다른 사람들이 자신을 좋아하길 바라는 마음으로 종종 요청을 수락했더니, 내키지 않는 일들로 일정이 가득 찼다는 것이다. 그래서 무언가를 수락하는 이유에 대해 좀 더 엄격한 기준을 적용하기로 결심하고, 사람들이 전화로 무엇을 요청하면 "생각해 보고 다시 연락드리겠습니다"라고 답한다고 했다. 이렇게 하면 직접적인 사회적 압력 없이 생각할 시간을 가질 수 있을 뿐만 아니라, 기다리는 것을 좀처럼 좋아하지 않는 인간의 성향 때문에라도 요청 자체가 많이 줄어든다는 것이다. 카너먼은 사람들에게 다시 연락해 요청을 수락하는 일은 거의 없다고 말했다.●▲

카너먼과 이야기를 나눈 후 나는 순간의 욕망이 장기적인 욕망을 압도하지 않게 하려면 어떤 자동 규칙이 필요할지에 대해 생각해 보았다.

이를 위해 영화 제작진이 내 성공 스토리를 필름에 담기 위

●▲ 내가 알게 된 또 다른 효과적인 규칙은, 앞으로 이틀 안에 일정에서 다른 것을 뺄 수 없으면 그냥 거절하는 것이다.

해 나를 따라다니는 상황을 상상해 보았다.[*] 내가 실제로 성공한 인물이든 아니든 누군가에게 내가 성공할 만한 인물임을 보여주려면 어떻게 행동해야 할까? 나는 그들에게 무엇을 보여주고 싶을까? 부끄럽거나 당황스러워서 사람들에게 보이고 싶지 않은 행동은 무엇인가?

사람들이 나를 지켜보는 상황을 가정하는 이 실험은 내게 놀라움의 연속이었다. 우리는 모두 성공 확률을 높이려면 무엇을 해야 하는지 잘 안다. 그리고 성공 확률을 높이려면 무엇을 그만두어야 하는지도 잘 안다.

해야 할 모든 것을 통제할 수 없다고 해서 이런 것을 언제 할지 통제할 수 없는 것은 아니다. 영화 제작진에게 보여주고 싶은 내 모습은, 중요한 사안에 집중하는 모습이었다.

이를 계기로 나는 매일 가장 큰 기회에 집중하기 위한 공간을 마련하기로 결심했다. 나는 내가 아이들에게 아침을 차려 주고 출근하는 모습을 영화 제작진이 지켜본다고 상상했다. 제작진은 회의가 열리고 사람들이 내게 이런저런 것을 요청하는 광경을 예상하겠지만 실제로는 점심 시간까지 전화 통화나 회의도 없이 가장 중요한 기회에 집중하는 나의 모습을 보게 될 것이다. 나의 '점심 전 회의 금지' 규칙은 이렇게 탄생했다.[*][▲]

우리는 평생, 규칙을 따라야 한다는 이야기를 듣는다. 그러
나 우리가 원하는 것을 얻는 데 기여하는 강력한 규칙을 어떻
게 만드는지에 대해서는 아무도 가르쳐 주지 않았다. 나는 일
주일에 3일씩 헬스장에 가기가 힘들다. 그래서 내 규칙은 매일
가기다. 헬스장에 가고 싶은 마음이 매일 드는 것은 아니다. 어
떤 날은 정말 가기 싫다. 그러나 규칙은 어기기보다 따르기가
더 쉽다. 헬스장에 가는 것도 일주일에 며칠 가기보다 매일 가
기가 더 쉽다.

개인 규칙을 만드는 것은 자신의 약점과 한계로부터 자신
을 보호할 수 있는 강력한 기술이다. 때로는 이런 규칙이 놀라
운 혜택을 선사한다는 것을 알게 될 것이다.

안전장치 전략3: 마찰 만들기

또 다른 안전장치 전략은 목표에 반하는 것을 실행하는 데 드
는 노력의 양을 늘리는 것이다. 과거에 나는 시간이 날 때마다
이메일을 확인하곤 했다. 침대에서 일어나기 직전, 퇴근해서
집으로 걸어갈 때, 마트에서 줄 서 있을 때 등, 틈틈이 이메일

●▲ 여러분의 자동 규칙은 무엇일지 궁금하다. '자동 규칙'이라는
제목을 달아서 shane@fs.blog로 이메일을 보내주기 바란다.

을 확인했다.

물론 나만 그런 게 아니라 대부분이 그럴 수도 있다. '무언가 새로운 것'에 대한 도파민 자극 때문에 정작 중요한 것에 집중하지 못하는 사람이 많다. 단순히 이메일 확인에만 많은 시간을 쓴다는 얘기가 아니다. 이메일 때문에 정말로 중요한 것에 쓸 시간을 빼앗기는 것이 문제다. 끔찍하게도 우리는 때때로 중요한 일에 집중하는 대신 이메일이 나를 유혹해 주길 바라기도 한다.

신입사원 시절, 중요한 보고서를 작성해야 했던 나의 상황을 예로 들어보자. 나는 직장에 출근하자마자 명백히 내게 가장 중요한 일인 보고서를 작성하는 대신, 이메일부터 확인했다. 그래서 받은편지함에 조금이라도 주의할 만한 것이 있으면 보고서 작성을 시작하기 전에 이것부터 처리하자고 생각했다. 첫 번째 이메일을 처리하는 사이에 주의가 필요한 또 다른 이메일이 더 많이 들어왔다. 나는 큰 고민 없이 이것들부터 처리하기로 마음먹었다. 결국 근무시간이 거의 끝나갈 무렵에야 겨우 자리에 앉아서 보고서를 쓰기 시작했다. 그러나 정신은 이미 많이 지친 상태였다.

한발 물러서서 생각해 보면, 나는 내가 원하는 가장 중요한 일에 가장 형편없는 상태의 나를 배정한 셈이다. 대신에 기껏해야 근심의 원인이 되곤 하는 이메일이 가장 활기차고 창의적인 상태의 나를 차지했다. 우리는 동반자에게도 이렇게 할 때가 많다. 온갖 일들을 처리하면서 하루일과를 마치고 나면 우리는 녹초가 된다. 그리고 이제 나머지 시간을 우리 삶에서 가장 소중한 동반자에게 할애한다! 누적된 재앙을 불러오는 비법이 있다면, 가장 하찮은 일에 최선의 나를 투자하고 가장 중요한 일에 최악의 나를 투자하는 것일 테다.

나쁜 습관을 고치려면 원하는 행동을 기본 행동으로 만들어야 한다. 보고서 작성을 본격적으로 시작하기 위해서 나는 동료들에게 만약 내가 보고서를 제출하지 않은 상태에서 오전 11시 전에 이메일을 확인한다면 모두에게 점심을 사겠다고 선언했다. 나는 본래 내기에서 지는 것을 싫어하고 모두에게 점심을 살 마음도 없었다. 그래서 이는 아침부터 이메일을 확인하고 처리하는 행동을 막는 데에 충분한 마찰이 되었다.

이렇게 나는 매일 아침 방해받지 않고 일에 집중할 수 있었다. 그리고 오후가 되면 이메일도 보내고 전화 통화도 하고 회의도 했다. 이러한 방법으로 나는 엄청나게 많은 업무를 해낼 수 있었다.

우리는 종종 의사결정에서 편안함의 작용을 과소평가한다. 인간의 행동은 저항이 가장 적은 경로를 따른다. 따라서 자신이 원치 않는 것을 하고 있을 때 마찰을 추가하면, 놀라울 정도로 효과적이다.

안전장치 전략4: 가드레일 깔기

또 다른 안전장치 전략은, 작업 절차를 마련하는 것이다. 쓰라린 경험을 통해 우리가 이미 알고 있는 것처럼 인간의 기본값 때문에 의사결정이 수포로 돌아갈 때가 많다. 우리의 기본값 때문에 실제 상황을 제대로 이해하지 못하고, 우리의 최고 자아상에 맞게 대응하지 못할 때가 많다.

우리는 이미 전화 요청을 승낙하지 않는 카너먼의 규칙이나 바람직하지 않은 상태에서 중요한 결정을 내리지 않는 식의 자동 규칙에 대해 살펴보았다. 바로 이 순간의 반응 속도를 늦추어 더 명료한 사고를 위한 시간적 여유를 확보하는 또 다른 방법은, 한발 물러서서 다음과 같이 자문하는 것이다.

'내가 달성하려는 것이 무엇이지?'

'이것을 하면 목표에 더 가까워질까 아니면, 더 멀어질까?'

매우 기본적인 질문처럼 보이지만, 정신없이 바쁜 순간에는 잘 떠오르지 않는 것들이다. 가령 점검표는 인간의 기본값의 작동을 중단시키는 간편한 방법이 될 수 있다. 조종사는 비행을 시작하기 전, '비행 전 점검표'를 확인한다. 외과의사는 수술에 들어가기 전, '수술 전 점검표'를 확인한다. 여행할 때마다 '짐 꾸리기 점검표'를 확인하는 이도 많다. 이런 모든 경우, 점검표는 지금 하는 것의 속도를 늦추고 기본 원칙으로 돌아가도록 강제하는 안전장치로서의 역할을 한다. '내가 달성하려는 것은 무엇인가? 그것을 달성하기 위해 무엇을 해야 하는가?'와 같은 질문은 우리를 성공의 길에서 이탈하지 못하도록 막는 가드레일과도 같다.●

안전장치 전략 5: **관점의 전환**

우리는 모두 특정 관점에서만 사물을 바라본다. 모든 면을 볼 수 있는 사람은 없다. 하지만 그렇다고 해서 특정 상황에서 사물을 바라보는 시각을 전혀 바꿀 수 없는 것은 아니다.

물리학에서 '준거틀frame of reference'이란 사태를 관찰하기 위한 좌표 집합을 의미한다. 상이한 관찰자는 역시 서로 다른 준거틀을 사용한다. 한 준거틀에서 보이는 것이 다른 준거틀에서도 반드시 보이는 것은 아니다. 예를 들어, 달리는 기차 안에 앉아 있는 사람과 기차역에서 기차가 지나가는 것을 바라보는 사람은 서로 다른 준거틀을 사용한다. 기차 안에 있는 사람의 준거틀로 보면 그 사람과 그 사람이 앉아 있는 좌석은 고정되어 있다. 그러나 기차역에 있는 사람의 준거틀로 보면 기

●　내 아이들의 반응 속도를 늦추고 생각할 시간을 주기 위해 사용하는 두 가지 효과적인 질문은 다음과 같다. (1) 이 상황에 물을 부어야 할까, 휘발유를 부어야 할까? (2) 이렇게 하면 네가 정말로 원하는 것을 얻을 수 있을까?

차 안에 있는 사람과 좌석은 모두 빠르게 움직이고 있다.

이제 자신의 준거틀을 바꿀 수 있는 상황을 상상해 보자. 가령 자신이 탄 기차가 역으로 들어오는 모습이 실시간으로 중계된다면 어떻게 될까? 그러면 나는 중계자의 관점으로 내 위치를 보면서 내 준거틀에서는 불가능했던 더 많은 정보를 얻게 될 것이다. 내가 탄 기차가 이대로 계속 달리면 중계자의 관점에서만 보이는 전방 선로의 장애물과 충돌할 위험이 있다고 가정해 보자. 내 시각에서는 모든 것이 평화롭다. 내가 재난을 향해 달리고 있다고는 꿈에도 생각지 못할 것이다. 그러나 준거틀을 바꾸어 중계자의 관점에서 사태를 볼 수 있다면, 중요한 정보를 얻어 재난을 피하기 위한 조치를 취할 수 있을 것이다.

기차 사례에 적용된 것은 다른 많은 경우에도 적용할 수 있다. 소파에 기대어 꼼짝 않고 이 책을 읽고 있는 사람도 태양의 관점에서 보면 태양 주위를 시속 10만 km 이상의 속도로 움직이고 있다. 외부 시각으로 자신의 상황을 바라보면 실제로 무슨 일이 벌어지고 있는지에 대해 더 많은 것을 알 수 있다. 관점을 바꾸면 보이는 것도 달라진다.

이처럼 준거틀을 바꾸는 것은 맹점의 부작용을 방지하는 강력한 안전장치다. 앞에서 우리는 마이클 에브라소프가 어떻게 준거틀을 바꾸어 벤폴드함의 성과를 반전시켰는지 살펴보았다. 그는 벤폴드함의 기존 준거틀, 즉 장교가 병사를 2등 시민으로 취급하는 것이 정상인 준거틀로 사태를 바라보는 대신, 평범한 병사들과 평범한 공정성의 관점으로 사태를 바라보았다.

내 친구이자 직장 동료인 A 이야기를 해보자. 어느 날 그가 새로운 소식이 있다면서 내 사무실로 들어왔다. A는 말했다. "내가 뭘 잘못하고 있었는지 알아냈어. 그동안 나는 내가 옳다는 것을 모두에게 증명하는 데만 몰두하는 바람에 다른 사람들의 관점으로 세상을 바라보지 못하고 있었어."

그가 멍청한 것이 문제는 아니었다. 그는 똑똑했다. 그가 태만한 것도 문제가 아니었다. 그는 열심히 일했다. 문제는 A가 다른 사람들의 눈으로 세상을 보려는 노력조차 하지 않은 탓에 다른 사람들을 이해하지 못했다는 데 있었다. 스스로 문제를 깨달은 A는 행동을 바꾸기 시작했다.

그 시점부터 A는 회사에서 누군가와 상의할 때면 상대방이 사태를 어떻게 보는지에 대한 그의 인상을 먼저 이야기했다. 그러면서 "혹시 제가 빠뜨린 게 있나요?"라고 물었다.

이러한 질문은 매우 영리한 것이다. 이는 그가 자신의 생각이나 태도를 수정할 준비가 되어 있다는 것을 보여주는 동시에 상대방에게 수정할 기회도 제공한다. 앞서 말했듯, 인간의 가장 뿌리 깊은 본능 중 하나는 다른 사람의 잘못을 바로잡으려는 성향이다. 따라서 이러한 질문을 하면 다른 사람과의 소통이 한결 쉬워진다. 게다가 상대방이 실제로 그의 이야기를 수정할 경우 상대방에게 있어 가장 중요한 것이 무엇인지도 짐작할 수 있게 된다.

상대방이 첫 번째 질문에 답해도 A는 곧바로 자신의 생각을 말하지 않았다. 그 전에 2차 질문을 던진다. "혹시 제가 또 빠뜨린 게 있나요?"

이런 대화 방식은 준거틀 바꾸기의 좋은 사례다. 내 친구는 두 번 질문하고 이에 대한 답변을 들으면서 다른 사람의 눈으로 사태를 바라볼 수 있게 되었다. 이런 절차를 통해 그는 자신의 약점으로 확인된 행동 경향으로부터 자신을 보호할 수 있었다.

이런 변화를 시도한 지 몇 달이 지나자 A는 자신의 팀과 나머지 조직을 잇는 통로 역할을 하게 되었고, 시간이 더 지나자 사람들은 그에게 사장과 함께 회의에 참석해 달라고 요청하기 시작했다. 그러다 사장이 새로운 직책으로 자리를 옮기자 모두 그가 빈자리를 채우길 원했다. 이제 그가 굳이 사람들에게 물어볼 필요가 없어졌다.

실수를
다루는 법

실수는 삶의 불가피한 일부다.

숙련된 사람이라도 실수한다. 인간의 지식과 통제력이 미치지 못하는 수많은 요인이 우리의 성공에 영향을 미친다. 특히 우리의 지식이나 잠재력의 경계를 넓히려 할 때 실수가 많이 발생한다. 지식과 능력의 최전방에는 따라갈 바퀴 자국도 없고 익숙한 건축물도 없으며 바른길로 안내해 줄 표지판이나 지도도 없다. 이런 곳에서는 먼저 지나간 사람의 도움 없이 앞으로 나아가야 한다. 발을 헛딛는 건 당연하다. 자기 삶을 주도하려면 이렇게 발을 헛디뎠을 때 관리하는 것도 필요하다.

일이 원하는 대로 풀리지 않을 때 우리는 대부분 자신을 탓하기보다 세상을 탓한다. 심리학에서는 이를 가리켜 '자기만족 편향'이라고 한다. 자기책임에 관한 논의에서 언급한 것처럼, 이는 우리의 자아상을 보호하고 강화하는 방향으로 사물을 평가하는 성향이다. 인간은 보통 무언가에 성공하면 자신의 능력이나 노력 덕분이었다고 평가한다. '나는 정말 똑똑해' '내가 정말 열심히 했지' '내가 모든 각도에서 살펴보길 잘했어' 같은 식이다. 반면에, 실패하면 원인을 외부 요인으로 돌리는 경향이 있다. '사장이 나를 싫어하니까' '시험이 불공평했어'와 같은 식으로 생각하는 것이다.

다시 말해, '앞면이 나오면 내가 옳은 것이다. 뒷면이 나와도 내가 틀린 것은 아니다.'

그런데 객관적으로 생각해 보자. 만약 내가 원치 않는 결과를 얻었다면 적어도 다음과 같은 두 경우 중 하나일 것이다.

(a) 내가 운이 나빴다.
(b) 세상의 작동 방식에 대한 내 견해가 틀렸다.

내가 운이 나빴을 경우, 똑같은 방법으로 다시 시도하면 다른 결과가 나올 수 있을 것이다. 그러나 원하는 결과를 계속 얻지 못한다면 내 견해를 수정해야 할 것이다.

많은 사람이 자신의 견해가 틀렸다는 말을 듣고 싶어 하지 않는다. 그들은 자신의 사고에 있는 결함을 보지 않으려고 하며, 차라리 꿈길을 헤매길 원한다. 이렇게 행동하는 이유 중 하나는 자신의 견해가 틀렸다는 것을 인정하면 자아상에 타격을 입기 때문이다. 자신이 기대만큼 똑똑하거나 지식이 많지 않다는 것을 받아들여야 하기 때문이다. 자아 기본값은 이렇게 작동한다.

내 사고의 옳고 그름을 확인하려면 이를 눈에 보이게 만들어야 한다. 이전에는 보이지 않던 것을 보이게 만들면, 우리가 결정을 내릴 때 알았던 것과 생각했던 것을 볼 수 있다. 기억은 별로 믿을 것이 못 되는데, 자신이 실제보다 더 좋게 보이도록 우리의 자아가 정보를 왜곡하기 때문이다.

반면, 자신의 견해를 수정해야 한다는 걸 깨달은 경우에도 세상에 대한 견해를 바꾸는 데는 많은 노력이 요구된다. 그래서 사람들은 경험의 교훈을 무시하는 경향이 있고, 그러므로 늘 하던 대로 하면서 늘 같은 결과를 얻는다. 관성 기본값은 이렇게 작동한다.

실수는 선택의 기회를 제공한다

매사가 그렇듯, 실수를 다루는 데도 좋은 방법과 나쁜 방법이 있다. 내가 실수를 좀 했다고 세상이 그대로 멈추는 건 아니다.

삶은 계속되고 우리도 계속 가야 한다. 실수했다고 모든 것을 포기한 채 그냥 떠나 버릴 수는 없지 않은가. 앞으로는 비슷한 실수를 반복하지 않기를 바라면서 또 다른 결정을 내려야 하고 또 다른 일을 해야 한다.

누구에게나 한계가 있기에 누구나 실수한다. 자신의 결정과 행동 또는 그 결과에 대한 책임을 회피하려는 것은 마치 자신에게는 한계가 없는 것처럼 행동하는 것과 같다. 비범한 사람들이 대중과 다른 것이 있다면, 실수를 처리하는 방식과 실수를 통해 배워서 더 나은 결과를 얻는 방식일 것이다.

실수는 선택의 기회를 제공한다. 자신의 견해를 수정할지, 실패를 무시하고 평소의 견해를 그대로 유지할지 선택할 시간이다. 많은 사람이 후자를 선택한다.

사람들이 흔히 저지르는 가장 큰 실수는, 최초의 실수가 아니다. 가장 큰 실수는 문제를 덮고 책임을 회피하는 것이다. 최초의 실수는 값비싼 경험이지만, 후자는 치명적이다.

내 아이들은 비싼 수업료를 내고 이를 배웠다. 어느 날 귀가했을 때, 깨진 유리 조각들이 바닥에 있었다. 그것을 집어 들고 내가 무슨 일이 있었냐고 묻자, 아이들은 모른다고 했다. 하지만 내가 쓰레기통을 열어 조심스럽게 덮어 놓은 듯한 종이를 들추자 깨진 꽃병의 나머지가 나타났다. 나는 아이들에게 답변할 마지막 기회를 주었다. 십 대 초반 아이들이 보일 법한 확고한 태도로 그들은 결백을 주장했다. 문제는 꽃병을 깨뜨린 게 아니라, 거짓말 여부로 바뀌었다.

실수를 덮는 것은 3가지 측면에서 문제가 된다. 첫째, 실수를 무시하면 실수에서 배울 기회를 놓친다. 둘째, 실수를 숨기는 것이 습관이 된다. 셋째, 문제를 덮으면 나쁜 상황이 더욱 나빠진다.

반면 오류를 인정하고 경로를 수정하면 향후 비슷한 실수를 예방함으로써 시간을 더 절약할 수 있다. 게다가 실수는 거기에 담긴 교훈에 주목할 경우 자신이 원하는 자아상에 더 가까워질 소중한 기회가 되기도 한다. 이런 기회를 현명하게 이용하라! 이를 낭비하지 마라.

실수를 효과적으로 처리하는 4단계는 다음과 같다. (1) 책임을 받아들이기 (2) 실수에서 배우기 (3) 더 잘하려고 노력하기 (4) 최선을 다해 피해 복구하기.

1단계: **책임을 받아들이기**

자신의 삶을 주도적으로 이끌어가는 사람이라면 자기가 저지른 실수를 인정하고 그 결과에 대해 책임을 질 줄 알아야 한다. 설령 해당 실수가 전적으로 자기 잘못만은 아니라 해도, 여전히 자기와 관련이 있으므로 책임감을 갖고 실수로 일어난 문제를 처리해야 한다.

실수가 발생하면 감정 기본값이 상황에 대한 통제력을 빼앗기 위해 부지런히 작동한다. 이럴 때 우리가 가만히 있으면 감정 기본값이 우리를 점령하고 만다. 이것은 우리가 삶을 주도하는 것이 아니라 삶의 방향을 감정의 변덕에 내맡기는 것이나 다름없다. 이럴 때는 일단 감정을 억제하는 것이 중요하다. 이런 강점을 키우지 않은 사람은 할 수 있는 것이 많지 않다. 따라서 꾸준히 연습하는 것이 중요하다.

2단계: 실수에서 배우기

자신이 실수에 어떤 기여를 했는지 성찰하는 시간을 가져라. 자신이 실수를 저지르기까지 품었던 여러 생각, 감정, 행동 등을 살펴보라. 긴급한 상황이라서 당장 성찰할 시간이 없다면 나중에라도 반드시 하라. 문제의 원인을 알지 못하면 문제를 해결할 수 없다. 문제를 해결하지 못하면 앞으로도 나아질 수 없다. 그 대신 똑같은 실수를 계속 반복할 것이다.

이 단계에서 남 탓을 하거나 "이것은 불공평해!" "왜 나한테 이런 일이 일어난 거야?" 같은 말만 한다면 실수에 대한 책임을 받아들이지 않은 것이다. 이런 사람은 다시 1단계로 돌아가길 바란다.

3단계: 더 잘하려고 노력하기 ─────

실수를 통해 자신에 대한 성찰의 시간을 가졌다면, 앞으로 더 잘하기 위한 계획을 세워야 한다. 이것이 자기책임이나 자신감 강화와 같은 강점 키우기가 될 수도 있다. 또한 앞에서 사례로 든 내 동료가 자신이 다른 사람의 관점에서 사태를 바라보지 못했다는 사실을 자각하고 변화를 시도했을 때처럼 안전장치를 마련하는 것일 수도 있다.

어느 쪽이든 앞으로 더 잘하기 위한 계획을 세우고 계획대로 실천하라. 그래야만 자신의 행동 방식을 바꾸고 과거의 실수를 되풀이하지 않을 수 있다.

4단계: 최선을 다해 피해 복구하기 ─────

실수로 인한 피해를 복구하는 것은 그리 어려운 일이 아니다. 대개 가능하다. 그 피해가 인간관계일 경우 오래되었을수록, 또 자신이 그동안 일관되게 행동했을수록 복구하는 것이 쉽다. 물론 그렇다고 복구가 바로 되는 것은 아니다. 상처도 아물기까지는 시간이 걸리듯이 인간관계에서도 치유되기까지는 시간이 소요된다. 자신의 행동으로 인한 결과를 받아들이고 상대에게 진심으로 사과하는 것만으로는 충분하지 않다. 일관되게 더 잘해야 한다. 조금만 어긋나도 복구한 것이 금세 무너질 수 있기 때문이다.

물론 모든 실수가 이와 같지는 않다. 어떤 실수는 돌이킬 수 없는 결과를 초래한다. 이럴 때 중요한 것은 나쁜 상황을 더 나쁘게 만들지 않는 것이다.

내 친구 중에 유명 스포츠팀의 단장이 있다. 그는 나와 실수에 관해 대화하던 중 충동적으로 '나쁜 거래'를 했던 멘토 이야기를 들려주었다. 일단 그가 서류에 서명한 순간부터 계약은 되돌릴 수 없게 되었다. 멘토는 해당 선수가 첫 경기에 나서기 전부터 계약을 한 것이 실수였다는 것을 깨달았지만, 내면의 목소리 때문에, 우리 모두에게 있는 이 내면의 방해꾼 때문에 계약을 취소할 수 없었다. 계약을 취소하면 자신이 사기꾼이 되며 온 세상이 이를 알게 될 것이라는 생각이 들었다. 내면의 목소리가 끊임없이 그에게 "바보"라고 했다. 이 작은 목소리 때문에 수년간 선수들을 비범하게 관리해 온 그의 경력은 수포가 되고 말았다. 그는 자신감을 잃었고 불확실한 상황에서도 더는 효과적으로 결정할 수 없게 되었다. 멘토는 더 많은 데이터가 쌓이면 불확실성이 제거될 것이라고 고집했지만, 그가 해고되기까지 오랜 시간이 필요하지 않았다.

실수를 받아들이지 않으면 그것이 덫이 된다. 실수를 받아들인다는 것은 실수에서 얻은 교훈을 통해 똑같은 실수에서 벗어나는 것을 포함한다. 이미 일어난 과거를 바꿀 수는 없지

만, 우리는 과거가 미래에 미친 영향을 되돌리기 위해 노력할
수는 있다.

세상에서 가장 강력한 이야기는 우리가 우리 자신에게 하
는 이야기다. 내면의 목소리는 우리 자신을 앞으로 나아가게
할 수도 있고, 과거에 묶어둘 수도 있다. 부디 현명한 선택을
하길 바란다.

CLEAR THINKING

4장

현명하게
결정하라

결정하지 않기로 선택한 것도 선택이다.

— 닐 피어트Neil Peart, 캐나다 유명 록밴드 러시의 드러머

클리어 씽킹을 위한 공간을 확보하기 위해 기본값을 재프로그래밍했다면, 이제 의사결정의 기술을 익혀야 한다.

결정은 선택과 다르다. 무심히 여러 대안 중에서 하나를 고르면 선택을 한 것이다. 무턱대고 반응하면 무의식적인 선택을 한 것이다. 이런 것은 결정이 아니다. 결정이란 의식적인 사고가 수반되는 선택이다.

결정 = 특정 대안이 최선이라는 판단

돌이켜 보면 잘못된 판단으로 보이지만, 바로 그 순간에는 결정으로 지각되지 않는 것들이 있다. 기본값들이 공모하면 인간은 생각 없이 반응한다. 그런 반응은 결정으로 간주되지도 않는다. 일단 의식적인 선택을 할 수 있는 기회가 지각되었는가? 그렇다면 중요한 것은 '어떻게 하면 최선의 결정을 내릴 수 있을까'이다.

결정 자체는 의사결정 과정의 결과를 반영한다. 이 과정은 최선의 대안을 선택하기 위해 여러 대안을 검토하는 과정이며 문제 정의, 가능한 해결책 탐색, 대안 평가, 판단 및 최선의 대안 실행이라는 4단계로 구성된다. 이번 장에서는 이 4가지 요소를 자세히 살펴볼 것이다.

의사결정 과정

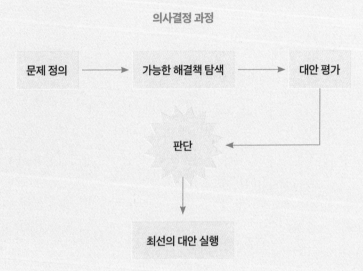

결정 = 특정 대안이 최선이라는 판단

만약 이러한 과정을 적용하지 않은 선택이라면, 이를 결정으로 간주하기 어렵다.

어린아이들은 평가 과정 없이 선택을 하는 경향이 있다. 때로는 어른들도 마찬가지다. 신속히 선택해야 해서 대안을 평가할 시간이 없을 수도 있다. 또는 습관이 우리를 대신에 선택하도록 내버려 둘 때도 있다. 여기에 해당할 경우, 과거 선택의 관성에 따라 대안에 대한 탐색 없이 현재를 살아가게 된다. 또는 자신도 모르게 감정이 선택하는 대로 따라가기도 한다. 순간적인 분노와 두려움, 욕망 등이 평가를 대신하게 될 경우, 사고나 이성의 개입 없이 곧바로 행동하게 된다.

이러한 사례들 모두 결정으로 간주될 수 없다. 과정을 거치지 않고 결정했다고 해서 결정에 대한 책임이 없어지는 것은 아니다. 이에 대한 책임은 우리에게 있다! 그냥 이러한 순간에 우리는 사고하지 않는다. 의식적으로 생각하지 않는다. 그저 결정의 순간을 기본값에 맡긴 채 반응한다. 이럴 때 우리는 반응하는 대신 사고했다면 최선이라고 판단했을 행동에 반하는 행동을 한다. 이처럼 이성의 개입 없이 반응하면 우리가 해결하려고 한 문제보다 더 많은 문제가 발생한다. 미래 우리가 갖게 될 성찰력이 현재 가진 예지력이라면 얼마나 좋을까!

모든 성급한 결정이 나쁜 결정은 아니며, 모든 신중한 결정이 좋은 결정인 것도 아니다. 문제는 그처럼 간단하지 않다.

사람들은 선택을 결단성으로 착각하고, 의사결정 과정을 우유부단함으로 착각한다. 속도를 늦추고 문제에 관해 숙고하는 것이 어려운 이유 중 하나는, 이것이 외부 관찰자의 눈에는 무대응으로 보일 수 있기 때문이다. 하지만 무대응도 선택이다.

잃을 것이 적을 때는 신속한 대응이 무대응보다 나을 수 있다. 때로는 오래 숙고하기보다 잽싸게 선택하는 것이 더 나을 수도 있다. 대수롭지 않거나 행동의 결과를 쉽게 되돌릴 수 있다면 굳이 평가하는 데 시간을 허비할 이유가 있을까? 가령, 헬스장에 똑같은 스쿼트랙이 2개 있는데, 둘 다 현재 비어 있다면 어느 쪽을 사용하든 상관없다. 오히려 결정을 내리기 위해 머뭇거린다면 그사이 둘 다 다른 사람에게 넘어갈 수도 있으니, 어느 쪽이든 그냥 선택하라.

그러나 잃을 것이 많을 때는 신속한 대응이 해가 될 수 있다. 어떤 행동이 자기 삶이나 사업에 큰 영향을 미치고 되돌리기도 어렵다면 선택이 아닌, 결정을 해야 한다. 이런 경우에는 잠재 손실이 크므로 신중한 결정을 위해 시간을 투자할 가치가 있다. 여기에 해당한다면 그냥 선택하는 대신에 대안을 평가해 결정해야 한다.

이번 장에서는 결정을 내릴 때 더 나은 추론을 위해 사용할 수 있는 몇 가지 도구를 설명할 것이다. 이런 도구로 모든 의사결정 문제를 해결할 수는 없다. 모든 문제에 적합한 도구는 없으며 도구마다 용도와 한계가 있기 때문이다. 따라서 도구 상자에 다양한 도구를 구비해야 한다. 그렇지 않으면 엉뚱한 문제를 풀게 된다. 옛 속담처럼 "가진 도구가 망치뿐이면, 모든 문제가 못처럼 보일 것"이다.

도구를 잘 사용하려면 기본값을 억제하고 사고할 줄 알아야 한다. 그렇지 않으면 이런저런 인간의 기본값에 따라 그저 반응하게 될 테니 말이다. 반응으로 잠시 욕망을 채울 수 있을

진 몰라도, 생각 없는 반응의 대가를 조만간 치르게 될 것이다. 기본값을 통제할 수 있을 때만, 앞으로 설명하려는 도구를 유용하게 사용할 수 있다는 걸 기억하라.

기본값을 통제하지 못하면, 즉 감정에 쉽게 휘둘리거나 변화에 적응하지 못하거나 최선의 것을 하는 대신에 내가 옳다는 느낌에 집착하게 되면, 세상의 어떤 도구도 쓸모없을 것이다. 이럴 경우 기본값이 우리를 압도해 의사결정 과정을 방해하고 우리의 삶을 지배하게 될 것이다.

문제
정의하기

01

의사결정의 첫째 원칙은 결정자가 문제를 정의해야 한다는 것
이다.[*] 결정자가 아닌 사람은 해결해야 할 문제를 제안할 수는
있어도 문제를 정의할 수는 없다. 결과를 책임지는 사람만이
문제를 정의할 수 있다. 결정권자는 상사, 부하 직원, 동료, 전

- 나는 이것을 운영회의에서 직접 배웠다. 운영 책임자만이 목
  적, 목표 및 문제를 정의할 수 있다. 다른 사람들도 제안할 수
  있지만 운영을 책임지는 사람이 결정권을 가져야 한다. 애덤
  로빈슨, 피터 카우프먼, 랜들 스터트먼도 이를 여러 차례 강조
  한 바 있다.

문가 등 모든 사람의 의견을 들을 수 있다. 그러나 사실과 의견을 구별하고 실제 사태를 규정하는 식으로 문제의 진상을 규명할 책임은 전적으로 결정권자에게 있다.

문제의 정의는 다음 2가지를 확인하는 데서 시작된다. (1) 달성하려는 목표 (2) 목표 달성을 방해하는 장애물.

불행하게도, 사람들은 엉뚱한 문제를 해결할 때가 너무 많다. 내가 수년 동안 수천 번 목격한 다음과 같은 장면이 많은 사람에게 낯설지 않을 것이다. 결정권자가 긴급한 문제를 해결하기 위해 다양한 사람들로 구성된 팀을 소집한다. 회의실에 모인 10명의 사람은 각자의 관점에서 현재 상황에 대한 의견을 제시한다. 몇 분 후 누군가가 그들이 생각하는 문제가 무엇인지를 자신 있게 선언한다. 그러자 아주 잠시 회의실에 정적이 흐른다. … 그런 다음 모두가 가능한 해결책에 대해 논의하기 시작한다.

많은 경우 상황에 대한 그럴듯해 보이는 첫 번째 설명을 통해, 팀이 해결해야 할 문제가 정의된다.●▲ 그리고 팀이 해결책을 제시하면 결정권자는 흐뭇해한다. 그러면서 이 아이디어대로 처리하기 위해 자원을 배정하고, 문제가 해결되기를 기대한다. 그러나 문제는 해결되지 않는다. 왜일까? 문제를 들여다

●▲ 내가 수년간 목격했던 이런 현상을 내게 지적해 준 사람은 랜들 스터트먼이었다.

본 첫 번째 렌즈를 통해 진짜 문제가 규명되지 않았기 때문이다. 그러니 진짜 문제가 해결될 리 없다.

도대체 무슨 일이 일어난 것일까?

사회적 기본값 때문에 인간은 사람들이 동의한 첫 번째 정의를 아무 이의 없이 받아들인 후 그대로 전진한다. 일단 누군가가 문제를 선언하면 팀은 문제가 제대로 정의되었는지에 대한 충분한 고민도 없이 '해결' 모드로 전환한다. 보통 A형 성격의 똑똑한 사람들을 모아 문제를 해결하라고 할 때 이런 일이 벌어진다(1970년대 심장병 전문의 프리드먼과 로젠만**Friedman & Rosenman**은 경쟁심이 강하고 조직적이며 야심 있고 참을성이 없으며 시간 관리에 민감하고 공격적인 성격을 A형 성격**Type A personality**, 느긋하고 수용적이며 신경질을 부리거나 날뛰지 않는 성격을 B형 성격으로 명명하면서 A형 성격이 관상동맥심장병에 걸릴 확률이 더 높다고 주장했다 – 옮긴이). 이런 유형의 사람들은 진짜 문제를 보지 못하고 문제의 징후에만 매달릴 때가 많다. 이들은 대개 생각 없이 반응한다.

우리는 문제 해결이 가치 창출의 길이라고 배웠다. 학교에서는 선생님이 해결할 문제를 주고 직장에서는 상사가 이런 문제를 준다. 우리는 늘 문제를 해결해야 한다고 배웠다.

그러나 우리에겐 문제를 정의해 본 경험이 별로 없다. 상황은 종종 불확실하다. 우리가 모든 정보를 가지고 있는 경우는 거의 없다. 때로는 문제가 무엇인지에 대한 견해가 엇갈리고 문제를 해결하기 위한 제안도 다양하게 제시되어, 대인관계에 많은 마찰이 생기기도 한다. 그래서 우리는 늘 문제 해결보다 문제 정의를 훨씬 더 불편해하며 사회적 기본값은 이런 불편함을 이용한다. 즉, 인간의 사회적 기본값이 우리가 가치를 창출하고 있다는 것을 증명하기 위해 사고하는 대신, 반응하도록 부추기는 것이다. 그냥 문제를 해결하라. 무슨 문제이든 상관없다고!

그 결과, 많은 조직과 개인이 엉뚱한 문제를 해결하는 데 많은 시간을 허비한다. 근본적인 질병을 찾는 것보다 증상을 치료하는 것이, 화재 예방보다 화재 진압이, 또는 일을 그냥 미래로 넘기는 편이 훨씬 쉽다. 이런 접근법의 문제점은 불이 완전히 꺼지지 않고 계속 다시 붙는다는 점이다. 그리고 일을 계속 미래로 넘겨도 결국 미래가 다가온다.

우리는 과거 어느 때보다도 바쁘게 일하고 있지만, 보통 우리가 바쁘게 해내는 일은 무엇인가? 바로 애초에 예방해야 했음에도 하지 않아 몇 년 전 잘못된 초기 결정으로 시작된 화재를 진압하는 일이다.

게다가 요즘에는 화재가 너무 많고 요구사항도 대단히 많아서 불길을 잡는 데만 몰두하는 경향이 짙다. 하지만 캠핑 경험자라면 누구나 알 듯이, 불길을 잡는다고 불이 완전히 꺼지는 것은 아니다. 황급히 뛰어다니면서 불길을 잡는 데 모든 시간을 쓰다 보니 내일 발생할 화재의 불쏘시개가 될 수 있는 오늘의 문제에 대해 생각할 겨를이 없다는 게 큰 문제다.

최고의 결정권자는 문제의 정의가 문제에 대한 모두의 시각과 해결책을 좌우한다는 사실을 잘 알고 있어야 한다. 모든 의사결정 과정에서 가장 중요한 단계는 문제를 제대로 이해하는 것이다. 이 단계가 소중한 통찰을 제공한다. 문제를 이해하지 못하면 문제를 해결할 수 없으므로 문제를 정의하는 과정이야말로 관련 정보를 많이 수집할 기회이기도 하다. 전문가와 대화하고 다른 사람의 의견을 구하며 다양한 시각에 귀를 기울이고 진짜 문제와 그렇지 않은 문제를 구별할 수 있을 때에만, 결정권자는 진짜 문제를 이해할 수 있다.

문제를 제대로 이해하면 해결책이 분명히 드러난다. 어떨 때 사람들이 제대로 이해하지도 못하는 문제를 해결하려고 하는지에 대해서는, 나중에 다시 살펴보기로 하자.

최고의 결정권자는 다음과 같은 두 원칙을 따른다.

정의 원칙 문제를 정의할 책임을 진다. 다른 사람이 대신 정의하게 하지 마라. 문제를 이해하기 위해 노력하라. 문제를 서술하거나 설명하는 데 전문용어를 쓰지 마라.

근본 원인 원칙 문제의 근본 원인을 찾는다. 증상만 치료하는 것에 만족하지 마라.

언젠가 나는 소프트웨어가 자주 멈추는 부서를 맡은 적이 있다. 문제를 해결하려면 서버를 물리적으로 재부팅해야 했다 (일급비밀 시설에서 일하는 것의 단점은, 외부 세계와 연결되어 있지 않다는 것이다).

거의 주말마다 직원 중 한 명이 직장으로 불려 와 문제를 해결해야 했다. 그는 언제나 시스템을 신속하게 백업하고 다시 작동시켰다. 정전 시간은 짧았고 영향은 미미했다. 이렇게 문제가 해결되었다. 그런데 정말 그랬을까?

첫 달이 끝날 무렵, 나는 서명이 필요한 초과근무 청구서를 받았다. 그 주말 출근엔 상당한 비용이 들었다. 우리는 문제를 해결하지 않은 채 증상에만 매달리고 있었다. 진짜 문제를 해결하려면 주말 몇 분이 아니라 몇 주의 작업이 필요했는데, 진짜 문제를 해결하는 데는 고통이 따랐기에 누구도 그것을 해결하려 하지 않았다. 이렇게 우리는 불길만 잡고 불이 다시 붙는 것을 내버려 두었다.

문제의 근본 원인을 찾는 데 유용한 도구가 있다. 바로 "문제를 근본적으로 없애려면 어떻게 해야 하는가?"라고 묻는 것이다. 이 도구를 사용하는 사례를 들어보자.

미국동물학대방지협회American Society for the Prevention of Cruelty to Animals, ASPCA는 미국에서 가장 큰 동물복지단체 중 하나다. 이 단체의 추산에 따르면, 매년 300만 마리 이상의 개가 보호소에 들어와 입양을 기다린다. 이 중 약 140만 마리는

입양에 성공하지만 결국 미국에서 매년 100만 마리 이상의 개는 입양되지 못한다.●

반려견을 입양하려는 사람은 한정되어 있고 한 가정에서 감당할 수 있는 반려견의 수도 한정적이므로 대다수 보호소가 직면한 문제는 '어떻게 하면 더 많은 사람이 반려견을 입양하게 할 수 있을까?'이다. 그러나 이 질문에 대한 답변은 장기적인 해결책이 되지 못한다.

한 보호소에서는 다른 접근법을 취했다. 로스앤젤레스에 있는 다운타운 도그 레스큐Downtown Dog Rescue의 설립자 로리 와이즈Lori Weise는 그러한 질문 대신 다음과 같이 물었다. '근본적으로 입양할 반려견의 수가 적으려면 어떻게 해야 하는가?'[1] 데이터를 살펴보던 와이즈는 보호소에 들어오는 개의 30%가 주인이 자발적으로 돌보기를 포기한 반려견이라는 사실을 발견했다. 그녀는 반려견을 돌보던 주인이 더는 사료를 구할 여유가 없어져, 차라리 다른 사람이 돌보는 게 낫겠다 싶어 동물을 포기하는 경우가 많다는 것을 알게 됐다. 이러한 통찰에 이르자, 더 나은 장기적인 해결책이 분명히 드러났다.

와이즈는 새로운 프로그램을 시작했다. 반려견을 포기할 목

● 이 사례는 파남 스트리트에서 세계 최상급의 사람들에게 더 나은 의사결정법을 가르치는 '설계된 결정 Decision by Design' 강좌에서 사용된다(대기자 명단에 들어가기를 원하는 사람은 'DBD 대기자 명단'이란 제목을 달아 shane@fs.blog로 이메일을 보내라).

적으로 보호소를 찾는 주인들에게 여건이 되면 반려견을 계속 돌볼 의향이 있는지 물은 것이다. 주인들이 그렇다고 답하면 직원은 문제 해결을 위해 네트워크를 활용했다. 해결책이 겨우 10달러짜리 광견병 예방 접종일 때도 있었고, 장기적인 사료 공급일 때도 있었다. 와이즈와 그녀의 팀은 반려견을 보호소에 수용하는 것보다 주인에게 사료를 공급해 계속 돌볼 수 있게 하는 편이 더 저렴하다는 사실도 발견했다. 놀라운 것은 이 프로그램 덕분에 반려견을 포기하려고 보호소를 찾은 가족의 75%가 반려견을 계속 돌볼 수 있게 되었다는 점이다.

문제의 '근본 원인 찾기'는 사업에도 적용할 수 있다. 어떤 회사는 신규 매출이 너무 적은 것이 문제라고 생각해 신규 고객 확보에 자원을 집중할지 모른다. 그런데 문제의 근본 원인이 신규 매출이 아니라면 어떻게 하겠는가? 예를 들어 제품 자체에 문제가 있다면? 이런 문제의 근본 원인은 고객 만족이다. 그렇다면 신규 고객을 확보하는 것이 언제나 가장 효과적인 문제 해결법이 될 순 없다. 오히려 기존 고객을 만족시키는 것이 더욱 중요할 수도 있기 때문이다. 문제를 어떻게 정의하느냐에 따라 보이는 것이 달라지게 마련이다.

그런데 인간에게는 늘 기본값이 있다. 아무리 정의 원칙과 근본 원인 원칙을 따르려고 노력해도 여전히 곁길로 샐 수 있다. 그래서 다음이 필요하다.

문제 정의 단계의 안전장치

문제 정의 단계의 의사결정 과정을 인간의 기본값으로부터 보호하기 위한 2가지 안전장치가 있다. 바로 방화벽 세우기와 시간 활용하기다.

> **안전장치** 문제 해결용 방화벽을 세워라. 의사결정 과정의 '문제 정의 단계'와 '문제 해결 단계'를 분리하라.

 직장에서 엉뚱한 문제의 완벽한 해결책에 매달리고 싶은 사람은 없을 것이다. 이에 대한 내 멘토의 가르침에 따르면, 최선의 방법은 시간이 허락한다면 문제를 정의하는 회의와 그 해결책을 찾는 회의를 분리해 회의를 2번 여는 것이다.

 어떤 조직이든 가장 소중한 자원은 시간과 최고 직원들의 지적 능력이다. 모두에게 명백해 보이는 문제의 해결책을 찾기 위해 별도의 회의를 2번이나 여는 것이 쉽게 납득하기 어려울 수 있다. 다만 이는 그만한 가치가 있다. 나는 이 안전장치를 수년 동안 사용해 왔으며, 계속해서 좋은 결정을 내리는 사람들이 이 안전장치를 꾸준히 사용하는 것을 목격했다. 시간이 아깝다는 이유로 2가지 과제를 해결하기 위한 회의를 한 번만 하면, 사회적 기본값에 취약해질 뿐이다. 가령 당신이 소속된 팀이 행동 지향적인 팀일 경우, 문제를 정의하는 데 고작

1~2분만 사용하고 나머지 시간에는 문제를 해결하는 데 집중하거나 모두가 각자의 관점에서 문제의 해결책을 제안하기 시작할 것이다. 분명한 것은 어느 쪽이든 회의가 그리 도움이 되진 않을 거라는 점이다.

문제를 정의하기 위한 회의를 진행하다 보면, 지금까지 자신에게는 없었던 통찰을 가진 참석자가 매우 많다는 사실을 깨닫게 된다. 회의를 짧게 줄이고, 모두가 아는 정보가 중복적으로 언급되는 문제를 피하고 싶을 때 효과적인 방법이 있다. 바로, 모든 참석자에게 다음과 같이 질문하는 것이다. "이 문제와 관련해, 이 방에 있는 다른 사람은 모르는 문제를 알고 있는 사람이 있나요?"

이 질문은 사람들로 하여금 생각하게 만든다. 그렇게 하면 사람들은 모두가 이미 아는 아이디어를 반복하는 대신, 문제에 관한 자신만의 관점을 설명하기 시작한다.

다른 관점으로 보기 시작하면(그리고 희망컨대 그 진가를 깨닫기 시작하면), 서로에게 배울 수 있을 뿐만 아니라 문제를 더욱 깊이 이해하게 된다. 그런 다음 두 번째 회의를 소집하면 모두에게 해결책이 명백해지곤 한다. 모든 사람이 문제를 이해하게 되었으므로 자신뿐 아니라 모두를 위해 문제를 해결하려면, 각 부서에서 무엇을 해야 하는지도 분명해진다. 철학자 루트비히 비트겐슈타인Ludwig Wittgenstein의 말로 알려졌지만 출처가 불분명한 다음 인용문이 이를 잘 요약해 준다. "이해한다

는 것은, 무엇을 해야 할지 아는 것이다."●

　조직적으로 운영되는 환경에서는 사람들이 신속히 움직인다. 결정에 너무 많은 과정을 삽입하면 잠시만 열려 있는 기회의 창을 놓치게 되기 때문이다. 하지만 빠르게 변화하는 환경은 인간의 기본값에 유리한 토양이다. 따라서 속도를 늦추되 너무 늦추지는 않으면서 판단과 원칙 및 안전장치를 조합해 명료하게 사고하면서 가능한 최선의 답을 찾아야 한다. 더 깊이 질문을 던지고 살피면 속도가 느려지지만, 올바른 문제를 해결할 기회는 극적으로 확대된다.

　문제의 정의와 해결 사이의 공간을 확보하는 방식은 개인 삶에서도 효과가 있다. 문제 해결에 뛰어들기 전, 문제가 무엇인지를 더 명확히 정의하는 시간을 가져보길 바란다. 근본 문제를 정의하려는 첫 번째 시도가 가장 정확한 경우는 흔치 않기 때문이다.

●　누군가는 이것이 비트겐슈타인의 말이라고 하지만, 그의 출판물과 미출판물에 대한 인텔렉스InteLex 데이터베이스를 검색해도 해당 문장을 찾을 수 없었다. 해당 문장과 가장 가까운 것은 아마도 그의 《철학 탐구 *Philosophical Investigations*》 199절에서 나오는 다음과 같은 문장일 것이다. "문장을 이해한다는 것은 언어를 이해한다는 뜻이다. 언어를 이해한다는 것은 기술을 숙달했다는 뜻이다."

> **조언** 문제를 글로 적으면, 보이지 않던 것이 보인다는 것을 기억하라. 문제로 보이는 것을 기록한 후 다음 날 다시 보라. 전문용어를 사용해 문제를 서술하는 것은 문제를 완전히 이해하지 못했다는 신호다. 그리고 문제를 이해하지 못했을 때는 결정을 내리지 말아야 한다.

이제 이 의사결정 과정의 단계를 보호하기 위한 두 번째 방법을 살펴보자.

> **안전장치** 시간 테스트를 이용하라. 증상만 치료하는 대신 문제의 근본 원인을 다루고 있는지 시험하고 싶은가? 그렇다면 다음과 같은 시간 테스트를 통과하는지 살펴보라. 해결책을 통해 문제가 장기적으로 해결되겠는가 아니면 나중에 문제가 재발할 가능성이 있는가? 후자일 경우 증상만 치료하고 있을 가능성이 크다.

예를 들어, 로스앤젤레스의 다운타운 도그 레스큐가 근본 원인에 해당하는 반려견 주인의 부족한 부양 능력에 관심을 기울이는 대신, 봄철 반려견 입양 캠페인을 통해 보호소의 과잉수용 문제를 해결하려 했다고 가정해 보자. 이 캠페인을 통해 당장 보호소에 수용되는 개의 수를 줄이는 데는 성공했을지 모르지만, 효과는 일시적이었을 가능성이 크다. 몇 달이 지나면, 다시 보호시설의 과잉수용 문제가 불거졌을 테니까.

단기 해결책은 당장 그럴듯해 보이더라도 장기적으로는 결코 문제를 해결할 수 없다. 실제로는 원을 그리며 돌고 있으면서 마치 앞으로 나아가는 듯한 느낌이 들 수 있다. 단기 해결책을 찾으면 다른 사람들에게는 무언가를 하고 있다는 인상을 주기 때문에 종종 이러한 해결책에 끌린다. 사회적 기본값이 작동하는 방식이다. 인간의 사회적 기본값은 사람들로 하여금 조치를 전진으로, 가장 큰 목소리를 올바른 목소리로, 자신감을 유능함으로 착각하게 만든다. 그러나 시간이 지나면 마침내 단기 해결책이 더 깊은 문제를 덮는 미봉책에 불과했다는 사실이 여실히 드러난다. 부디 속지 않길 바란다!

우리는 우리의 에너지를 단기 또는 장기 해결책에 쏟을 수 있지만, 둘 다에 쏟을 수는 없다. 단기 해결책에 쏟는 만큼 장기 해결책을 찾는 데 투입할 에너지는 고갈될 수밖에 없다.[2] 장기 해결책을 위한 공간을 확보하기 위해 단기 해결책이 필요할 때도 있지만, 내일 다시 불이 붙을 불길을 당장 잡는 데만 몰두하지 않도록 주의해야 한다. 똑같은 문제가 계속 반복되면 진정한 전진이 불가능해 보이므로 결국에는 지치고 낙담하게 되기 때문이다. 오늘 불을 꺼야 내일 우리가 불에 타지 않을 수 있다.

지금까지 살펴본 원칙과 안전장치 그리고 조언이 사회적 기본값의 유혹을 덥석 물지 않도록 도와줄 것이다.

해결책
탐색하기

문제가 명확해졌다면 이제 가능한 해결책, 즉 원하는 것을 가로막는 장애물을 극복하기 위한 방법을 생각할 차례다. 가능한 해결책을 찾는 방법 중 하나는 다양한 미래, 즉 나타날 수 있는 세상의 여러 모습을 상상하는 것이다.

의사결정 과정의 이 단계에서 가장 많은 사람이 저지르는 흔한 실수는 냉혹한 현실을 회피하는 것이다.

짐 콜린스는 저서 《좋은 기업을 넘어 위대한 기업으로 *Good to Great*》에서, 자신이 제임스 스톡데일 **James Stockdale** 해군 장군을 인터뷰한 내용을 소개한다. 베트남 전쟁 때 스톡데일은 악명 높은 호아로Hỏa Lò 포로수용소(비꼬아서 '하노이 힐튼Hanoi Hilton'이라고 불렸다)에 갇혀 있던 최고위 미군 장교였다. 그는 이곳에 갇혔던 8년간 20회 이상 고문을 당했고, 석방일이나 포로의 권리도 통보받지 못했으며, 과연 살아남아서 가족을 다시 볼 수 있을지도 불확실했다.

콜린스가 스톡데일에게 수용소에서 살아남지 못한 동료 포로들이 어떤 이들이었는지 묻자, 장군은 낙관주의자들을 지목했다. "음, 그들은 '크리스마스 때는 나갈 거야'라고 말하던 사람들이었죠. 그렇게 크리스마스가 왔다가 갔어요. 그러자 그들은 '부활절 때는 나갈 거야'라고 하더군요. 그렇게 부활절이 왔다가 갔죠. 그다음에는 추수감사절이 왔고 또다시 크리스마스가 찾아왔습니다. 그러는 사이 그들은 상심해 죽고 말았어요."

스톡데일 장군은 한참을 침묵하다가 콜린스를 바라보며 말했다. "이것은 매우 중요한 교훈이에요. 우리가 결국 승리할 것이라는 믿음만큼은 절대로 잃으면 안 되겠지만, 이런 믿음과 당면한 냉혹한 현실을 직시할 수 있는 절제력을 결코 혼동해서는 안 됩니다."[1]

콜린스는 승리에 대한 믿음과 냉혹한 현실을 직시하는 절제력을 결합해 '스톡데일 역설Stockdale Paradox'이라고 불렀다. 그는 낙관주의자들을 꾸짖던 스톡데일의 모습이 아직도 머릿속에 생생하다고 말했다. "우리는 크리스마스 때 나가지 못할 것이다. 현실을 직시하라!"

문제는 저절로 사라지지 않는다 ———

살아가면서 우리 모두는 어려운 문제에 직면하게 된다. 이때 인간의 기본값이 우리의 시각을 좁아지게 만든다. 기본값은 세상을 보는 우리의 시야를 좁히고 실제 상황이 아닌, 우리가 원하는 상황을 보게끔 유혹한다. 하지만 현실을 직시할 때만, 냉혹한 세상이 실제로 어떻게 작동하는지 그 진실을 마주할 때만, 우리가 원하는 결과를 얻을 수 있다.

어려운 문제에 대처하는 최악의 방식은 마법적 사고에 의지하는 것이다. 가령, 머리를 모래에 처박은 채 문제가 저절로 사라지거나 해결책이 저절로 나타나기를 바라는 것이다.

미래는 날씨와 다르다. 미래가 우리에게 우연히 나타나는 법은 없다. 과거의 선택이 현재의 모습을 규정한 것처럼 현재의 선택이 미래의 모습을 규정한다.

우리가 지금 있는 곳은 여기로 오게 된 과거의 선택과 행동을 반영한다. 우리의 인간관계가 원만하다면, 그렇게 되기까지 있었던 노력과 소통, 협상과 행운, (어쩌면) 치료 등으로 인한 결과일 것이다. 눈이 충혈되고 머리가 띵한 상태로 잠에서 깨어났다면, 전날 과음 때문에 잠을 설친 결과일 것이다. 현재 사업을 성공적으로 운영 중이라면, 상황이 매우 불확실했을 때 적시에 축소경영을 했거나 오히려 더 강하게 밀어붙였던 것의 영향일 것이다.

오늘 내리게 될 결정을 이처럼 되돌아볼 수 있다면, 과거에 대한 우리의 통찰력과 명확함으로 현재를 바라볼 수 있다면, 얼마나 좋을까! 철학자 쇠렌 키르케고르**Søren Kierkegaard**는 "삶은 뒤로만 이해할 수 있지만, 우리는 앞으로만 살아야 한다"고 했다.

그러나 다행히도 내일의 성찰력을 오늘의 예지력으로 전환할 수 있는 방법이 있다. 바로, 심리학자들이 '사전부검**premortem**'이라고 부르는 사고 실험이다. 이것은 새로운 개념이 아닌, 스토아 철학에서 유래한 것이다. 고대 철학자 세네카는 삶의 피할 수 없는 부침에 대비하기 위해 '최악의 예상**premeditatio malorum**'이라는 훈련법을 사용했다. 요점은 문제에 대해 걱정하는 것이 아니라 문제에 대비해 자신을 강화하는 것이다.

대처하기 가장 어려운 실패는 대비되지 않고 예상치 못한 실패다. 그러므로 실패가 실제 발생하기 전에 이를 예상해야 하고, 실패를 예방하기 위해 지금 행동해야 한다.

많은 사람은 자신의 문제 해결 능력이 부족하다고 생각하지만, 실제로는 문제 예상 능력이 부족한 것이다. 우리는 이미 많은 문제를 안고 있기 때문에 더 많은 문제에 대해 생각하고 싶어 하질 않는다. 우리는 나쁜 일이 닥치기 전에 경고와 준비할 시간이 있을 테니, 그때 대비 태세를 갖추면 되리라 생각한다. 그러나 세상은 그렇게 작동하지 않는다.

좋은 사람에게도 종종 나쁜 일이 닥친다. 우리는 예고 없이 해고당하기도 한다. 예고 없이 교통사고를 당한다. 상사가 갑자기 사무실로 들어와 야단친다. 세계적인 유행병이 빠르게 퍼진다. 이럴 때 경고는 없다. 준비할 시간도 없다.

사전부검을 한다고 해도 모든 재난을 면하지는 못할 수 있다. 하지만 이를 통해 얼마나 많은 재난을 면했는지 돌아보면 깜짝 놀라게 될 것이다. 이것의 작동 방식은 다음과 같다.

무엇이 잘못될 수 있을까?

무엇이 잘못될 수 있을지 상상한다고 해서 비관주의자가 되는 것은 아니다. 이런 상상은 대비에 도움이 된다. 잘못될 수 있는 일에 대해 미리 생각하지 않으면 속수무책으로 상황에 휘둘리게 된다. 두려움이나 분노, 공포 같은 감정에 사로잡히면 이성이 우리 곁을 떠난다. 그러면 그저 반응만 하게 될 뿐이다.

해독제는 다음과 같은 원칙이다.

> **나쁜 결과 원칙** 미래의 이상적인 결과만 상상하지 마라. 잘못될 수 있는 상황과 이런 일이 벌어질 때 어떻게 극복할 것인지도 상상하라.

가령, 다음 주에 이사회에서 프로젝트를 발표해야 한다고 하자. 이때 잘못될 수 있는 모든 상황을 상상하라. 기술적인 문제가 발생하면 어떻게 할까? 발표 자료가 사라지면? 이사들이 전혀 관심을 보이지 않으면 어떻게 하지?

모든 상황을 고려하라. 뜻밖의 사태가 벌어지지 않도록 하라. 세네카의 말처럼 "우리는 모든 가능성을 상상하고, … 일어날 수 있는 상황에 대처하는 정신을 강화해야 한다."[2]

나쁜 일이 발생할 때, 하던 일을 멈추고 대비 태세를 갖추기 위한 2분 경고 같은 것은 없다. 사태가 발생하는 즉시 우리는 이에 대처해야 한다. 최고의 결정권자는 언제든 나쁜 일이 닥칠 수 있으며 자신도 예외가 아니라는 것을 안다. 이런 사람은 즉흥적으로 반응하지 않는다. 벌어질 수 있는 일을 예상하고 비상 계획을 세운다.

최고의 결정권자는 늘 준비가 되어 있기에 자신감을 잃지 않는다. 벤처사업가 조시 울프Josh Wolfe가 즐겨 말하듯, "실패는 실패를 상상하는 데 실패하는 데서 비롯한다."[3]

요점은 다음과 같다. 잘못될 수 있는 상황에 대해 미리 생각하고 취할 수 있는 조치를 준비하는 사람은, 일이 계획대로 되지 않을 때 성공할 가능성이 더 크다.

자신의 대안을 평가하는 현명한 방법은 다음 원칙을 적용하는 것이다.

제2단계 사고 원칙   "그다음은?"이라고 자문하라.

문제 해결은 세상에 변화를 가져온다. 이런 변화가 우리의 장기 목표 달성에 부합할 수도 있고 그렇지 않을 수도 있다. 예를 들어, 배가 고파서 초콜릿 바를 먹으면 당장의 배고픔이 해결된다. 그러나 이 해결책은 파급효과를 낳는다. 즉, 한두 시간이 지나면 당분 섭취로 인한 무력감과 피로감이 몰려올 수 있다. 장기 목표가 그날 오후에 많은 일을 처리하는 것이라면, 초콜릿 바는 문제에 대한 최선의 해결책이 아니다.

물론 초콜릿 바 한 개를 먹는다고 해서 나의 식이요법이나 하루가 완전히 망가지는 것은 아니다. 허나 사소해 보이는 판단 오류를 평생 그리고 매일 반복한다면, 성공을 위한 위치에 서지 못할 것이다. 작은 선택이 쌓인다. 제2단계 사고가 필요한 것도 이 때문이다.

제2단계 사고

우리의 내면에서는 '현재의 나'와 '미래의 나'가 경쟁을 벌인다.* 미래의 나는 종종 현재의 나와 다른 선택을 원한다. 현재의 나는 바로 이 순간에 집중하는 반면, 미래의 나는 몇십 년

● 이것은 친구 크리스 스파링 Chris Sparling 과 대화를 나누다 떠오른 아이디어다.

을 내다볼 수도 있다. 이런 차이로 인해 각자 다른 시각으로 문제를 바라본다. 미래의 나는 사소해 보이는 선택이 쌓여서 생기는 이익이나 결과를 내다본다.

말하자면 현재의 나는 제1단계 사고를 하고 미래의 나는 제2단계 사고를 하는 것이다.

제1단계 사고는 당면 문제를 해결하려 하며 이런 해결책이 가져올 미래의 문제는 고려하지 않는다. 제2단계 사고는 문제를 처음부터 끝까지 살펴본다. 제2단계 사고는 당장의 해결책을 흘려버리면서 "그다음은?"이라고 묻는다.● 이 질문에 답하는 순간, 초콜릿 바가 더는 당기지 않게 된다.

최적의 문제 해결은 해결책이 단기 목표에 부합하는지뿐 아니라, 장기 목표에도 부합하는지를 고려할 때만 가능하다. 2차 결과를 고려하지 않으면 자신도 모르는 사이 잘못된 결정을 내리게 된다. 당면 문제의 해결만 생각하고 이런 과정에서 생기는 또 다른 문제를 충분히 고려하지 않으면 더 나은 미래를 보장할 수 없다. 이는 미국의 아프가니스탄 전쟁을 돌아보면 분명히 알 수 있다.

● 내가 이 아이디어를 처음 접한 것은 바로 이렇게 질문했던 개릿 하딘 Garrett Hardin 의 글에서였다. 자세한 내용은 다음을 참조하라. "Three Filters Needed to Think Through Problems," *Farnam Street* (blog), December 14, 2015, https://fs.blog/garrett-hardin-three-filters/.

아프가니스탄 재건 특별감사관Special Inspector General for
Afghanistan Reconstruction은 다음과 같이 보고했다.

> 미국이 구축한 많은 제도와 기반시설 프로젝트는 지속가능하지 않았
> 다. … 미국이 건설한 모든 도로와 미국이 훈련시킨 모든 공무원이 더
> 많은 개선을 위한 발판이 되어 마침내 재건 사업을 끝낼 수 있으리라
> 생각했다. 그러나 미국 정부는 종종 프로젝트의 장기적인 지속가능성
> 을 확보하는 데 실패했다. 프로젝트가 사용되지 않거나 황폐해지면서
> 수십억 달러의 재건 비용이 낭비되었다. 신속한 진전의 필요성 때문에
> 미국 관리들은 주둔국 정부의 역량과 장기적인 지속가능성은 거의 고
> 려하지 않은 채 단기 프로젝트를 찾아 실행하는 데만 몰두했다.[4]

이와 반대되는 제2단계 사고 원칙의 사례도 있다. 내 친구
에게는 거의 독학으로 데이터 과학자가 된 고객이 있었다(그
녀를 마리아라고 부르자).●▲ 그녀는 벤처기업계에서 승승장구해
기술회사의 꽤 성공한 임원으로 5년간 근무했다. 그러다 최근
에 회사가 파산하면서 그녀의 직책이 하룻밤 사이에 사라졌다.
  마리아의 목표는 가족을 위해 시간을 낼 수 있는 일정으로
재택근무를 하면서 임원급 연봉(연간 약 18만 달러)을 계속 버
는 것이다. 그녀는 이왕이면 사회적 책임을 다하는 회사에서

●▲ 이 사례는 '설계된 결정' 강좌에서 가져온 것이다.

일하고 싶다. 현재 은행에 10만 달러가 있고, 2년 내 취업을 원하지만 4년까지도 기다릴 수 있다. 현재 마리아는 원하는 것보다 적은 연봉의 일자리 2곳을 제안받았지만, 둘 다 썩 내키지 않는다. 취업 기회를 넓히기 위해 학교로 돌아가 석사 과정을 밟는 것도 고려 중이지만, 정규직으로 일하면서 가족을 위한 시간까지 내며 학업을 병행하기는 어려울 것 같다.

이제 몇 가지 가능한 해결책을 살펴보자. 마리아가 선택할 수 있는 대안은 다음과 같다.

- 학교로 돌아가 석사 학위 취득하기
- 연봉 9만 달러의 정규직 제안 수락하기
- 몇몇 컨설팅 업무 수행하기
- 다른 정규직 기회를 계속 찾기

이제, 이런 각각의 대안을 선택할 시 따르는 단기 결과를 살펴보자.

- 마리아가 학교로 돌아갈 경우: 일주일에 30시간 이상을 학교 관련 일에 쏟아야 할 수 있다. 그렇게 되면 유급 업무나 가족을 위해 쓸 수 있는 시간이 줄어들 것이다.
- 제안받은 정규직 자리를 수락할 경우: 돈도 벌고 공과금도 낼 수 있다. 원하는 금액보다는 훨씬 적지만 아껴 쓰면서 은퇴를 위해 더 많

이 저축할 수 있을 것이다.

- 컨설팅 업무를 수행할 경우: 불확실성이 크다. 현재 마리아는 자신의 서비스에 대한 수요가 얼마나 있을지, 이런 서비스를 통해 얼마나 벌 수 있을지 모른다.
- 다른 정규직 기회를 계속 찾을 경우: 이미 제안받은 일자리 2곳을 잃을 수 있다. 그녀는 조만간 답장해야 한다.

마리아가 선택할 수 있는 대안들의 단기 결과를 살펴보았다. 이제 제2단계 사고를 적용해 보자. 우리는 단기 결과의 결과, 즉 "그다음은?"이라는 질문에 대한 답을 고려해야 한다.

각 대안에 나쁜 결과 원칙을 적용해 모든 일이 잘될 때뿐 아니라 일이 잘못될 때도 생각해 보자.

마리아가 학교로 돌아갈 경우

- 일이 잘되었을 때: 학교에서 장학금을 받으며 훌륭한 인적 네트워크를 구축하고 기술을 습득함으로써 더 많은 기회가 열린다. 그럴 경우 새로운 문제는 그녀가 원하고 보수도 좋은 직책으로 전환하는 것이다.
- 일이 잘 안되었을 때: 실제 취직에 필요한 기술을 배우지 못하고 학업을 이어가느라 빚만 쌓이게 된다. 그럴 경우 새로운 문제는 이전보다 구하기가 어려워진 일자리를 찾으면서 빚뿐만 아니라 공과금

도 내야 하는 것이다.

학교로 돌아가는 것이 최선의 선택인지를 판단하려면, 다음과 같은 추가 정보가 필요하다는 것을 알 수 있다.

- 장학금을 받을 확률
- 해당 학교의 인적 네트워크와 사교 모임의 조직 수준
- 그녀가 습득할 기술이 취직에 도움이 될지 여부와 받을 수 있는 급료 수준
- 그녀가 습득할 새로운 기술로 18만 달러의 연봉을 받기까지 걸리는 시간

마리아가 제안받은 정규직 자리를 수락할 경우

- 일이 잘되었을 때: 원하는 것보다는 연봉이 적지만 회사에서 성장할 기회가 있다. 이 경우 적어도 3가지 새로운 문제가 발생한다. (1) 임금 격차를 줄이고 원할 때 퇴직할 수 있는 방법 찾기. (2) 회사에서 승진할 수 있는 방법 찾기. (3) 직장 밖에서 사회적 책임에 대한 그녀의 소망을 충족할 수 있는 기회 찾기.
- 일이 잘 안되었을 때: 흥미도 없고 원하는 것보다 돈도 적게 버는 직장에 다닌다. 이 경우 새로운 문제는 전혀 새로울 게 없다. 약간의 수입만 생길 뿐 지금과 거의 같은 상황에 처할 것이기 때문이다.

이제 제안받은 정규직 자리를 수락하는 것이 최선의 선택인지 판단하려면, 다음과 같은 추가 정보가 필요하다.

- 해당 일자리가 그녀의 마음에 들 확률
- 새 회사에서 승진할 수 있는 기회 여부
- 이 일자리를 통해 원할 때 이직할 수 있는 경험을 쌓을 기회 여부
- 해당 일을 하면서 학교로 돌아가거나 컨설팅 업무를 수행할 수 있는 가능성 여부

마리아가 컨설팅 업무를 수행할 경우

- 일이 잘되었을 때: 자신의 사업을 운영하면서 더욱 유연하게 생활할 수 있다. 이 경우 새로운 문제는 사업을 확장할 방법을 찾는 것이다.
- 일이 잘 안되었을 때: 컨설팅을 제공할 기회가 아주 드물고, 들어온 채용 제안도 놓치게 된다. 이 경우 새로운 문제는 다음 대책을 강구하는 것이다. 그녀는 지금과 같은 위치에서 운신의 폭만 좁아질 수 있다. 새로운 제안을 수락할 만한 시간적 여유가 없기 때문이다.

이제 마리아가 이 대안을 평가하려면 다음과 같은 추가 정보가 필요할 것이다.

- 그녀의 현재 지식과 기술만으로 돈을 벌 수 있을지 여부
- 예상 수입

마리아의 사례는 제2단계 사고의 중요성을 잘 보여준다. 이는 도래할 수 있는 미래의 문제를 피하는 데 유용할 뿐만 아니라, 더 나은 결정을 위해 필요한 정보와 전에는 필요한 줄 몰랐던 정보에도 눈을 뜨게 해준다. 우리는 가만히 앉아서 필요한 정보가 나를 찾아줄 것이라 여기기 쉽다. 하지만 그런 일은 결코 일어나지 않는다!

문제 탐색 단계의 안전장치

해결 방안을 몇 가지 생각했다고 우리의 맹점이 사라진 것은 아니다. 2가지 대안만 고려한다면 이분법적 사고를 하는 것이다. 선택 상황을 처음 접할 때는 문제가 간단해 보인다. 가령 제품을 출시하거나 출시하지 않을 수 있다. 새 직장을 구하거나 그러지 않을 수 있다. 결혼을 하거나 안 할 수 있다. 이는 '하거나 하지 않기'라는 흑백논리다. 중간이란 것이 없다.

그러나 이러한 사고방식에는 한계가 있다. 몇몇 결정은 이것 아니면 저것을 선택하는 문제로 보일지 모르지만, 이런 경우에도 종종 또 다른 대안이 있다. 최고의 결정권자는 이 점을

잘 알고 있다. 이들에게 이분법적 사고란, 문제를 완전히 이해하지 못했다는 신호다. 우리는 종종 문제를 완전히 이해하기도 전에 문제의 규모를 축소하려고 한다.

문제를 자세히 탐색하기 시작하면 처음에는 상황이 더 복잡해지지만, 문제를 충분히 이해하고 나면 적절한 대안이 눈에 들어온다.

문제 해결의 초보자는 결정을 2가지 대안으로 축소하려 하는데, 그렇게 하면 문제의 핵심에 도달했다는 착각이 들기 때문이다. 그러나 실제로 이들은 생각을 멈췄을 뿐이다. 생각을 멈춰서는 안 된다! 대가들에게는 보이는 명백한 문제의 복잡성이 초보자에겐 보이지 않는다. 대가들은 복잡성 뒤에 숨은 단순함을 본다. 역사가 프레데릭 메이틀랜드Frederic Maitland는 다음처럼 말했다. "단순함은 힘들고 오랜 작업의 최종 결과이지 출발점이 아니다." 문제를 흑백의 해결책으로 축소할 경우, 자신이 초보자인지 아니면 대가인지 확인할 필요가 있다.

이것은 효과적인 문제 해결의 다음 원칙과 관련된다.

> **3+ 원칙** 문제에 대해, 적어도 3가지 가능한 해결책을 반드시 탐색하라. 2가지 대안을 두고 고려 중이라면 하나를 더 찾아라.

이분법적 프레임은 수동적이고 편리하다. 하지만 세 번째 대안을 추가하기 위해 작업할 때야 비로소 창의력을 발휘해 실제 문제를 파헤칠 수 있다. 설령 세 번째 대안을 선택하지 않더라도 그것을 찾기 위한 노력을 하면서 문제를 더 잘 이해하게 된다. 이를 통해 우리의 목표에 걸맞은 결정을 내릴 기회가 늘어나고 미래에 더 많은 선택권을 누리게 되며 앞으로 우리가 내릴 결정에 더 만족하게 될 것이다.

이분법적 사고에 대한 2가지 안전장치가 있는데, 첫 번째는 다음과 같다.

> **안전장치**　대안 중 하나는 논외라고 상상하라. 고려 중인 대안을 한 번에 하나씩 살펴보면서 '만약 이것이 불가능하다면 어떻게 할 것인가?'라고 자문하라.

동료와 사이가 좋지 않은 직장에서 어떻게 할지 고민 중이라고 가정해 보자. 이분법적 사고에 따르면, 머물거나 떠나야 한다. 이 중 한 대안이 논외라고 상상하면 문제가 다르게 보인다. 무슨 이유에서든 직장을 그만둘 수는 없다고 상상해 보라. 그러면 머물 수밖에 없다. 이제 우리는 새로운 렌즈를 통해 상황을 바라볼 수밖에 없다. 동료와 갈등이 있더라도 매일 출근하는 것이 더 즐거워지려면 어떻게 해야 할까? 직장에 남아서 우리의 목표에 더 가까워지려면 어떻게 해야 할까? 앞으로 더 많은 선택권을 확보해 무력감에 빠지지 않으려면 어떻게 해야 할까? 어쩌면 직장에 머물기 위해 상사나 동료와 그동안 나누지 못했던 어려운 대화를 해야 할지 모른다. 어쩌면 다른 부서로 전근 요청을 해야 할지 모른다. 어쩌면 상사에게 재택근무가 가능한지 물어봐야 할지 모른다.

이제 이 상황을 다른 각도에서 살펴보자. 무슨 이유에서든 직장에 남을 수는 없다고 상상해 보라. 그러면 떠날 수밖에 없다. 그러면 어떻게 하겠는가? 오래된 고객에게 전화해 혹시 도움이 필요하지 않느냐고 물어야 할까? 인적 네트워크에 있는 사람들에게 연락해 혹시 그쪽 회사에 자신을 소개해 줄 수 있는지 묻겠는가? 더 나은 일자리를 찾을 때까지 모든 가능성을 시도해 보아야 할까?

우리가 원할 때 원하는 것을 할 수 없는 경우가 종종 있다. 직장을 그만두는 일도 그럴 수 있다. 하지만 그렇다고 해서 대안이 없는 것은 아니다. 우리는 언제나 앞으로 나아가기 위해, 원하는 것을 더 많이 얻고 원치 않는 것을 줄일 수 있는 더 나은 위치에 다가가기 위해, 무언가를 할 수 있다. 직장을 그만둘 수는 없어도 직장 환경을 개선할 수는 있다. 머물 수 없으면 떠날 준비라도 할 수 있다. 문제의 프레임을 바꾸면 다음 단계가 보인다.

다음을 명심하라. 문제를 완전히 이해하기도 전에 이분법적 사고에 갇히는 것은, 맹점을 만드는 위험한 단순화다. 잘못된 이분법에 빠지면 생각을 바꿀 수 있는 대안 경로와 다른 정보를 보지 못하게 된다. 반면, 분명해 보이는 2가지 대안 중 하나를 제거하면 문제의 프레임이 바뀌어 또 다른 대안이 보인다.

이분법적 사고에 대한 두 번째 안전장치는 다음과 같다.

> **안전장치** 둘 다 가능한 대안을 찾아라. 이분법적 대안을 결합할 방법을 찾아라. X 또는 Y 중 하나를 선택하는 대신, X와 Y 모두 가능할 수는 없는지 생각하라.

토론토 로트만 경영대학원Rotman School of Management의 전 학장 로저 마틴Roger Martin은 이 기법을 가리켜, '통합적 사고integrative thinking'라고 했다.[5] 대립하는 듯 보이는 이분법적 대안과 씨름하는 대신, 둘을 결합하는 것이다. 이렇게 하면 지나치게 단순한 이분법적 대안이 둘 다 가능한 통합적 대안으로 바뀐다. 비용을 절감하는 동시에 더 나은 고객 경험에 투자할 수 있다. 직장에 머무는 동시에 부업을 시작할 수 있다. 주주에게 배당금을 지급하는 동시에 환경을 보호할 수 있다.

소설가 F. 스콧 피츠제럴드F. Scott Fitzgerald는 다음과 같이 말했다. "일류 지능에 대한 시험은 대립하는 2가지 생각을 동시에 마음속에 품고도 제대로 작동할 수 있는 능력이다. 이를테면 절망적인 상황이라는 것을 알면서도 상황을 바꾸려고 결심할 수 있어야 한다."

다만 나는 피츠제럴드와 달리, 일류 지능이 없어도 둘 다 가능한 대안을 찾을 수 있다고 생각한다. 결합형 해결책을 찾는 능력은 영재들만의 전유물이 아니다. 이는 우리가 배우고 사용할 수 있는 기술이다. 그저 아무도 가르치지 않았을 뿐이다. 핵심은 대립하는 생각의 장점이 결합된 해결책이 보일 때까지 둘 사이의 불편한 긴장을 감수할 줄 아는 것이다. 이것이 통합적 사고의 핵심이다.

이것은 어려울 수 있다. 하지만 거의 언제나 가능한 사고방식이다. 우리가 통합적 사고를 꽤 잘할 때는 휴가 일정을 계획할 때다. 우리는 휴가를 함께 보낼 모든 사람에게 무엇을 하고 싶은지 물어본 다음, 모든 것을 갖춘 곳을 찾으려고 노력한다. 휴양지나 유람선 여행이 다양한 종류의 활동 가능성을 제공하는 것도 이 때문이다. 즉, 다양한 활동이 가능할수록 다양한 관심을 가진 집단에게 더욱 매력적이기 때문이다. 예를 들면, 이런 프로그램을 선택하면 해변과 수영장 사이에서 힘들게 선택할 필요가 없다. 둘 다 가능하기 때문이다.

업무를 포함한 삶의 다른 영역에도 똑같은 사고를 적용할 수 있다. 만족스럽지 못한 직장에 대한 해결책은 언뜻 보기와 달리, 머무느냐 떠나느냐의 이분법적 선택의 문제가 아니다. 직장에 머무는 동시에 인적 네트워크 가동을 시작할 수도 있다. 구직 활동을 하는 동시에 저녁에는 학교를 다니면서 새로운 기술을 습득할 수도 있다. 창의적인 사업 구상을 실행에 옮기는 동시에 현재 직장에서 창의력을 발휘할 기회를 얻기 위해 더 많은 것을 할 수도 있다.

로저 마틴은 이것을 다음처럼 표현했다. "대립하는 아이디어를 활용해 새로운 해결책을 구성하는 사상가는 한 번에 한 모델만 고려할 수 있는 사상가보다 본질적으로 유리하다." 옳다. 통합적 사고를 하는 사람은 유리한 위치에 설 뿐만 아니라 전통적인 사고방식으로부터 자유롭기 때문에 기하급수적으로 이득을 얻는 경향이 있다.

호화로운 포시즌스Four Seasons 호텔 체인을 만든 이사도어 샤프Isadore Sharp를 생각해 보자. 샤프의 첫 번째 건물은 토론토 교외 길가에 있는 작은 호텔이었다. 그의 두 번째 건물은 도심에 있는 대형 컨벤션 호텔이었다. 이 두 건물은 각각 당시의 일반적인 사업 모델을 따르고 있었다. 즉, 하나는 개인 서비스에 초점을 맞춘 소규모 사업이었고, 다른 하나는 편의시설에 초점을 맞춘 대규모 사업이었다. 당시 호텔업계는 이분법적 사고에 갇혀 있었다. 그러나 샤프는 둘 중에 하나를 선택하는 대신, 소규모 호텔의 친밀함과 대형 호텔의 편의시설을 결합했다. 이를 통해 그는 새로운 운영 방식을 창조했을 뿐만 아니라, 역사상 가장 성공적인 호텔 체인 중 하나를 만들어 냈다.

개인 삶에서도 둘 다 가능한 사고의 혜택을 누릴 수 있다. 가령 우리는 종종 내 동반자가 우리의 정서적 욕구를 100% 충족해 주기를 기대한다. 이는 그것이 누구이든 매우 많은 것을 요구하는 것이며 이로 인해 실망스러운 결과가 초래될 경우 관계의 위기에 직면하게 된다. 이때는 "머물러야 할까, 아니

면 떠나야 할까?"라고 묻는 대신 다음처럼 물어라. "내 동반자
가 채워주지 못하는 정서적 욕구의 일부를 채워줄 수 있는 사
람이 없을까?" "직장에서 내 속마음까지 쉽게 털어놓을 수 있
는 동료가 없을까?" "내 관심사를 공유하거나 이 수업을 함께
들을 친구가 없을까?"

우리 삶에 새로운 사람을 추가하는 방안을 고려하면, 둘 다
가능한 대안이 우리에게 열리기 시작한다. 그래서 "머물러야
할까, 아니면 떠나야 할까?" 같은 인간관계의 통상적인 이분법
대신 "내 동반자가 잘하는 것 외의 것들을 도와줄 수 있는 누
군가를 내 삶에 추가할 수 있을까?"라고 묻기 시작해야 한다.

우리에게는 많은 추가 대안이 필요한 것은 아니다. 정말로
좋은 몇 가지 대안만 있으면 된다. "X 또는 Y 중 하나"를 고려
중인 사람은 진퇴양난의 좁은 길로, 즉 이분법적 결정의 길로
들어선 것이다. 그럴듯한 또 다른 대안을 찾아 추가하려고 열
심히 노력하면 이전에는 고려하지 않았던 해결책이 보이기 시
작할 것이다.

기회비용

더 나은 사고란 이미 아는 물음에 대한 답변으로 우리의 뇌를
채우는 것이 아니다. 무엇을 언제 해야 하는지를 암기하는 것

도 아니다. 또 다른 사람으로 하여금 나를 대신해 생각하게 하는 것도 아니다. 이것은 명백한 것 너머를 보는 것, 혹은 보이지 않던 것을 보는 것이다.

현실 세계는 절충으로 가득하며 그중에는 명백한 것도 있고 숨겨진 것도 있다. 기회비용은 결정권자가 종종 평가에 어려움을 겪게 되는 숨겨진 절충이다. 모든 결정에는 하나 이상의 절충이 포함되어 있다. 원하는 모든 것을 항상 할 수는 없기에, 하나를 선택하면 보통 다른 것을 포기해야 한다. 이러한 이유로 훌륭한 결정권자와 그렇지 않은 결정권자를 가르는 요인이 하나 생기는데, 바로 숨겨진 절충을 평가하는 능력이다. 이는 지도력의 핵심 요소이기도 하다.

찰리 멍거는 이를 다음과 같이 표현했다. "똑똑한 사람들은 기회비용을 토대로 결정을 내린다. … 중요한 것은 우리의 대안이다. 관건은 우리의 결정 방식이다."[6]

사고력을 향상한다는 것은 이미 접했던 물음에 대한 답변을 그저 알게 되는 것이 아니다. 이것은 미리 결정된 일련의 조치를 암기하는 것도, 나를 대신에 생각해 주는 누군가를 의지하는 것도 아니다. 이것은 표면적인 수준 너머로 더 깊이 파고들어 우리의 시야에서 숨겨진 것을 발견하는 것이다.

대다수의 사람은 얻을 수 있을 것 같은 이익에만 초점을 맞춰 하나의 대안을 선택하고, 잃을 수도 있는 요인은 무시하면서, 다른 대안은 포기한다. 그러나 이런 비용을 평가하는 능력

이야말로 훌륭한 결정권자와 그렇지 않은 결정권자를 가른다.

　내가 좋아하는 사례가 하나 있다. 미국의 강철왕 앤드루 카네기Andrew Carnegie에 관한 이야기다. 젊고 경험이 부족했던 카네기가 펜실베이니아 철도회사에서 일하던 시절, 열차 사고로 철도 차량들이 선로에 흩어지고 전체 시스템이 마비되는 사건이 발생했다. 상사가 자리를 비운 상황이라 카네기가 사고 처리 방법을 결정해야 했다. 흩어진 차량들을 모으고 정비하면 많은 화물을 건질 수는 있겠지만, 시간이 오래 걸리고 비용도 많이 들 것이었다. 특히 이렇게 작업할 경우 며칠간 모든 열차 운행을 중단해야 했다. 카네기는 며칠간 전체 시스템을 중단시키는 것이, 화물과 차량의 정비 비용보다 더 큰 손해라는 사실을 깨달았다. 그래서 그는 상사의 이름으로 서명한 다음과 같은 쪽지를 보냈다. "이 차량들을 모두 불태우세요!" 카네기의 결정을 전해 들은 상사는 즉시 이 방법을 향후 유사한 비상 상황에 대처하는 정식 절차로 규정했다.[7]

　기회비용에 기초한 사고는, 사업과 삶에 적용할 수 있는 가장 효과적인 방법 중 하나다. 대안을 탐색하는 최적의 방법은 모든 관련 요인을 고려하는 것이다. 이렇게 하려면 반드시 기회비용을 고려해야 한다.

　기회비용과 관련된 2가지 원칙이 있는데, 첫 번째는 다음과 같다.

> **기회비용 원칙** 특정 대안을 선택할 때 어떤 기회를 포기하게 되는지 살펴보라.

이와 밀접하게 관련된 두 번째 원칙은 다음과 같다.

> **3개 렌즈 원칙** 다음 3개 렌즈를 통해 기회비용을 살펴보라.
> (1) 무엇과 비교한 기회비용인가?
> (2) 그다음은?
> (3) 그 대가는 무엇인가? ●

보통은 첫 번째 렌즈가 우리의 기본값이다. 비용은 직접적이고 가시적이기 때문이다. 자동차 구매를 예로 들어보자. 대다수 사람은 결정의 범위를 몇 가지 대안으로 상당히 신속하게 좁힌다. '테슬라Tesla는 멋지고 연비도 좋은데, 장거리 여행에 적합할까? BMW는 근사하고 적재 공간이 넓긴 한데, 가스 구동 차량은 구식 아닐까? 4만 2,000달러짜리를 살까, 3만 7,000달러짜리를 살까?' 이 두 모델을 비교할 때 우리는 5,000달러를 더 지급하면 어떤 기능이 추가되는지에 초점을 맞추면서, 다른 두 렌즈를 통해 대안을 살펴보는 일은 잊어버

● 이 3가지는 워런 버핏, 찰리 멍거, 피터 카우프먼의 아이디어를 결합한 것이다.

린다.

두 번째 렌즈를 통해 대안을 살펴볼 경우, 우리는 특정 대안을 선택한 후 발생할 수 있는 추가 비용을 고려하게 된다. 가령 테슬라의 충전 방법이나 연간 예상 운영비, 내구성, 연간 예상 장거리 주행 횟수 등이 그것이다. 세 번째 렌즈를 통해 대안을 살펴볼 경우, 이 5,000달러로 그 밖에 무엇을 할 수 있을지를 고려하게 된다. 가족 휴가? 이 돈을 투자해 받을 수 있는 배당금? 담보대출을 갚아 절약할 수 있는 금액? 실직할 경우를 대비한 비상금? 이런 식으로 3개의 렌즈를 통해 살펴보면 더 나은 결정을 내리는 데 도움이 된다.

고려할 기회비용에 돈만 있는 것은 아니다. 그저 돈이 가장 직접적이고 가시적이기에 이에 초점을 맞추는 경향이 있을 뿐이다. 이런 사람들은 눈에 쉽게 띄는 것이 가장 중요하다고 생각한다. 그러나 많은 경우 기회비용에 기초한 사고의 진정한 가치는 간접적으로 숨겨진 비용을 이해하는 데 있다.

시간은 돈만큼 쉽게 눈에 띄지 않지만, 돈만큼 중요하다. 자녀가 성장해 이사해야 한다고 가정해 보자. 교외로 이사하면 아이들을 위해 큰 마당이 있는 더 큰 집을 구할 수 있다. 게다가 시내의 작은 복층 아파트에 비해 가격도 더 저렴할 것이다. 이쯤 되면 벌써 많은 사람이 교외로 이사할 경우 얼마를 절약할 수 있을지 계산하면서 새집 문턱을 처음으로 밟는 행복한 상상에 빠진다. 그러나 이런 사고방식은 첫 번째 렌즈를 통해서만 상황을 바라본 것이다. 교외 생활 시 들어가는, 아직은 덜 명백한 비용은 보지 못했다. 이런 것들은 다른 2개 렌즈를 적용할 때 비로소 더 명확하게 보이기 시작하기 때문이다.

이제 두 번째 렌즈를 적용해 보자. 교외의 넓은 집을 구한다고 가정하자. "그다음은?" 이 대안을 선택하면 생활환경이 어떻게 달라질까? 우선 출퇴근이 달라질 것이다. 어쩌면 출근과 퇴근 시간이 예측 가능한 30분에서 예측 불가능한 1시간 30분으로 늘어날 수도 있다.

이제 세 번째 렌즈를 적용해 보자. "그 대가는 무엇인가?" 출퇴근에 추가로 2~3시간이 소요됨에 따라 내가 할 수 없게 되는 것은 무엇인가? 자녀나 배우자와 함께 보내는 시간이 줄어도 괜찮은가? 그들과 함께 있지 못해서 놓치게 되는 것은? 출퇴근 시간을 활용해 새로운 언어를 습득하거나 훌륭한 문학 작품을 읽는 것이 좋을까, 아니면 운전하면서 겪는 불만과 스트레스를 견디는 것이 좋을까? 장기적으로는 어떤 대안이 나의 정신과 신체 건강에 더 좋을까?

> **조언** 기회비용을 평가하는 것이 어렵다면, 때로는 기회비용에 가격을 매기는 것이 도움이 될 것이다. 가령, 매일 출퇴근에 추가로 소요되는 2~3시간에 가격을 매기면 기회비용을 더 잘 볼 수 있고 더 쉽게 평가할 수 있다.

단, 기회비용을 평가하기 어려운 것에 가격을 매기는 것은 도구일 뿐이라는 점을 명심하라. 다른 도구와 마찬가지로 이 역시 몇몇 작업에는 유용하지만 모든 작업에 그런 것은 아니다. 이런 도구는 그저 보이지 않는 것을 보이게 만들려는 시도일 뿐이다. 자칫 가격을 매겼다가 주요 요인들 간의 균형이 심하게 왜곡될 수도 있으니 유의하라. 아인슈타인은 다음과 같이 말했다고 한다. "셀 수 있는 모든 것이 중요한 것은 아니며, 중요한 모든 것이 셀 수 있는 것도 아니다." 뒤에서 우리는 가장 현명한 결정권자들이 '값을 매길 수 없는' 요인을 어떻게 평가하는지 살펴볼 것이다.

대안
평가하기

지금까지 우리는 몇 가지 잠재적인 해결책에 관해 자세히 살펴보았다. 각 해결책은 효과가 있을 법한 행동 방침을 제안한다. 그다음으로 해야 할 것은 대안들을 평가해 더 나은 미래를 만들 가능성이 가장 큰 대안을 선택하는 것이다. 여기에는 다음과 같은 2가지 요소가 관련된다. (1) 대안을 평가하는 기준. (2) 기준을 적용하는 방법.

문제마다 고유한 기준이 있다. 기회비용, 투자수익률return on investment, ROI, 원하는 결과의 확률 등 비교적 공통된 기준도 있지만, 그 밖에도 다양한 기준이 있다. 문제를 이해하면 기준이 명백해진다. 최근에 우리 집은 보수 공사를 했다. 이때 내가 적용한 기준은 공사팀의 경험과 이용 가능성, 과거 프로젝트로 입증된 속도, 작업 능력 등이었다.

기준을 정하는 것이 어려운가? 그렇다면 문제를 제대로 이해하지 못했거나 기준이 갖추어야 할 일반적인 특징을 이해하지 못해서일 수 있다. 특징은 다음과 같다.

명확성	기준은 간단명료하고 전문용어가 포함되지 않아야 한다. 12세 어린이에게도 설명할 수 있는 정도가 가장 이상적이다.
목표 촉진	기준은 당신이 원하는 목표를 달성하는 데 필요한 대안이어야 한다.
결정력	기준은 딱 1가지 대안만 지지해야 한다. 여러 대안이 동점이 되면 안 된다.

대안을 평가하기 위한 기준이 이런 조건을 충족하지 못하면 의사결정 오류가 생길 수 있다. 기준이 너무 복잡하면 적용하기 어렵다. 기준이 애매하면 자신에게 맞는 방향으로 멋대로 해석하게 된다. 그러면 결국 자신이 원하는 것이나 자신의 현재 기분에 따라 기준을 적용하게 된다. 결국, 의사결정 과정이 감정 기본값의 놀이터가 되는 것이다.

직장에서도 마찬가지다. 결정을 내릴 때 기준이 애매하거나 전문용어로 가득 차 있으면 기준의 의미에 대한 끝없는 논쟁이 벌어진다. 모든 사람이 관련 단어와 문구를 동일한 의미로 이해할 것이라고 생각하겠지만, 실제로는 그렇지 않다. 사람들은 자신의 정의가 맞으리라 가정한다. 그럴 수도 있지만 아닐 수도 있다. 내가 생각하는 '전략적'이란 단어의 의미가 다른 사람에게는 전혀 다른 의미일 수 있다. 이처럼 애매한 기준으로 인해 결정권자는 누가 옳고 누가 그른지를 구별하는 데 에너지를 쏟게 되고, 어떤 잠재적 해결책이 최선인지 살피는 대신 의미 논쟁에 빠지게 된다.

때로는 그 기준이 목표 달성을 촉진하지 않는 경우도 있다. 사회적 기본값이 작동할 때 이런 일이 종종 발생한다. 흔한 예를 들자면, 팀장이 후보자의 자격이 아닌, 개인적인 성격적 호감에 따라 채용이나 승진 여부를 결정할 때가 이에 해당한다. 그러나 다정한 성격과 일을 잘하는 것은 다른 문제다. 다정한 성격이 인사 결정의 기준이 되면, 대개 조직의 목표 달성에 도움이 되지 않는다.

기준이 엉뚱한 목표를 촉진할 때도 있다. 가령, 회사에 장기적으로 최선인 목표 대신 팀이 가장 빨리 해낼 수 있는 것을 목표로 삼는 경우가 해당한다. 1986년 1월. 이와 같은 비극적인 사례가 발생했다.

몇 주 후면 우주왕복선 챌린저호가 이륙할 예정이었다. 미국항공우주국 나사NASA는 이 우주왕복선을 우주에서 상업적·과학적 임무를 믿음직스럽게 수행할 수단으로 확립하고

자, 매우 야심 찬 발사 일정을 계획했다. 백악관과 일정을 맞춰, 로널드 레이건Ronald Reagan 대통령의 연두교서 연설일에 우주왕복선을 발사하기로 한 것이다. 전국의 많은 학교가 우주에서 전송되는 최초의 과학 수업을 듣기 위해 줄을 서는 모습을 담은 극적인 미디어 이벤트도 계획했다.

그러나 발사 며칠 전, 비행 준비 회의를 하던 챌린저 프로젝트 계약업체 모튼 티오콜Morton Thiokol 사의 기술자들이 소리를 지르며 눈물을 흘렸다. 발사 당일의 예상 온도가 너무 낮아서 우주 왕복선의 패킹용 고무가 제대로 작동하기 어렵다는 것을 알게 된 것이다. 패킹용 고무가 제대로 작동하지 않으면 처참한 결과가 초래될 것이었다. 문제를 해결하거나 발사일의 온도가 더 따뜻해지려면 시간이 필요했기에 그들은 나사에 발사 연기를 요청했다. 그러나 그 요청은 거절당했다. "그들의 제안을 듣고 저는 경악을 금치 못했습니다"라고 한 나사 임원이 말했다. "도대체 언제 발사하기를 원하는데요? 오는 4월쯤이요?"라고 또 다른 임원도 말했다.[1]

1980년대를 살았던 사람이라면 대부분 그날 일어난 일을 기억할 것이다. 챌린저호는 이륙 후 73초 만에 폭발했다. 발사일을 결정하는 기준은 당연히 신속한 처리가 아니라, 안전이라는 목표 달성을 촉진하는 것이어야 했다.

우리는 관성 기본값 때문에 목표 달성에 도움이 되지 않는 기준을 채택하기도 한다. 가령 고위 경영진이 시장 상황의 변화를 감지하지 못할 때가 있다. 이런 경우 새로운 상황을 이해하고 이에 맞게 기준을 조정하는 데 시간을 들여야 하는데도, 현시점 목표 달성 촉진에 도움도 안 되는 과거의 기준을 계속 사용하곤 한다.

그런가 하면 기준의 결정력이 부족한 경우도 있다. 대안의 범위를 좁히는 데 도움이 되지 않는 기준은 쓸모가 없다. 결정력이 부족한 기준은 결정권자가 문제를 완전히 이해하지 못한 채 자신이 틀릴지도 모른다는 두려움에 사로잡혀 있다는 또 다른 신호다. 결과에 대한 책임을 지고 싶지 않거나 자신이 무엇을 원하는지가 불분명한 사람은 사회적 기본값에 휘둘리기 쉽다.

친구들과 저녁을 먹기 위해 식당을 선택하는 상황을 생각해 보자. 누가 멕시코 음식을 먹자고 먼저 제안하면 "나는 어젯밤에 멕시코 음식 먹었는데"라고 대꾸하는 사람이 꼭 있다. 누가 "샐러드는 어때?"라고 제안하면 "샐러드로는 배가 안 차는데"라고 대꾸하는 사람도 분명 있다. 이처럼 자신이 원하지 않는 것만 말하는 대화가 끝없이 이어지면, 결국에는 모두 너무 배가 고파서 제일 간편한 것을 선택하게 된다. 나는 이런 우스꽝스러운 광경을 대단히 자주 목격했다(다음번에는 내가 그럴지도 모른다!).

부정적이기만 한 기준은 많은 경우, 결정력이 없다. 이런 기준으로는 대안의 범위가 하나로 좁혀지지 않는다. 그래서 결국에는 우연히 또는 되는대로 최종 선택이 이루어진다. 옛말에도 이런 말이 있지 않은가. "어디로 가고 싶은지 모르면 아무 길이나 상관없다."

그럼, 반대로 친구들과 어디에서 식사할지를 결정하려고 하는데, 각자가 원하지 않는 것이 아닌 원하는 것을 말한다고 가정해 보자.

"나는 걸어서 10분 거리에 있으면서 샐러드가 나오는 곳이면 좋겠어."
"나는 햄버거를 파는 곳이면 좋겠어."
"나는 빨리 먹을 수만 있다면 무엇이든 좋아."

이 경우 결정을 훨씬 빠르게 할 수 있으며, 자신이 원하는 것을 얻는 사람도 더 많아질 것이다.

가장 중요한 것 정의하기

모든 기준이 똑같이 중요한 것은 아니다.

100가지 변수가 있을 수 있지만 이것들 전부가 똑같이 중요하지는 않다. 무엇이 중요한지가 분명하면 대안을 평가하기도 쉬워진다. 우리는 자신이 틀릴까 봐 가장 중요한 것을 선택하기를 망설인다.

결정권자가 무엇이 가장 중요한지를 밝히지 않으면, 사람들은 무엇이 중요한지를 추측할 수밖에 없다. 사람들은 결정권자가 문제를 대신 해결해 주기를 바란다. 이렇게 되면 결정권자는 자신이 중요하고 필요한 존재라고 느끼겠지만, 그와 동시에 동료들이 해야 할 온갖 결정까지 내리느라 정신이 없게 된다.

사실 많은 경영자가 본인이 병목 구간이 되는 것을 은근히 즐긴다. 이들은 팀이 자신을 의지하고 있다는 느낌을 받는 걸 좋아한다. 이런 느낌에 속아 넘어가면 안 된다! 이런 식으로 작동하는 자아 기본값 때문에 더 멀리 나아갈 수 있는 범위가 제한된다. 자아 기본값은 우리 자신이 최고라고 속삭인다. 아주 똑똑하고 능숙하며 통찰력이 뛰어난, 오직 나만이 결정을 내릴 수 있다고. 그러나 여기에 속으면 팀이 최고 능력을 발휘하는 데 나 자신이 방해가 될 뿐이다.

이 교훈을 얻기까지 나는 비싼 수업료를 치렀다. 팀을 인수한 후, 나는 팀원들이 무슨 결정을 내리기 전 일일이 내게 확인받는 행동에 깜짝 놀랐다. 그들의 이런 행동은 전임 매니저 시절, 확립된 방식이었다.

나는 의사결정 속도를 높이기 위해 결정 사항을 다음과 같은 3개 상자로 분류하는 시스템을 고안했다.

1. 팀장의 의견을 듣지 않고도 팀원들이 내릴 수 있는 결정
2. 팀장이 팀원들의 판단을 재확인할 수 있도록 먼저 상의한 후 내릴 수 있는 결정
3. 팀장이 직접 내릴 결정

그러나 문제는 사라지지 않았다.

몇 달 후, 나는 이 일을 두고 멘토와 상의했다. 그가 내게 물었다. "팀원들이 자신이 내려야 하는 결정과 자네가 내려야 하는 결정을 알 수 있을까? 그 상자들이 명확한가?" 나는 그렇다고 답변했다. "그런데 일의 특성상 팀장 부재 시엔 셋째 상자의 결정을 저 없이 팀원이 내려야 할 때가 있긴 해요. 저희가 가장 큰 문제에 봉착할 때도 이럴 때예요. 팀원들에게 그 정도의 능력까진 없는 것 같아요."

나의 대답에 멘토가 다시 캐물었다. "팀원들이 가장 중요한 게 무엇인지 알고 있나?" "무슨, 말씀이신지…. 가장 중요한 것은 사안마다 다르죠." 나는 몇 가지 결정 유형과 다양한 변수를 나열했다. 멘토가 내 말을 잘랐다. "내 얘기는 그게 아니야. 자네가 무엇을 가장 중시하는지 팀원들이 알고 있어?" 나는 망설였다. 그가 내 눈을 똑바로 바라보았다.

"셰인, 자네는 본인이 무엇을 가장 중시하는지 알고 있나?" 나는 멍하니 그를 쳐다보았다. 멘토가 한숨을 내쉬었다. "문제는 자네 팀이 아니야, 자네가 문제지. 무엇이 가장 중요한지 모

르고 있잖아. 자네가 모르면 팀원들이 앞으로도 팀장 없이 결코 스스로 결정을 내리지 못할 거야. 그들이 가장 중요한 것을 결정하기엔 부담이 너무 크거든. 팀에 가장 중요한 것이 무엇인지 이야기해야 비로소 팀원들도 스스로 결정을 내릴 수 있을 걸세."

"그러다 잘못된 결정을 내리면요?" "가장 중요한 것을 토대로 결정을 내리면 잘못될 수가 없어." 그는 잠시 멈추었다가 천천히 이야기했다. "많은 사람이 이 분야에서 한계에 부딪히는 까닭은 바로 이 점을 모르기 때문이지."

그날 나는 3가지 중요한 교훈을 얻었다. 첫째, 나는 팀원들이 스스로 결정을 내리지 못하기 때문에 어떻게 결정을 내릴지 일일이 알려주어야 한다고 생각했다. 그러나 고려할 수백 가지 변수를 제시하는 대신, 가장 중요한 하나에 집중했어야 했다. 둘째, 팀원들이 가장 중요한 사안을 고려해 결정했음에도 일이 잘못될 경우, 내가 화를 내서는 안 된다. 팀장이 화를 내면 팀원들은 절대로 스스로 결정을 내리지 못할 것이다. 세 번째 교훈이 가장 결정적이다. 셋째, 가장 중요한 것이 무엇인지 나도 몰랐다. 그래서 팀원들에게 이를 말할 수 없었던 것이었다.

평가 단계의 안전장치

어떤 프로젝트와 목표, 회사이든 가장 중요한 것은 단 하나다. 가장 중요하다는 것이 2가지 이상이 되면 명료하게 사고하지 못한 것이다. 이것이야말로 리더십과 문제 해결의 중요한 측면이다. 다른 모든 기준보다 중요한 1가지 기준을 선택해서 팀원들이 이해할 수 있게 설명해야만, 팀원들이 스스로 결정을 내릴 수 있다. 이것이 진정한 리더십이다. 팀원들이 어떤 가치에 기초해 결정을 내리면 되는지 분명히 해야 한다. 가장 중요한 것이 고객 서비스라고 팀원에게 말하면, 그는 팀장 없이도 결정할 수 있다. 설령 팀원이 나쁜 판단을 내렸어도 그것이 고객을 최우선으로 생각한 결과라면, 그를 비난해선 안 된다. 팀장이 원하는 것을 했기 때문이다.

단, 무엇이 가장 중요한지 알아내려면 기술이 필요하다. 그리고 기술을 연마하는 데는 연습이 필요하다. 그 방법은 다음과 같다.

이 연습에는 접착식 메모지를 사용하는 것이 좋다. 먼저 메모지마다 대안을 평가할 때 중요하게 여기는 1가지 기준을 적어라. 가령, 나는 쇼피파이 전자상거래 분야에서 가장 크고 가장 뛰어난 디자인회사 중 하나인 픽셀유니온Pixel Union 사에 투자하기로 결정하기 전, 내게 있어 중요한 몇 가지 기준을 적었다. 그것은 다음과 같았다.

- 직원, 고객, 주주 모두에 이익이 되는 회사여야 한다.
- 사업이 축소되지 않고 성장하는 회사여야 한다.
- 동업자가 내가 신뢰하는 사람이어야 한다.
- 내 목록에 있는 사람들을 관리하거나 새로 추가할 필요가 없어야 한다.
- 부채가 없어야 한다.
- 일정한 투자수익률을 올릴 확률이 높아야 한다.

그 밖에도 더 많은 기준이 있었지만, 이 정도면 이해하기에 충분할 것이다. 기준들 간 싸움을 붙일 예정이므로 반드시 메모지에는 딱 1가지 기준만 적어야 한다.

이렇게 기준을 기록한 메모지들 중에서 가장 중요해 보이는 기준을 선택해 벽에 붙여라. 그런 다음 다른 기준을 집어라. 둘을 비교하면서 "이 둘 중에서 반드시 1개만 선택해야 한다면 어느 쪽이 더 중요할까?"라고 자문해 보라.

픽셀유니온 사 투자 여부를 고민하는 나의 사례로 다시 돌아가 보자. 첫 번째 싸움은 '일정한 투자수익률 올리기' vs. '내 목록에 있는 사람들을 관리하거나 새로 추가할 필요가 없음'이 될 수 있다.

이 둘 중에서 하나만 골라야 하는데, 이렇게 생각해 보라. '일정한 투자수익률을 올리려면 사람들을 관리해야 함' vs. '사람들을 관리하지 않으면 수익이 줄어듦'. 이 둘 중에서 하나를 골라야 한다면 어느 쪽을 선택할 것인가? 나라면, 사람들을 관리해야 하더라도 더 많은 돈을 버는 쪽을 선택할 것이다. 그런 결론에 이르렀다면 이 기준을 한 단계 올린다.

물론 나에게 사람들을 관리할 마음이 한정적일 수 있다. 이렇게까지 따지면 시간이 너무 많이 걸리기에 순서를 바꿔도 된다. 이를 위해서는 다음 단계인 수량 추가가 필요하다. 기준들끼리 싸움을 붙여 보면 수량 추가의 유용성을 확인할 수 있을 것이다. 싸움을 붙인 기준마다 수량을 추가해 보자.

예를 들어, 투자수익률이 연간 최소 20%일 경우 내가 사람들을 관리하거나 직접 나서는 데 주당 5~10시간을 추가로 사용할 마음이 있다고 가정해 보자. 만약 내가 주당 10시간을 추가로 투자해야 한다면 투자수익률은 연간 최소 15%가 되어야 할 것이다. 그리고 만약 내가 주당 20시간을 추가로 투자해야 한다면 시간의 기회비용 때문에 기대 수익과 상관없이 더 이상 고려할 가치가 없을 것이다.

이런 식으로 2가지 기준의 순서를 정했다면, 다음 쌍으로 이동한다. 위에서 아래로 이동하면서 기준들 간 우선순위 싸움을 붙이고 이 과정에서 필요한 경우 수량을 추가하면 된다.

이렇게 연습하다 보면 한 쌍의 기준을 바라보면서 "굳이 이 둘 중에서 하나를 골라야만 할까?" 싶을 수 있다. 그래도 어쨌든 싸움을 붙여라! 요점은 이것들을 구체적으로 비교하는 것이 아니라, 어느 쪽이 더 중요한지 알아내는 것이다. 경우에 따라 현실에서 2가지 기준이 모두 충족될 수도 있다. 예를 들어, 사회적 책임감이 있는 회사에 투자해 높은 투자수익률을 올리거나 일주일에 세 번 외식을 하면서도 몸매를 유지하거나 주머니 사정에 맞으면서도 아주 좋은 위치에 있는 집을 구입할 수도 있다. 그러나 실제로 어떤 대안을 추구하다 보면 특정 기준을 다른 기준보다 아주 조금이라도 더 중시해야 하는 경우가 종종 생긴다. 기준들 간의 싸움 붙이기는 대개 회색의 미묘한 차이를 평가하는 것과 같다. 이는 반응 모드에서 벗어나 신중한 사고로 나아가기 위한 정신 훈련이다.

기준에 정량적 가치를 부여하는 것이 이런 측면에서 도움이 된다. 사물을 비교하면서 이것에 얼마를 (그것이 돈이든 시간이든 집단지능이든 상관없이) 투자할지를 생각해 보면, 자신에게 가장 중요한 것과 그렇지 않은 것이 분명해진다. 편익과 위험의 관점에서 점차 생각하게 되고 이전에는 보이지 않던 비용 등이 보이기 시작한다. 이런 모든 이유에서 기준들 간 싸움 붙이기는 객관성과 정확성을 향해 나아가고 자신에게 가장 중요한 것이 무엇인지를 드러내는 데 도움이 된다.

기준들과 이것들의 중요한 순서를 정했으면 이제 이를 대안에 적용할 차례다. 그러려면 대안에 대한 정보가 필요한데, 정보는 관련성과 정확성 이 두 조건을 충족해야 한다.

대다수 정보는 관련성이 없다

결정과 관련된 정보를 얻으려면 다음을 명심하라.

> **타깃 원칙** 데이터를 분류하기 전, 무엇을 찾는지부터 파악해야 한다.

무엇을 겨냥해야 하는지 모르면 과녁을 맞출 수 없는 것처럼, 무엇을 찾는지 모르면 아무것도 발견할 수 없다. 무엇이 중요한지 모르면 관련 있는 것들은 놓치고 관련이 없는 것들에만 많은 시간을 허비하게 된다.

대다수 정보는 관련성이 없다. 무엇을 무시해야 하는지를 아는 것, 즉 신호와 잡음을 구별하는 것이 소중한 시간을 허비하지 않는 비결이다. 예를 들어, 투자 결정에 관해 생각해 보라. 최고의 투자자는 어떤 변수가 확률적으로 결과를 좌우하는지 알고 있으며 이런 변수에 주의를 기울인다. 그 밖의 모든 것을 무시하지는 않지만, 주로 이런 변수에 초점을 맞추면 방대한 양의 정보는 매우 빨리 걸러낼 수 있다.

정보의 흐름이 멈추지 않는 세계에서 중요한 것과 그렇지 않은 것을 신속히 구별할 수 있는 사람은, 매우 유리한 위치에 서게 된다.

무엇을 무시해도 되는지 알면 중요한 것에 집중할 수 있다. 최고의 투자자들은 정보를 분류하기 전에 대안 평가에 중요한 변수가 무엇인지 안다.

출처에서 정확한 정보 얻기

정확한 정보를 얻으려면 하이파이 HiFi 원칙과 하이엑스 HiEx 원칙을 알아야 한다. 첫 번째 하이파이 원칙은 특정 상황 안에서 가능한 최고의 정보를 찾는 데 도움이 되며, 두 번째 하이엑스 원칙은 특정 상황 밖에서 가능한 최고의 정보를 찾는 데 유용하다.

> **하이파이 원칙** 되도록 출처에 가깝고 타인의 편향과 이해관계에 의해 여과되지 않은 고충실도 high-fidelity, HiFi 정보를 얻는다.

결정의 품질은 사고의 품질에 직접적으로 좌우된다. 사고의 품질은 정보의 품질에 직접적으로 좌우된다.

많은 사람이 모든 정보 출처를 마치 똑같이 타당한 것처럼 취급한다. 그러나 그렇지 않다. 모든 사람의 의견을 듣는 것이 중요할 수는 있지만, 그렇다고 모든 의견을 똑같이 중시하거나 똑같이 반영해야 하는 것은 아니다.

우리가 소비하는 많은 정보는 하이라이트, 요약 또는 발췌된 형태로 제공된다. 이는 지식의 환상이다. 우리는 해답은 알아도 그 과정을 제시하지는 못한다.

영양사와 상의하는 경우를 생각해 보라. 영양사는 수년간의 경험과 지식을 우리가 먹을 음식과 실천할 행동 목록으로 압축한다. 우리가 해답을 요구한다면 영양사가 우리에게 무엇을 얼마나 먹어야 하는지 알려줄 것이다. 그러나 이는 추상적인 지식이다. 마치 초등학교 6학년 수학 시간으로 돌아가 옆 사람의 답을 베끼는 것과 같다. 설령 그게 정답이라고 해도 우리는 이것이 왜 정답인지 모른다. 이는 정보를 제대로 이해하지 못한 것이며, 이해하지 못한 정보는 위험하다.

이 같은 추상적인 지식 덕분에 시간을 절약하고 의사결정이 나아지리라 생각할 수도 있다. 하지만 그렇지 않은 경우도 많다. 요약본을 읽는 것이 전체 문서를 읽는 것보다 내용 파악에 있어 속도는 빠르겠지만 많은 세부사항을 놓치게 된다. 세부사항이 정보를 요약한 사람에겐 중요하지 않더라도 우리에겐 중요할 수 있다. 요약한 정보만 읽다 보면 시간을 절약한 대가로 중요한 정보를 놓치게 된다. 이처럼 훑어보기는 뜻하지 않은 맹점을 낳는다.

정보는 마음의 양식이다. 오늘 얻은 정보가 내일의 해결책을 좌우한다. 입으로 들어가는 음식에 대한 책임이 우리에게 있는 것처럼, 마음속으로 들어가는 정보에 대한 책임도 우리에게 있다. 매일 정크푸드만 먹으며 건강할 수 없는 것처럼, 저질 정보만 소비하면서 좋은 결정을 내릴 수는 없다. 고품질 입력이 고품질 출력으로 이어진다.

추상적인 지식에 대한 욕망은 자연스러운 것이다. 매일 쏟아지는 정보의 양이 우리를 압도하는 것처럼 느껴질 수 있다. 그러나 정보가 출처에서 멀어질수록 우리에게 도달하는 동안 더 많은 필터를 거치게 된다. 추상적 지식을 먹으며 사는 것은 정크푸드를 먹으며 사는 것과 같다. 추상적 지식은 영양이 빈약한 정크푸드처럼 정보량이 적기에 배울 것도 많지 않다.

진정한 지식은 습득한 것이고, 추상적 지식은 남에게서 그저 빌린 것이다. 결정권자는 원래 문제에서 이미 여러 단계를 거친 출처의 정보와 관찰을 입수하는 경우가 너무 많다. 이런 추상적 지식에 의존하면 자아 기본값이 장난을 치기 쉽다. 자아 기본값이 지식의 환상을 불러일으키기 때문이다. 그래서 문제를 제대로 이해하지도 못하면서 문제 해결에 대한 자신감이 든다.

나쁜 정보로는 좋은 결정을 내릴 수 없다. 실제로 팀원들이 이해되지 않는 결정을 내릴 때, 그 결정의 근거가 팀장이 가진 것과 다른 정보에 기초했을 가능성이 크다. 정크푸드를 먹으면 결국 건강에 해로운 것처럼, 나쁜 입력이 결국 나쁜 결정을 낳는다.

그렇다면 더 나은 정보는 어떻게 얻을 수 있을까?

문제에 가장 가까이 있는 사람이, 문제에 관한 가장 정확한 정보를 가지고 있을 때가 많다. 보통 이런 사람에게 부족한 것

은 더 넓은 시각이다. 맥도날드 체인점에서 일하는 사람은 그
저 몇몇 데이터를 분석하는 사람보다 식당에서 반복적으로 생
기는 문제의 해결 방법을 더 잘 안다. 그저 해결책을 더 큰 그
림에 끼워 넣지 못할 뿐이다. 즉, 이들은 문제가 다른 곳에서도
발생하는지, 해결책을 전 세계적으로 적용할 경우 득보다 실
이 더 많지는 않은지, 이런 아이디어를 모든 사람에게 어떻게
전달해야 하는지 등을 알지 못한다.

　내 친구 팀 어번Tim Urban은 이 개념을 적절한 비유를 섞어
다음처럼 설명했다. 레스토랑에는 보통 주방장과 일선 조리사
가 있다.[2] 둘 다 레시피에 따라 요리한다. 일이 계획대로 진행
되면 요리 과정이나 결과에 차이가 없다. 그러나 일이 잘못되
면 주방장은 그 이유를 알지만, 일선 조리사는 모를 때가 많다.
주방장은 다년간의 경험과 실험 및 성찰을 통해 깊은 이해를
쌓았기 때문에 문제가 발생하면 일선 조리사보다는 주방장이
이를 진단할 수 있다.●

　역사를 통해 알 수 있듯이, 위대한 사상가들은 모두 직접 수

● 　경영학자 나심 탈레브Nassim Taleb의 '영역 의존성 domain
　dependence'도 비슷한 개념이다. 이에 따르면 특정 영역의 초보
　자는 답을 알아도 그것을 이해하지 못하기 때문에 일이 제대
　로 돌아가지 않을 때 문제를 분석하고 해결할 능력이 없다. 또
　한 초보자는 언뜻 똑같아 보여도 아주 똑같지는 않은 문제에
　자신의 지식을 적용하지 못한다.

집한 정보를 이용했다. 그들은 경험의 전선에서, 또는 모범 사례의 면밀한 연구를 통해 비싼 수업료를 치르면서, 지식을 습득했다. 그들은 가공되거나 여과되지 않은 정보를 찾아 과감하게 세상 속으로 뛰어들어, 세상과 직접 상호작용 했다.

이탈리아의 천재적 예술가이자 과학자이기도 한 레오나르도 다빈치Leonardo da Vinci가 좋은 사례다. 그가 평생 쓴 일기에는 그가 올바른 정보를 얻기 위해 얼마나 노력했는지가 생생하게 기록되어 있다. 가령, 그는 다음과 같이 썼다. "삼각형의 면적을 구하는 방법을 알려줄 산술의 대가를 찾자." 또는 "롬바르드족Lombard의 방식으로 자물쇠, 수로, 방앗간을 수리하는 방법을 알려줄 수력학의 대가를 찾아야지."

위대한 사상가들은 고품질 정보의 중요성과 추상적 지식의 한계를 잘 알고 있다.

정보가 조직 상층부로 올라갈수록 정보의 품질이 떨어지고 미묘한 차이가 뭉개지는 경향이 있다. 어린아이들의 전화 놀이를 생각해 보라. 첫 번째 사람이 한 문장을 다음 사람에게 귓속말로 전하면 이야기를 들은 사람이 그다음 사람에게 그 내용을 귓속말로 전달한다. 이렇게 한 학급의 절반 정도가 지나면, 원래 문장과 전혀 다른 메시지가 된다. 특정한 누군가가 내용을 크게 바꾸지 않더라도 전달하는 사람이 많아질수록 작은 변화가 쌓여 큰 변화가 되기 때문이다. 정보가 조직을 통해 이동할 때도 마찬가지다. 정보가 개인의 이해 수준, 정치적 입장, 편향 등과 같은 많은 필터를 거치게 되는 것이다. 원본에 있던 세부사항이 추상 작용을 통해 사라지고 신호가 애매해진다. 이처럼 정보 전달의 다양한 이점을 누리다 보면 결국에는 상황이 더 복잡해진다.

인간이 신뢰할 수 없는 정보전달자라는 것만 문제가 아니다. 또 다른 문제는 추상적 지식에 담길 수 있는 정보에 한계가 있다는 점이다. 도로 지도를 생각해 보라. 도로 지도는 실제 지형의 추상적인 묘사다. 실제 지형에는 바위나 식물, 동물, 도시, 바람, 날씨 등을 비롯한 수많은 것이 포함된다. 그러나 우리가 이런 지형의 지도를 만들 때는 모든 것을 묘사하는 대신 도로, 강, 지리적 경계와 같이 많은 이가 관심을 가지는 것만 묘사한다. 특징들만 원본에서 떼어 내어 잘 보이게 묘사하는 것이다(실제 '추상하다abstract'란 단어에는 '어디에서 떼어 내다to pull away from'라는 의미가 있다).

물론 관심 밖의 사안들을 제거했기에 지도가 유용한 것이기도 하다. 다만 이런 과정의 어느 지점에서 누군가가 자신의 관심사에 따라 무엇이 유용하고 무엇이 유용하지 않은지를 결정했다. 만약 당신의 관심사가 그와 다르다면 어떻게 해야 할까? 인구 밀도나 지층이 관심사라면 어떻게 해야 할까? 도로 지도는 이런 특징을 묘사하기 위해 설계된 것이 아니므로 당신에게 별로 유용하지 않을 것이다.

지도의 예는 다른 추상적 지식에도 적용된다. 추상적 지식은 본질적으로 설계자의 관심에 따라 설계된 것이다. 설계자의 관심이 우리의 관심과 다르다면 설계자의 추상적 지식은 우리에게 필요한 정보를 제공하지 않을 것이다. 마찬가지로 간접 출처에서 얻은 정보는 해당 출처의 관심사에 따라 여과되었을 가능성이 크다. 우리의 관심사가 해당 출처의 관심사와 다를 가능성이 크므로 해당 출처의 요약이나 하이라이트 및 서술에는 우리의 결정에 도움이 될 중요한 정보가 누락되어 있을 가능성도 크다.

나는 대기업의 CEO 밑에서 일하면서 정확한 정보의 중요성을 깨달았다. 모든 정보가 나를 거쳐서만 그의 책상 위에 놓였다. 어느 이른 아침, 나는 CEO의 직속 부하 중 한 명으로부터 프로젝트에 영향을 미치는 기술적 문제에 관한 이메일을 받았다. CEO에게 이 문제를 보고하자 그는 간단히 다음과 같이 물었다. "그 정보를 어디서 얻었나?" 나는 해당 부서를 담당하는 부사장에게서 들었다고 답했다. 그러자 그의 얼굴이 순식간에 실망스러운 표정으로 바뀌었고, 잠시 침묵이 흘렀다.

마침내 침묵을 깬 그가 부드러운 목소리로 자신이 내리는 결정은 자신의 정보만큼만 좋을 수 있다고 말했다. 그는 가공되지 않은 하이파이 정보를 얻지 못하고 있었다. 조직에서 일하는 사람들이 실수를 덮거나 그럴듯하게 포장해서 전달하는 경향이 있다는 것을 그도 잘 알고 있었다. 그리고 이런 필터로 인해 상황이 분명해지는 게 아니라, 더 애매해질 때가 많다는 것도 알았다.

더 나은 결정을 위해서는 더 나은 정보가 필요하다. 가능하면 언제라도 직접 깨닫고 직접 보고 직접 해봐야 한다. 때때로 최고의 정보가 가장 전달되기 어렵다.

하이파이 정보가 더 나은 대안을 제시한다 ─────

미국의 장군 조지 마셜George Marshall은 아주 유능하고 이타적인 지도자였다. 부대의 복지를 신경 쓰던 그는 하이파이 정보를 소중히 여겼기에, 늘 출처를 찾아 나섰다.

제2차 세계대전 중 어느 시점에 미국 육군성과 태평양 공군 사령부는 곤란한 상황에 빠졌다. 조종사들이 비행을 거부했기 때문이었다. 마셜이 받은 보고에 따르면, 비행기와 관련해 뭔가 문제가 있는 듯했다. 비행기 부품의 문제는 아니었다. 요청한 대로 모든 부품을 받았기 때문이다. 마셜은 조종사들이 비행기의 개조를 원하는지 물었다. 미군 비행기는 일본군의 제로기Zero보다 무겁고 기동성이 떨어졌기 때문이었다. 그는 비행기의 무게를 줄이기 위해 장갑을 벗기도록 지시했다. 그러나 그것이 문제가 아니었다. 조종사들은 이를 원치 않았다.

마셜은 무엇이 문제인지를 이해하기 위해 더 많은 노력을 기울였다. 사령관과도 면담했지만 특별한 것이 없었다. 그래서 평소 하던 대로 누군가를 보내서 "상황을 둘러보고 그들이 떠드는 이야기뿐 아니라 보고되지 않은 것들은 없는지 살펴보라"고 지시했다. 상황을 살펴보기 위해 본부에서 파견된 이를 좋아하는 사람은 없다. 사령관부터 일선 조리사까지 모두가 께름칙하게 여겼다. 그러나 마셜은 문제의 핵심에 접근하기 위해서는 현장의 눈과 귀가 필요하고, 출처를 직접 찾아가야만 답을 얻을 수 있다는 사실을 알고 있었다.

얼마 후 마셜의 직속 부하가 발견한 것이 있었다. 공군 지상 요원들이 모기에 무방비로 노출되어 있다는 것이었다. 정비사들은 밤마다 벌레를 끌어들이는 전등을 켠 채 비행기에서 작업하느라 모기의 먹잇감이 될 수밖에 없었다. 그래서 항말라리아제를 늘 끼고 살았는데, 조종사들이 이런 정비사의 작업을 믿을 수 없어서 비행을 거부한 것이었다.

모기 방어망이 확실한 본부에서 일하는 사람들은 현장에서 실제로 무슨 일이 벌어지고 있는지 알 도리가 없었다. 그들은 탄약과 부품, 식량 같은 전투 보급품에만 집중했고 모기장은 꿈에도 생각지 못했다. 그러나 마셜은 하이파이 정보를 바탕으로 전투 보급품의 일부를 취소하는 대신 모기장을 확보하라고 지시했다. 이렇게 문제가 해결되었다!

마셜 장군은 원 출처에 접근해야만 문제를 이해하고 해결할 수 있다는 것을 알았다. 그래서 그는 끊임없이 최전선을 직접 누비거나 신뢰하는 사람을 보내 실제 상황을 살피게 했다.[3]

하이파이 정보인지 확인하라 —————

하이파이 정보가 얼마나 중요한지 알았으니, 이제 이를 확실히 얻기 위한 안전장치를 살펴볼 차례다.

> **안전장치** 실험하라. 어떤 결과가 나오는지 확인하기 위한 시험을 해보라.

작은 위험 부담으로 중요한 정보를 수집할 수 있는 방법이, 바로 실험이다. 예를 들어 사람들이 어떤 제품을 위해 돈을 지급할지 알고 싶으면, 제품을 만들기에 앞서 판매부터 시도하면 된다. 터프트앤니들Tuft & Needle 사에서 일하는 내 친구들이 바로 이렇게 했다. 이 회사는 폼 매트리스를 소비자의 집 앞까지 직접 배송한 최초의 회사 중 하나였다. 어느 날 나와 커피를 마시면서 그들은 초창기 시절 놀라운 이야기를 들려주었다. 사업 아이디어를 검증하기 위해 그들은 웹사이트의 대문 페이지를 만들고 페이스북Facebook 광고를 몇 개 구매한 후, 주문을 받기 시작했다. 당시 그들에겐 제품이나 회사도 없었다. 그저 사람들이 그들이 만들 폼 매트리스를 구매할지 확인하고 싶었다. 주문을 받기 시작한 지 며칠이 지나자, 사람들이 이 제품을 구매하리라 예상하기에 충분한 증거가 수집되었다. 그들은 고객의 모든 주문을 환불 처리하고 공식적으로 회

사를 시작했다. 이 사례가 다소 변칙적일 수는 있으나, 제품이
나 서비스에 대한 수요가 충분한지 판단하는 데 다양한 방법
으로 실험할 수 있다.

> **안전장치** 정보 출처의 동기와 이익을 평가하라. 모든 사람이 제한된
> 시각으로 사물을 바라본다는 점을 명심하라.

사람들의 동기와 이익을 평가하는 것은, 직접 확인할 수 없
을 때 특히 중요하다. 다른 사람의 정보와 의견에 의지할 수밖
에 없는 처지일 때는 그 사람이 상황을 바라보는 시각에 대해
신중하게 판단해야 한다. 누구나 제한된 시각으로 문제를 바
라본다. 누구에게나 맹점이 있다. 결정권자는 다른 사람들의
시각을 종합해 현실에 더 가까이 접근할 수 있어야 한다.

사람들이 정보나 사실이라고 여기는 것의 상당 부분은 그
저 의견에 불과하거나 많은 의견과 뒤섞인 약간의 사실일 뿐
이다. 가령 내가 집을 팔려고 하면, 은행이나 부동산 중개인,
구매자의 중개인, 내 친구, 주택평가사, 인터넷, 정부 등의 모
든 관계자가 내 판매 행위에 대해 서로 다른 생각을 가질 것이
다. 이들은 저마다 상황의 일부만 본다. 이들은 각자의 동기와
이익에 따라 세상을 다르게 바라본다. 구체적인 현실을 더 명
확하게 이해하려면 이런 사람들이 우리에게 제공하는 정보를
통해 어떤 이익을 얻을지 고려해 이런 시각들을 종합할 줄 알

아야 한다. 우리의 시각은 세상을 바라보는 렌즈와 같다. 우리가 그들의 안경을 쓰면 그들이 보는 것을 볼 수 있고 그들이 느끼는 것을 더 잘 추측할 수 있다. 단, 안경에 있는 맹점 때문에 종종 중요한 정보를 놓치거나 사실과 의견을 혼동할 수도 있다. 따라서 그 모든 안경을 써 본다면 그들이 놓치는 것을 볼 수 있다.

다른 사람들로부터 정보를 얻을 때는 열린 마음을 유지해야 한다. 이는 우리의 판단을 최대한 보류한다는 의미이기도 하다. 우리는 종종 자신의 판단과 신념, 시각 등에 따라 다른 사람을 평가함으로써 정보 수집 과정을 약화시킨다. 중요한 것은 논쟁이나 이의 제기가 아니다. 사람들의 이야기를 판단하고 틀렸다고 말하면, 그들이 마음을 닫게 되고 결국 자유로운 정보 흐름이 막힌다. 정보를 수집할 때는 다른 사람의 눈으로 세상을 볼 줄 알아야 한다. 그들의 경험과 그들이 이런 경험을 어떻게 처리하는지 이해하려고 노력해야 한다. 우리는 그들의 세계관에 동의하지 않더라도 그들로부터 소중한 정보를 얻을 수 있다. 질문을 던지고 자신의 생각은 홀로 간직하면서 다른 이들의 시각에 계속 호기심을 품어라.

> **안전장치** 다른 사람들로부터 정보를 얻을 때는 자세한 답변을 얻을 수 있는 질문을 하라. 사람들의 의견만 묻지 말고 왜 그렇게 생각하는지도 물어라.

사람들에게 특정 상황에서 무엇을 해야 할지 물으면 정답을 얻을 수 있지만, 왜 그래야 하는지에 대해서는 모를 수 있다. 가령, 지방정부 실무팀에서 프로젝트를 위한 소프트웨어 개발자를 고용하려 하는데, 실무팀이 관련 경험이 없어서 어떤 인재를 찾아야 할지 모른다고 해보자. 실무팀원 A는 개발자 친구에게 다음과 같이 묻는다. "이 프로젝트를 위해 어떤 사람을 고용해야 할까?" 그런데 실무팀원 B는 다음과 같이 말한다. "소프트웨어 개발자를 고용하려고 하는데, 네 조언을 듣고 싶어. 어떤 기술이 중요하고 어떤 기술은 일하면서 배울 수 있을까? 그리고 그 이유는? 최고 실력자는 어디에서 찾을 수 있을까? 이런 기술을 시험하려면 어떻게 해야 하지?"

팀원 B가 첫 번째 대화에서 적절한 인재를 추천받지 못할 수도 있다. 그러나 결국에는 더 나은 후보를 발견할 확률이 훨씬 높다. 이유는 다음과 같다. 팀원 B는 특정 사례의 세부사항이 아니라 이 영역의 의사결정에 도움이 되는 원칙에 대해 물었다. 그는 다른 사람이 습득한 지식에 대해 질문하면서 그것을 자신의 것으로 만들었다.

의사결정에서 우리의 목표는 무엇인가? 그저 정보를 수집하는 것이 아니라, 결정에 중요한 정보를 수집하는 것이다. 이를 위해서는 개별 정보의 수집 이상이 필요하다. 즉, 개별 정보의 배후에 있는 이유와 과정, 다시 말해 해당 분야의 훌륭한 결정권자가 사용하는 원칙을 이해해야 한다.

이런 원칙에 접근하려면 적절한 질문을 던져야 한다. 나는 다음과 같은 세 유형의 질문을 추천한다.

질문 1 만약 선생님이 제 입장이라면 결정을 내릴 때 어떤 변수를 고려하시겠어요? 이런 변수들은 서로 어떤 관계에 있나요?

질문 2 혹시 이 문제에 대해 제가(또는 다른 사람들이) 모르는 것을 알고 계신가요? 선생님의 경험을 토대로 초보자에겐 보이지 않는 어떤 것을 볼 수 있을까요? 대다수 사람이 놓치고 있는 것은 무엇인가요?

질문 3 만약 선생님이 제 입장이라면 어떤 과정을 통해 결정을 내리시겠어요? 그것을 어떻게 하시겠어요? (또는 선생님의 어머니/친구에게 어떻게 하라고 말씀하시겠어요?)

이런 질문이 다음과 같은 상투적인 질문과 어떻게 다른지에 주목하라. "내 문제는 이거야. 어떡하지?" 던지는 질문에 따라 얻을 수 있는 정보의 품질이 달라진다는 점을 명심하라.

전문가에게 정확한 정보 얻기

지금까지 우리는 하이파이 정보를 얻는 것이 얼마나 중요한지 살펴보았다. 정확한 정보를 얻기 위한 두 번째 원칙은 전문성이 큰, 하이엑스high-expertise, HiEx 정보를 얻는 것이다.

> **하이엑스 원칙** 특정 분야의 지식 및 경험이 많은 사람과 여러 분야의
> 지식과 경험이 있는 사람으로부터 모두 전문성이 큰 정보를 얻어라.

　문제에 가까이 있는 사람을 찾기 어려울 때는 최근에 비슷한 문제를 해결한 사람을 찾아라. 여기서 '최근'이라는 단어에 유의할 필요가 있다. 전문가의 구체적인 조언을 원한다면 우리가 해결하려는 문제를 바로 얼마 전에 해결한 사람을 찾는 것이 좋다. 해당 문제를 20년 전에 해결한 사람에게 방법을 물으면 구체적이고 효과적인 지식을 얻지 못할 가능성이 크다. 최근의 전문가가 필요하다고 해서 요즘 TV에 자주 출연해 떠드는 사람을 뜻하는 것은 아니다. 이런 사람은 대부분 실제 전문가가 아니다.

　전문가는 우리가 가진 정보의 정확성을 높이고 이런 정보를 얻는 데 걸리는 시간을 절약할 수 있게 해준다. 한 전문가의 조언만 듣더라도 많은 혼란을 없애고 신속하게 대안을 정하거나 제거하는 데 도움이 된다.

　정보기관에서 코딩을 시작했을 때 나는 전문가 조언의 가치를 몸소 깨달았다. 그것은 내가 배웠던 코딩 지식과는 매우 다른 경험이었다. 학교에서는 기본적으로 구글로 검색해서 조합하는 것이 가능했다. 이미 오래전에 문제를 해결한 사람들

이 있었고 해결책도 크게 달라지지 않았다. 그러나 정보기관에서의 일은 훨씬 더 어렵고 힘들었다. 보안상의 이유로 코딩작업을 구글로 검색하는 것이 금지되었을 뿐더러, 설령 구글검색이 허용되었다고 해도 그리 도움이 되지는 않았을 것이다. 아무도 해본 적이 없는 것을 시도하고 있었기 때문이다.

그렇게 몇 달이 지났을 때, 나는 문제에 부딪혔다. 정말로 막혀버렸다! 어렸을 때도 여러 사람의 조언을 듣긴 했지만, 조언이 없더라도 내가 더 열심히 노력하면 결국에는 스스로 알아낼 수 있다고 생각했다. 그렇게 며칠이 지났다. 그런 다음 또 몇 주가 흘렀다. 그러나 나는 여전히 문제를 이해할 수 없었다. 그래서 결국 고개를 숙이고 이전에 비슷한 문제를 다뤘던 사람을 찾아가 내가 막힌 부분을 설명했다.

"작업한 코드를 한번 볼까요?" 그가 말했다. 내 코드를 살핀 그가 20분도 되지 않아 무엇이 잘못되었는지를 진단했다. 문서에 언급된 사태와 몇몇 극단적인 실제 사태 사이에 미묘한 차이가 있었다. 대다수 사람은 이 같은 극단적인 경우에 직면하지 않기에 문서 어디에서도 이 문제가 언급되지 않았다. 그러나 이 사람은 같은 문제에 부딪혀 이를 극복한 경험이 있었고 문제를 해결하기까지 오랜 시간이 걸렸다고 했다. 그는 자신이 힘들게 얻은 지식을 기꺼이 내게 알려주었다.

괜히 고집스럽게 몇 주를 허비했다는 사실에 조금은 허탈했지만, 이 만남을 계기로 그와의 관계가 시작되었고 그 후로 수년 동안 나는 그에게서 많은 것을 배웠다.

단 한 명의 전문가 의견이 수십, 수백 명의 아마추어가 말하는 생각과 추측보다 더 유용할 수 있다. 그런데 함께 일할 전문가를 어떻게 구할 수 있을까?

나는 전문가의 조언을 받은 적도 있고 준 적도 있다. 나는 통찰을 얻기 위해 늘 전문가와 접촉하려고 하고 내 조언을 듣기 위해 나와 접촉하려고 하는 수천 명의 사람도 있다. 이제 전문가를 구하고 전문가와 함께 일하는 것에 대해 내가 알게 된 것을 이야기할 차례다.

함께 일할 전문가 구하기

생각보다 많은 사람이 전문가에게 도움을 요청하기를 꺼린다. 그것이 불가능하다고 생각하거나 괜히 상대를 성가시게 하고 싶지 않기 때문이다. 때로는 전문가를 알고 있어도 망설일 때가 있다. 전문가의 눈에 자신이 너무 무식해 보일까 봐 두렵기도 하다!

이런 종류의 불안감이 드는 사람이 가장 먼저 알아야 할 것은 이것이다. 전문가들은 다른 사람에게 도움이 될 거라 여길 때 자신이 배운 것을 기꺼이 알려주려고 한다는 점이다. 다른 사람의 목표 달성을 돕는 것은 삶과 일을 의미 있게 만드는 하나의 요인이다. 돌이켜 보면 우리가 잘하는 것에 대해 누군가의 요청을 받고 도와준 경험이 있을 것이다. 그때 기분이 어땠는가? 대다수 사람이 자신의 전문지식을 알려줄 때 행복감을 느낀다. 우리는 우리의 능력을 발휘하는 것을 좋아하고 이런 능력을 인정받는 것도 좋아한다.

그러나 전문가가 모든 도움 요청을 똑같이 취급하지는 않는다. 정말로 받기 싫은 요청도 있다. 보통 '내가 무엇을 해야 할지 알려줘' 같은 형식의 요청이다. 이런 식으로 요청하는 사람은 대개 스스로 고민해 보지도 않고 누군가가 자기 대신 결정해 주기만 바란다. 나는 1년에 수백, 어쩌면 수천 건의 이런 요청을 받는다. 그들은 내가 대신 문제를 해결해 주기를 바란다. 그들은 자신의 생각을 20페이지나 적어 보내면서 "어떻게 해야 할까요?"라고 묻는다.●

우리의 목표는 자신이 무엇을 해야 할지 알려줄 사람을 구하는 것이 아니다. 전문가가 문제에 대해 어떻게 생각하는지, 어떤 변수를 중시하는지, 시간이 지남에 따라 이런 변수가 어떻게 상호작용을 하는지 배우는 것이 중요하다. 전문가가 문제를 듣고 그저 무엇을 해야 하는지 알려준다면 그것은 추상

●   이런 방법은 절대 통하지 않으니 유의하라. 몇 문장으로 자신의 가치를 요약하고 요점을 전달하지 못하는 글은 읽지도 않는다.

적인 지식일 뿐이다. 그것이 정답일 수는 있어도 우리는 아무 것도 배울 수 없다. 일이 잘못될 수도 있는데 그렇게 돼도 그 이유를 알 수 없다. 이럴 때 우리는 주방장인 척하는 일선 조리사일 뿐이다. 전문가에게 문제에 대해 어떻게 생각하는지 물어야만, 사안에 대한 이해가 깊어지기 시작한다.

그러면 전문가에게 어떻게 접근하고 눈에 띄어 그들로 하여금 기꺼이 도와주고 싶게 만들 수 있을지 한번 알아보자. 이에 대한 5가지 조언을 제시하자면 다음과 같다.

- 당신 스스로가 얼마나 노력했는지 보여주라. 해당 문제에 대해 자신이 얼마나 많은 시간과 에너지와 비용을 투자했는지를 전문가에게 보여주자. 자신이 지금까지 한 작업과 어디서 막혔는지를 전문가에게 알려라. 내 경우, 문제를 해결하고자 많은 투자를 했거나 내가 도울 수 있는 매우 구체적인 문제를 설명하기 위해 고민을 많이 한 흔적이 보이는 사람의 요청이라면 기꺼이 응답한다. 이런 요청과 "안녕 셰인, 이 투자 기회에 대해 어떻게 생각해?"라고 묻는 이메일을 비교해 보라. 어떤 질문에 더 답하고 싶은가?
- 질문을 정확히 하라. 당신이 무엇을 원하는지를 분명히 말하라. 전문가가 계획을 검토하고 의견을 주기를 원하는가? 문제를 해결할 수 있는 사람을 소개받기를 원하는가? 원하는 것이 무엇이든 분명히 밝혀라.
- 전문가의 시간과 노고를 존중하라. 전문가의 시간과 노고를 존중하

는 태도를 분명하게 보이면 전문가의 호의를 얻는 데 큰 도움이 된다. 물론 전문가에 대한 존경심도 표현해야 한다. 가령, 15분 정도 물어볼 수 있느냐 묻는 대신, 한 번만이라도 상담 시간을 낼 수 있는지, 비용은 얼마인지 물어라. 전문가와의 상담비는 비싸며 보통 그럴 만한 이유가 있다. 만약 시간당 1,000~2,000달러를 지급해야 한다면, 통화를 시작하기도 전에 자신이 무엇을 원하는지가 분명해질 수밖에 없을 것이다. 누군가의 시간에 대한 대가를 지급하는 것은 상대방이 제공한 가치에 대한 보상일 뿐만 아니라, 우리가 통화 중에 헛소리만 늘어놓으면서 시간을 낭비하지 않게끔 돕는다.

• 이유를 묻고 경청하라. 앞에서 설명했듯이, 전문가의 의견만 묻지 말고 왜 그렇게 생각하는지도 물어라. 전문가를 스스로 상황을 평가하는 방법을 익히기 위한 자원으로 활용할 줄 알아야만, 전문가의 작업 방식을 내 것으로 만들 수 있다. 전문가의 의견에 반드시 동의할 필요는 없다. 다만 우리의 목표가 문제를 전문가가 대신 해결해주는 것이 아닌, 전문가로부터 더 나은 사고방식을 배우는 것임을 명심하라.

• 후속조치를 취하라. 전문가와 인적 네트워크를 구축하고 거래관계 이상을 원한다면, 결과에 상관없이 진행 상황을 보고하기 위한 후속조치를 취하라. 요청한 전문가의 조언이 도움이 되었든 아니든, 진행 상황을 보고하고 새로운 소식을 계속 알리면 그가 이후에도 자연스럽게 당신을 돕게 된다. 당신이 전문가의 조언을 진지하게 받아들이는 것을 보면 그가 다시 도우려 할 것이다.

물론 대다수 전문가는 도움이 필요한 모든 사람에게 응답할 수 있는 상황이 아니다. 도움을 요청하기 전, 개인적 친분을 쌓았다면 일은 쉽게 풀린다. 그럴 경우 도움 요청이 그저 거래에 그치지 않기 때문이다. 향후 어떤 분야의 전문가 도움이 필요할지 예측할 수 없지만, 평소 사회적으로나 직업적으로나 폭넓은 네트워크를 구축해 놓으면 유리하다. 지난주 나의 받은편지함을 열어 보니 이런저런 형태의 '도움'을 요청하는 메일이 53건이나 있었다. 그중 2건은 친구의 요청이었다. 나는 이 모든 메일에 답변할 수 없다. 그렇다면 내 손이 어디로 향하겠는가?

전문가와 모방자

하이엑스 정보를 얻으려면 진정한 전문가의 도움이 필요하다. 그러나 자칭 또는 타칭 전문가 모두가 진정한 전문가는 아니다.

> **안전장치** 시간을 내어 진정한 전문가와 모방자를 구별하라. 전문가라고 주장하는 사람이 모두 전문가는 아니다. 시간을 내어 그 차이를 알아내라.

수많은 펀드매니저가 워런 버핏의 아이디어를 빌려 화두로 삼는다. 그들도 버핏처럼 떠들 수는 있지만, 버핏처럼 투자할 수는 없다. 그들은 모방자다. 이에 대해 찰리 멍거가 다음과 같이 말한 적이 있다. "훌륭한 펀드매니저와 그저 재잘거리는 사람의 차이를 구별하기란 쉽지 않다."

하물며 멍거와 같은 전문가가 아닌 우리는 어떻게 해야 할까? 전문가와 모방자의 차이를 어떻게 알 수 있을까?

전문가들은 보통 자신의 전문 분야에 대해 열정적이다. 그들은 여가시간에도 지식과 기술을 갈고닦는 데 여념이 없으며 그러한 이유로 전문가가 된 것이기도 하다. 반면 모방자들은 잘하는 것보다 잘하는 것처럼 보이는 데 더 관심을 가진다. 이 때문에 그들은 자아의 노예가 되기 쉽다.

몇 가지 살펴볼 요점을 정리하면 다음과 같다.

- 모방자는 깊은 수준의 질문에 답하지 못한다. 구체적인 지식은 배우는 것이 아니라 습득하는 것이다.[*] 따라서 모방자는 자신이 이야기하는 개념을 완전히 이해하지 못하며 관련 지식도 얕다. 그래서 세부사항이나 첫째 원칙 또는 비표준 사례에 대해 질문하면 제대로 답하지 못한다.

● 이는 기업가 나발 라비칸트 Naval Ravikant의 "구체적인 지식은 가르칠 수 없지만 배울 수는 있다"를 살짝 수정한 것이다. (@naval), Twitter, January 17, 2019, 10:48 p.m., https://twitter.com/naval/status/1086108038539309061.

- 모방자의 어휘는 매우 제한되어 있다. 모방자는 관련 지식에 관해 자신이 배운 어휘만 사용해 설명하며 전문용어를 과도하게 많이 사용하는 경향이 있다. 어휘 뒤에 숨은 개념을 완전히 이해하지 못하므로 청중에 맞춰 설명 방식을 조정해 명확하게 전달하지 못한다.

- 모방자는 상대방이 이해하기 어렵다고 하면 매우 당황한다. 모방자는 전문성의 외양에만 신경을 쓰므로 복잡한 세부사항에 관해 설명해야 하는 상황에 처하면 더는 외양을 유지하기 어렵기에 당황한다. 진정한 전문가는 전문지식을 몸소 체득했기에 자신이 아는 것을 다른 사람과 공유하는 데 매우 적극적이다. 이들은 상대방이 이해하기 어렵다고 말해도 당황하기보다 오히려 자신의 관심사에 대한 상대방의 순수한 호기심을 반긴다.

- 전문가는 자신의 실패담을 기꺼이 이야기한다. 전문가는 몇몇 실패가 학습 과정의 일부라는 사실을 이해하며 자신의 실패 경험을 솔직하게 인정한다. 그러나 모방자는 실수를 자백할 가능성이 작은데, 그런 실수로 인해 자신이 전달하려는 이미지가 손상되는 것을 두려워하기 때문이다.

- 모방자는 전문지식의 한계를 모른다. 전문가는 자신이 무엇을 아는지뿐만 아니라 무엇을 모르는지도 안다. 전문가는 자신이 가진 지식의 경계를 알며, 인제 자신의 역량이 한계에 접근하게 되는지 말로 설명할 수 있다. 반면, 모방자는 자신이 언제 경계를 넘어 미지의 세계로 들어가게 될지 모르며 이에 대해 말하지도 못한다.

전문가와 모방자의 구분법에 관해 마지막으로 한마디만 더 하겠다. 특정 주제에 관한 학습이 필요할 때, 대다수 사람이 몇 시간 동안 관련 연구 논문을 읽거나 전문가의 설명을 듣는 대신, 대중 전파용으로 작성된 문서를 읽는다. 학술 논문을 읽는 것과 이에 관한 신문 기사를 읽는 것에 어떤 차이가 있을까? 대중 전파자, 즉 기자가 일반인보다는 많이 안다고 해도 그들이 전문가는 아니다. 그들은 아이디어를 명확하고 기억하기 쉽게 전달하는 데 능숙하다. 그래서 사람들은 종종 대중 전파자를 전문가로 착각하곤 한다. 시장에서 전문가를 찾을 때, 특정 주제를 유행시킨 사람이 진정한 전문가가 아닐 때가 많다는 점을 명심하라.

실행
하기

04

여러 대안을 고려하고 평가해 최선의 선택지를 찾았다면, 이제 행동으로 옮길 때다!

무엇을 해야 하는지 알면서도 하지 않는다면 무슨 의미가 있겠는가. 결과를 원한다면 행동해야 한다.

판단을 내리고 이를 실행하는 것은 보기보다 쉽고, 사람들이 상상하는 것보다는 어렵다. 우리가 실행하지 못하는 이유 중 하나는, 결과를 마주하길 꺼리기 때문이다. 무엇을 해야 할지를 몰라서라기보다 그것을 하는 현실을 마주하고 싶지 않은 것이다. 우리는 종종 다른 사람의 감정을 상하게 할까 봐 대화를 꺼린다. 우리는 종종 좋아하는 사람이 직책에 부적합하다는 것을 알면서도 그를 해고하기를 꺼린다.

우리의 자아가 사회적 기본값 및 관성 기본값과 공모해 우리의 의지를 약화시키고 해야 할 것을 하지 못하게 막는다. 이 외에도 우리가 행동하지 못하는 이유가 또 있다.

행동이 어렵게 느껴지는 또 다른 이유는 우리가 틀릴까 봐 두렵기 때문이다. 이 경우 우리는 관성에 붙잡혀 꼼짝도 안 하면서 결국 불확실성이 해소될 것이라는 헛된 희망 속에 정보만 계속 수집하곤 한다.

언제 숙고하기를 멈추고 행동에 나서야 하는지 알고 싶은가? 이를 판단하는 데 도움이 되는 3가지 원칙이 있다. 단, 이에 앞서 결정의 파급효과Consequentiality와 가역성Reversibility에 기초한 결정의 분류 방법부터 알아보자.

파급효과와 가역성

파급효과가 큰 결정은 우리에게 가장 중요한 것들에 영향을 미친다. 가령, 누구와 결혼할지, 어디에 살지, 어떤 사업을 시작할지에 관한 결정 등이 이에 해당한다. 결정의 영향력이 단기적이든 장기적이든 인생의 중요한 사안에 미치는 것으로 파급효과가 큰 결정이다.

가역적인 결정은 나중에 일련의 행동을 통해 되돌릴 수 있는 것을 의미한다. 결정의 효과를 되돌리기가 어렵거나 비용이 많이 드는 것일수록 비가역적인 결정이다. 가령, 초콜릿 바를 먹는 것은 쉽지만, 일단 먹고 나면 끝이다. 먹은 것을 되돌릴 수는 없다. 아기를 낳는 일도 마찬가지다. 일단 낳으면 되돌릴 수 없다(아마 되돌리고 싶지도 않을 것이다!). 다만 그래프상 끝단에는 효과를 되돌리는 데 비용이 전혀 들지 않는 결정도 있다. 예를 들어, 계약을 아무 때나 해지할 수 있다는 조건 아래 서명한 특정 제품의 14일 무료 평가판 이용 계약이 이에 해당한다.

다양한 종류의 결정을 그 파급효과와 가역성의 정도에 따라 그래프로 나타낼 수 있다(다음 페이지 그림 참조). 이러한 결정 중에서 특히 주목할 필요가 있는 두 유형은, 파급효과가 크고 비가역적인 결정과 파급효과가 작고 가역적인 결정이다.

파급효과가 크고 비가역적인 결정은 삶 전체에 영향을 미치며 이를 막을 방법이 없다. 누군가는 이를 '선두 도미노lead domino'라고 부른다. 선두 도미노 같은 결정의 경우 실수의 대가가 엄청나다. 파급효과가 작고 가역적인 결정은 정반대의 경우다. 실수의 대가가 거의 없다. 즉, 결과가 마음에 들지 않으면 쉽게 되돌릴 수 있다. 이 경우 가장 큰 대가는 시간과 정신 에너지를 허비하는 정도다. 되돌릴 수 있거나 대수롭지 않은 일이라면 정보를 계속 수집하는 것이 자원 낭비일 뿐이다.

결정의 유형

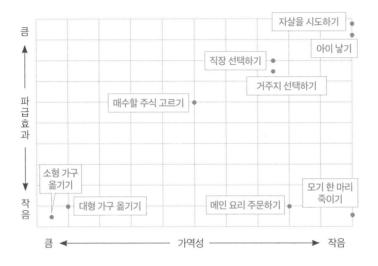

매트리스를 구입해 본 적이 있다면 이게 무슨 말인지 이해할 수 있을 것이다. 매트리스를 교체하려고 할 때 우리는 다양한 종류를 찾아서 사용 후기를 읽고 수많은 매트리스의 가격을 비교한다. 본인이 잘 때 열이 많이 나는 타입인지 추위를 많이 타는 타입인지 등도 세세히 따진다. 이처럼 매트리스를 하나 고르는 데 몇 시간 또는 며칠을 소비한다. 그러다 마침내 매트리스를 하나 선택해 실제 배송을 받아보면, 기대했던 것과 너무 다르다. 그래서 어쩔 수 없이 대체 옵션으로 교환한다. 처음부터 매장의 유연한 반품 정책을 확인하고 1시간 안에 매트리스를 선택해서 일을 처리했다면, 몇 시간 또는 며칠을 절약했을 게 아닌가. 이처럼 실수의 대가가 크지 않은 경우라면 빨리 결정하고 처리하면 된다.

3가지 행동 원칙

파급효과와 가역성의 정도에 따라 결정을 분류하는 방법을 배웠다. 이제 몇 가지 행동 원칙을 살펴보자. 첫 번째는 다음과 같다.

> **가급적 빨리ASAP 원칙** 결정을 되돌리는 데 치러야 할 대가가 작으면 가급적 빨리 결정하라.

파급효과가 거의 없는 문제라면 의사결정 절차를 밟는 것 자체가 낭비일 수 있다. 이런 경우에는 그냥 선택하라. 신속히 결정하고 행동하면서 배워라. 시간과 에너지, 자원을 절약해 이를 정말로 중요한 결정에 사용할 수 있을 것이다.

반면, 파급효과가 크고 수정하기 어려운 결정이라면, 고려해야 할 사항이 많다. 이런 경우 가장 큰 위험은 너무 빨리 결정함으로써 중요한 무언가를 놓치게 되는 것이다. 이때는 결정하기 전에 최대한 많은 정보를 수집하는 것이 좋다. 따라서 두 번째 원칙은 다음과 같다.

가급적 늦게ALAP 원칙 결정을 되돌리는 데 치러야 할 대가가 크면 가급적 늦게 결정하라.

결정할 때 분석에 들어가는 비용도 감안해야 한다는 걸 잊지 마라. 이는 많은 사람이 놓치는 부분이다. 대다수 결정에는 속도와 정확성의 균형을 맞추는 기술이 요구된다. 사소한 결정을 너무 천천히 내리면 정확성과 상관없이 시간과 에너지를 낭비하게 되고, 결정을 너무 빨리 내리면 중대한 정보를 놓치거나 추정해야 하거나 기본을 간과하거나 성급히 판단하거나 엉뚱한 문제를 해결하게 될 수 있다. 정신없이 바쁘고 속도가 중요한 사안이라고 해도, 속도를 조금 늦출 필요가 있다.

《생각에 관한 생각 프로젝트*The Undoing Project*》에서 저자 마이클 루이스Michael Lewis는 다른 차량과 정면으로 충돌한 여성의 사례를 이야기한다.[1] 의료진은 그녀를 캐나다에서 가장 혼잡한 고속도로 구간 옆에 있는 서니브룩 병원Sunnybrook Hospital으로 황급히 이송했다. 이 병원은 교통사고로 인한 응급 처치 및 부상 치료로 유명했지만, 이 여성의 경우 너무 많은 뼈가 부러지는 바람에 의사들이 몇 가지를 놓치고 말았다. 돈 레델마이어Don Redelmeier는 서니브룩 병원의 전염병학자였다. 그의 임무는 '전문의들의 이해에 정신적 오류가 없는지를 점검'하는 것이었다. 다시 말해, 다른 사람들의 생각을 점검하는 일이었다. 레델마이어는 "불확실성이 있는 곳에는 판단이 있을 수밖에 없고 판단이 있는 곳에는 인간의 오류 가능성이 있을 수밖에 없다"고 말한다. 의사는 전문가이지만 그럼에도 인간이므로 오류를 범할 수 있으며 환자가 종종 신뢰할 수 없는 정보를 제공하므로 상황이 더 복잡해지기도 한다.

상황이 급박하게 돌아가는 가운데 생사를 가르는 결정을 내려야 할 경우, 우리는 전문적으로 훈련받은 것만 보게 되고 문제와 큰 연관이 없어 보여도 중요한 다른 것들을 놓치곤 한다. 이 여성은 뼈가 부러진 것 외에도 심장 박동이 매우 불규칙했다. 의식을 잃기 전, 그녀는 자신에게 갑상선기능항진증 병력이 있다고 말했는데, 이것이 불규칙한 심장 박동의 대표적 원인이었다.

의료진이 환자에게 갑상선기능항진증 약을 투여하고자 준비하고 있을 때, 레델마이어가 들어와 모두에게 속도를 늦출 것을 요청했다. "기다려 보세요. 잠시만요." 그는 의료진의 생각을 점검할 시간이 필요했다. 혹시 그들이 여러 사실을 억지로 꿰맞춰 편리하고 합리적이긴 해도 궁극적으로는 오류투성이 이야기를 만든 것은 아닌지 점검해야 했다.

레델마이어가 속도를 늦추자고 한 것은 의료진이 다른 이유들은 고려하지 않은 채 성급하게 그럴듯한 결론을 내린 것처럼 보였기 때문이었다. 그는 나중에 "갑상선기능항진증이 불규칙한 심장 박동의 대표적인 원인이긴 했지만, 드문 원인이기도 했습니다"라고 말했다. 그럴 수 있었지만 그럴 법하진 않았다. 가능성은 있었지만 개연성은 낮았던 것이다!

의료진은 다른 원인을 찾기 시작했고 금세 그녀의 폐가 쪼그러든 상태인 것을 발견했다. "부러진 갈비뼈와 마찬가지로 쪼그러든 폐도 엑스레이상에서는 나타나지 않았어요. 갈비뼈 골절과 달리 이것은 그녀에게 치명적일 수 있었죠." 의료진은 그녀의 갑상선기능항진증을 무시하고 쪼그러든 폐를 치료했고, 얼마 뒤 그녀의 심장 박동이 정상으로 돌아왔다. 다음 날 나온 그녀의 공식 갑상선 검사 결과는 정상이었다. 레델마이어의 말처럼 "갑자기 머릿속에 모든 것이 한 번에 완벽하게 설명되는 단순한 진단이 떠오를 때는 매우 신중해야 한다. 바로 이럴 때가 멈춰서 자신의 생각을 점검해야 할 때다."

많은 것이 걸려 있고 되돌리기 힘든 결정이라면, 계속 정보를 수집하면서 최대한 많은 대안을 검토하고 최대한 마지막 순간에 결정을 내리는 것이 좋다.

운전자 교육 시 고속도로에서 빠른 속도로 주행할 때는 다른 차량이 갑자기 내 차선으로 방향을 틀거나 급정차할 경우를 대비해, 전방에 충분한 여유 공간을 두라고 가르친다. 차량 간 추가 거리를 확보하면 무슨 일이 발생하든 대처할 수 있는 대안이 생긴다. 중요한 결정을 내려야 할 때 최대한 오래 기다려야 하는 이유도 똑같다. 미래의 대안을 많이 준비해 두면 상황이 어떻게 변하든 가장 좋은 기회를 약속하는 경로를 따라 이동하면서 자신의 위치를 바꿀 수 있는 공간이 생긴다.

그렇다면 이제 행동으로 옮겨야 할 때라는 것은 어떻게 알 수 있을까? 실패로 치러야 할 대가가 크지 않을 때는 결정 속도가 결정 자체만큼이나 중요하다. 반면에 실패로 치러야 할 대가가 크다면 행동에 나서기 전에 더 많은 정보를 수집하는 것이 합리적이다.

방심하면 인간의 기본값으로 인해 신중함이 무대응의 변명으로 바뀔 수 있다. 실패의 길로 접어든 직장, 인간관계, 투자 등에 너무 오래 매달려본 사람들은 정보 수집의 '수익 체감 지점', 즉 추가 정보 수집 비용보다 이로 인한 시간 또는 기회 상실 비용이 더 커지는 지점이 있다는 것을 안다.

나의 가까운 친구 한 명은 기술자들과 함께 일하는데, 그에

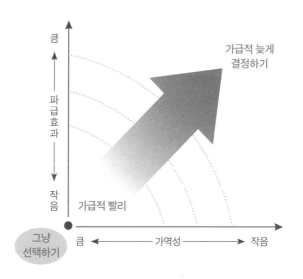

따르면 대다수 기술자가 위험 회피 성향이 매우 강하다고 한다. 즉, 이들은 결정을 미루면서 최대한 오래 기다리고 신속히 행동해야 할 때를 분별하지 못한다는 것이다. 친구는 말했다. "기술자들은 더 많은 데이터를 수집하면 더 확실해질 것이라고 생각하지만, 이미 몇 달 동안 정보를 수집해 시제품까지 만들고 있었어. 그들은 언제 멈추고 실행에 옮겨야 하는지 몰라. 그러다 문제에 대한 흥미까지 잃기 시작하지. 그들이 하는 일이라곤 회의하고 조정하고 정보를 수집하고 결정 과정을 설계하는, 방대한 문서를 작성하는 것이 전부거든. 그들은 모두 의사결정의 기본 기술을 잘 알고 있지만 그만하면 충분한 시점이 언제인지 판단하는 데 정말로 큰 애를 먹고 있어." 사실 이것이 기술자만의 문제는 아니다.

대다수 결정권자는 이용 가능한 데이터가 너무 많아서 점점 더 '분석 마비 증세'를 겪는다. 분석 마비 증세로 고생한 적이 있다면 다음 세 번째 원칙이 숙고를 멈추고 행동에 나서야 하는 시점을 판단하는 데 도움이 될 것이다.

> **정지, 상실, 이해 원칙** 유용한 정보 수집이 정지되거나 기회가 상실되기 시작할 때 또는 어떤 대안을 선택할지가 분명히 이해될 때 추가 정보 수집을 멈추고 결정을 내려라.

그럼, 정지, 상실, 이해의 조건을 하나씩 살펴보자.

첫째, 더 이상 유용한 정보가 수집되지 않는다면 이제 행동할 때다. 정보가 많은 것이 항상 좋은 건 아니다. 정보가 충분히 수집되었다는 징후를 포착하는 것이 중요하다. 예를 들어 내가 프린스턴리뷰The Princeton Review 사의 공동 창립자인 애덤 로빈슨과 인터뷰를 했을 때,[2] 그는 1974년에 심리학자 폴 슬로빅Paul Slovic이 수행한 획기적인 연구를 언급했다. 이 실험은 결과적으로 너무 많은 정보를 수집하는 것이 얼마나 어리석은지를 보여주었는데, 일단 슬로빅은 한 방에 모인 8명의 경마 핸디캡 사정원에게 라운드당 10회씩 경마가 진행되는 총 4라운드 40회 경마에서 어떤 말이 우승할지 예측하는 과제를 주었다(경마에서 경주마의 우승 기회를 고르게 하기 위해 말의 능력에 따라 차등화된 중량을 지고 달리게 하는 경주 방식을 핸디캡 경주라고 한다. 핸디캡 사정원은 경주마에 부여할 핸디캡을 평가하는 사람이다 – 옮긴이).

연구자들은 제1라운드에서는 핸디캡 사정원들에게 각 말에 대해 원하는 5개 정보를 제공하기로 했다. 그러자 어떤 핸디캡 사정원은 기수의 키와 몸무게 정보를 요구했고, 다른 핸디캡 사정원은 말의 역대 최고 기록에 관한 정보를 원했다. 핸디캡 사정원들은 자신의 예측에 대해 어느 정도 자신감을 갖고 있는지도 보고해야 했다.

제1라운드가 끝났을 때 5개 정보를 기반으로 한 핸디캡 사정원들의 예측은 17%의 정확도를 보였다. 경주에 출전한 말이 10필이라고 가정하면, 정보가 전혀 없을 때의 10% 확률보다 70% 더 나은 결과를 얻은 셈이었다. 또한 그들은 자신의 예측에 대해 19%의 자신감을 보였는데, 이는 실제 결과와 크게 다르지 않은 수치였다.

라운드가 거듭될수록 그들에게 더 많은 정보가 제공되었다. 즉, 제2라운드에서는 10개, 제3라운드에서는 20개, 마지막 제4라운드에서는 40개 정보가 제공되었다.

마지막 라운드에서도 그들의 정확도는 여전히 17%였다. 그러나 35개 추가 정보가 제공되자 그들의 자신감 수준은 34%로 상승했다. 그 모든 추가 정보를 통해 결과가 더 정확해진 것은 아닌데도 자신감은 훨씬 더 올라간 셈이었다.

자신감은 정확성보다 더 빨리 증가한다. 로빈슨은 내게 말했다. "너무 많은 정보의 문제점은 이를 가지고 추론할 수 없다는 것입니다." 너무 많은 정보는 확증편향만 키운다. 즉, 인간은 본인의 평가와 일치하지 않는 추가 정보는 무시하고 일치하는 추가 정보만으로 자신감을 얻는다.

내 삶과 내가 함께 일했던 사람들의 삶에서 직접 관찰한 바에 따르면, 우리가 수집할 수 있는 유용한 정보의 한계에 도달했음을 알려주는 징후는 다음과 같다.

• 우리가 모든 각도에서 고려 중인 대안들에 대한 찬성 또는 반대하는 주장을 그럴듯하게 제시할 수 있을 때

- 우리가 통찰을 얻을 목적으로, 문제에서 한 발 이상 떨어져 있거나 이런 종류의 문제를 해결한 경험이 없는 사람에게 조언을 구할 때
- 우리가 더 많이 알아야겠다고 느끼면서도 새로운 것을 배우는 대신 늘 똑같은 정보(또는 똑같은 주장을)를 반복해서 검토하고 있을 때

만약 이 중 어느 하나에 해당한다면, 얻을 수 있는 모든 유용한 정보를 얻었을 확률이 높다. 이제는 결정할 때다. 이것이 정지 원칙이고, 이젠 상실 원칙으로 넘어가자.

파급효과가 크고 되돌릴 수 없는 결정을 앞두고 마음을 정하기까지 최대한 오래 뜸 들이고 있었는가? 당신이 결정해야 할 시기는 기회가 사라지기 시작할 때다. 가령, 집을 팔려고 하는 경우, 판매가 가능한 마지막 시점까지 최대한 오래 기다리는 것이 좋다. 집을 내놓고 가격을 정하고 구매 제안을 받는 단계까지 간 상황이라면, 구매자가 발길을 돌리기 시작하거나 법적 계약이 파기되기 직전일 때가 선택의 폭이 줄어들기 시작하므로 행동에 나설 때다.

이와 비슷하게, 애인이 둘만의 관계를 원하거나 동거 또는 약혼을 원하는 식으로 관계를 한 단계 더 발전시키고 싶어 하는 경우를 상상해 보라. 이는 인생의 중요한 순간이므로 확신이 서지 않는다면 시간을 두고 신중하게 결정하는 것이 좋다. 그러나 결정을 계속 미루다 보면 결국 애인이 지쳐서 떠나버릴 수도 있다. 이런 일이 발생하기 직전이, 즉 더 이상의 대안

이 없는 문턱에 다다랐다는 분명한 신호를 애인이 보낼 때가, 바로 결정할 때다.

'가급적 늦게 원칙'의 취지는 선택 가능성을 보존하는 데 있다. 대안이 줄어들기 시작하면 가지고 있는 정보를 토대로 행동에 나설 때다. 이것이 '상실 원칙'이다. 즉, 결정을 미루고 있다면, 첫 번째 기회 상실 시점보다 더 오래 미루어선 안 된다.

마지막으로 무엇을 해야 할지가 분명하게 이해되는 시점이 오면 행동에 나서야 한다. 때로는 첫 번째 기회 상실처럼, 결정을 쉽게 만들어주는 결정적 정보를 수집하게 될 때가 있다. 또는 인간관계처럼 애매모호한 상황에서 사라지거나 변하지 않는 직감이 있을 수도 있다. 어느 쪽이든 본질적으로 무엇을 해야 할지가 분명해지는 순간이 있게 마련이다.

그러나 무엇을 해야 할지를 아는 것만으로는 충분치 않다. 이것을 행동으로 옮겨야 한다.

실행하라!

안전역
구축하기

최선의 해결책이 있어야만 앞으로 나아갈 수 있는 것은 아니다. 어느 경로가 최선인지가 계속 불분명할 경우 차선책은, 원치 않는 결과로 이어지는 경로를 제거하는 것이다. 최악의 결과를 피하면 좋은 선택의 가능성을 유지하면서 계속 앞으로 나아갈 수 있기 때문이다.

    때로는 우리의 통제력 밖에 있는 이유로 일이 꼬일 수 있다. 다만 까다롭고 파급효과가 큰 결정을 가로막는 요인 중 대다수는 예방이 가능한 것이다. 일이 잘못될 경우를 대비해 미리 계획을 세워 놓지 않으면 정말로 일이 잘못되었을 때 무방비

상태가 된다. 그러면 우리는 또다시 생각 없이 반응하게 된다. 일이 잘못되어가는 와중에 대응하는 것보다 마음의 여유가 있는 차분한 상태일 때 잘못될 경우를 대비하는 것이 훨씬 쉽다는 것을 기억하자.

실패로 인해 치러야 할 대가가 클 경우에는 안전역margin of safety, 安全域을 넓게 잡는 것이 좋다.

1994년에 설립된 이후 2명의 노벨상 수상자를 이사로 영입한 헤지펀드 회사 롱텀캐피탈매니지먼트Long-Term Capital Management, LTCM의 이야기를 들어본 적이 있을 것이다. 이 헤지펀드에서 운용한 고위험 포트폴리오는 1년 차에 21% 이상, 2년 차에 43%, 3년 차에 41%의 놀라운 수익률을 기록하며 큰 호평을 받았다.

이 헤지펀드 회사에서 수익을 올리고 있는 친구들 사이에 있는 한 투자자를 상상해 보자. 친구들이 자신의 성공담을 늘어놓으면서 그에게 이 노다지에 빨리 동참하라고 재촉한다. 친구들은 롱텀캐피탈매니지먼트에는 노벨상 수상자 2명을 포함해 아이큐가 엄청 높은 사람들이 일한다고 이야기한다. 그들 모두가 관련 분야의 경험이 풍부할 뿐만 아니라 상당한 금액을 직접 투자하기도 했다면서 말이다.

이 투자자는 친구들이 투자 금액을 2배로, 얼마 후에는 4배로 늘리는 것을 지켜본다. 이제 그는 자신의 모든 자산을 거기에 투자해야 할지 고민되기 시작한다. 자신의 현재 포트폴리오는 매년 8~12%의 수익률을 낸다. 이것도 훌륭한 편이지만 40%는 아니지 않은가! 세상 모든 사람이 부자가 되고 있는데, 혼자 너무 보수적인가?

여기서 2가지 시나리오를 살펴보자. 첫 번째 시나리오는 친구들을 따라 그가 자신의 자산 전부를 펀드에 투자하기로 결정한 경우다. 몇 달 후, 아시아와 러시아에 금융위기가 닥친다. 차입금 비율이 매우 높은 롱텀캐피탈매니지먼트의 투자 구조가 이 위기와 맞물리면서 이 헤지펀드는 4개월도 채 되지 않아 46억 달러의 손실을 낸다. 다음 도표는 1994년 초부터 이

안전 마진

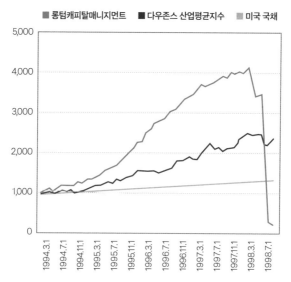

자료원: 제이 헨리, 위키미디어 공용, 2009년 10월 26일

회사에 1,000달러를 투자했을 경우 손실의 양상을 보여준다. 이 시나리오에서 이 투자자는 (그의 친구들과 함께) 결국 파산을 맞게 된다.

이제 두 번째 시나리오를 살펴보자. 때는 1997년 11월이다. 이 투자자는 방금 롱텀캐피탈매니지먼트의 수익률이 최고점을 찍는 것을 목격한다. 만약 그가 미래는 과거와 다를 것이라고 예상한다면 조금만 투자함으로써 천문학적 손실은 피할 수 있을 것이다. 다시 말해, 이 투자자가 현명할 경우 안전역을 충분히 확보할 것이다.

안전역은 예상되는 상황과 실제로 일어날 수 있는 상황 사이의 완충장치다. 이는 뜻밖의 사태에 따라 치러야 할 대가가 클 경우를 대비해 설계된 것이다.

안전역은 보험과 같다. 올해 보험금을 청구할 일이 없을 거라는 걸 미리 알 수 있다면 굳이 보험료를 납부할 필요가 없을 것이다. 문제는 어느 해에 무슨 일이 터질지 모른다는 것이다. 그래서 우리는 매년 보험료를 내야 한다. 아무 일도 일어나지 않는 동안에는 돈을 낭비하는 것처럼 보일 수 있지만, 무슨 일이 실제로 일어나면 보험의 진정한 가치가 드러난다.

안전역을 구축하는 것은 미래의 완충장치와 보험을 최대한 확보하는 것을 의미한다. 이는 발생 가능한 미래 결과를 최대한 폭넓게 설정함으로써 최악의 결과에 대비하는 방법이다. 두 번째 시나리오를 예로 들자면, 1998년에 발생할 수 있는 다양한 나쁜 결과를 대비해 그 투자자도 자신이 운용하는 포트폴리오의 10분의 1만 헤지펀드에 투자할 수 있을 것이다. 그러면 1998년의 금융위기가 닥쳤을 때 많아야 투자금의 10%만 잃게 된다. 물론 이것이 행복한 결과는 아니지만, 적어도 파산은 면하지 않았는가.

첫 번째 시나리오에서는 인간의 기본값이 분주히 작동한다. 사회적 기본값은 다수를 따르는 편이 나을 것이라고 속삭이고, 자아 기본값은 본인이 충분히 미래를 예상할 수 있으므로 안전역 따위는 필요 없다고 속삭일 것이다. 이렇게 되면 미래를 예측할 수 있다는 자신감이 든다. 미래는 과거와 비슷할 것이며, 롱텀캐피탈매니지먼트의 4년 차도 처음 3년과 비슷할 것이라는 예측을 하게 된다. 하지만 결코, 오늘과 똑같은 내일은 없다. 지난 3년간 롱텀캐피탈매니지먼트를 성공으로 이끌었던 포트폴리오는 4년 차에는 작동하지 않았다.

두 번째 시나리오에서 내린 결정은 예측에 기초한 것이 아니다. 대신 최상의 시나리오가 실현되지 않을 경우를 대비한 결정이다. 두 번째 시나리오에서 투자자를 구한 것은 예측하는 태도가 아니라 대비하는 태도였다.

내가 자주 되새기는 워런 버핏의 격언이 있다. "다각화는 무지에 대한 보호장치다. 우리가 무엇을 하고 있는지를 정확히 안다면 이것은 거의 의미가 없다."[1] 문제는 자신 있게 모든 것을 걸 만큼 우리가 하고 있는 것을 아는 경우는 매우 드물다는 점이다. 우리가 무엇을 하고 있는지를 모를 때 안전역은 최악의 결과로부터 우리를 보호해 준다. 설령 우리가 무엇을 하고 있는지를 알아서 최선의 결정을 내린다고 해도, 상황은 언제든 바뀔 수 있다.

최악의 결과가 발생하지 않는다면 안전역이 낭비처럼 보일 것이다. 안전역이 없었다면 더 좋은 결과를 얻었을 텐데 하는 후회가 드는 순간이 바로, 안전역이 가장 필요한 때다.

우리는 모든 것에 대비할 수 없다. 상상을 초월하는 끔찍한 사건이 터지기도 하고 아무리 철저히 대비해도 선택의 폭이 제한적일 수밖에 없다. 그러나 역사가 말해주듯이 몇몇 불행한 사건은 피할 수 없고 언제 닥칠지 예측할 수 없다고 해도, 대비하는 것은 가능하다. 개인의 삶에서는 다음과 같은 것들이 이에 해당한다.

- 사랑하는 이의 상실로 인한 비탄
- 건강 문제
- 인간관계 변화
- 경제적 압박
- 직업적 목표 달성의 위기

좀 더 넓게 보면, 다음과 같은 것들이 이에 해당한다.

- 전쟁과 반정부 시위

- 자연재해

- 환경·생태 변화

- 붕괴와 성장을 포함한 경제 변동

- 기술의 발전과 이에 대한 저항

그렇다면 안전역은 어떻게 확보하면 될까?

매우 전형적인 사례부터 시작해 보자. 기술자는 자신이 설계하는 모든 것에 안전역을 둔다. 예를 들어, 차량이 지나는 교량을 설계하는데 평균적인 날을 토대로 계산할 시, 한 번에 5,000톤을 지탱해야 한다고 가정해 보자. 이런 경우 5,001톤까지 견딜 수 있게 다리를 건설한다면 안전역은 없는 셈이다. 평소보다 교통량이 많은 날에는 어떻게 되겠는가?

계산과 추정치가 약간 빗나가게 되면 무슨 일이 벌어질까? 시간이 지나면서 자재가 예상보다 빠르게 약해진다면? 이런 모든 우발 상황에 대비하려면 다리가 1만 톤 또는 2만 톤 정도는 견딜 수 있게 설계해야 한다. 왜 그럴까? 미래에 무슨 일이 일어날지 모르기 때문이다. 어쩌면 여러 대의 트럭이 동시에 다리 위에 몰릴지 모른다. 어쩌면 미래의 차량이 현재보다 훨씬 더 무거워질지 모른다. 우리는 미래의 많은 것에 대해 무지하다. 따라서 가능한 한 미래 결과를 가장 폭넓게 예상하여 통행자를 보호할 수 있게 교량을 설계해야 한다.

역사상 최악의 결과는 항상 당시 사람들이 전혀 예상하지 못한 사태였다는 것을 명심하라. 그렇다고 역사상 최악의 경우가 기준선이 되어서는 안 된다. 또 기술자가 현재 교량의 과거 사용 행태에만 의지해서도 안 된다. 상상력을 한껏 발휘해 잘못될 가능성이 있는 온갖 조건과 상황을 탐색하고 예상해야 한다.

이 경우 안전역 확보를 위한 간단한 경험칙은 '그만하면 충분한enough is enough' 지점을 아는 것이다.

> **조언** 안전역은 종종 최악의 시나리오를 2배로 감당할 수 있는 정도면 충분하다. 안전역의 기준선은 위기를 촉발할 문제의 2배를 견디는 것 또는 위기 후 재건에 필요한 자원의 2배를 준비하는 것이다.

예를 들어, 혹여 실직을 하더라도 재정적 안정감을 유지하려면 예상되는 재취업까지의 소요 기간의 2배에 해당하는 기간만큼 버틸 수 있는 돈이 있어야 한다.

이것이 기준선이다. 단, 개인과 상황에 따라 안전역을 조정할 필요가 있다. 파급효과가 크고 실패로 인해 치러야 할 대가도 크다면 넓은 안전역이 바람직하다. 가령, 실직이 걱정되고 경기를 많이 타는 업종이나 부문에 종사하고 있다면 실직 동안 버텨야 할 기간을 늘려 잡는 것이 안전하다.

반면, 파급효과가 크지 않고 실패의 대가도 크지 않다면 안전역을 줄이거나 생략할 수 있다. 특히 성공적인 결과를 지속해서 이어온 분야일수록 성공 방식이 지속될 확률도 높다. 가령 코카콜라는 가까운 미래에 사라지지 않을 것이며 존슨앤존슨**Johnson & Johnson** 제약회사도 마찬가지다.

그러나 튼튼히 자리 잡은 곳이라고 해도 잘못될 확률이 없는 것은 아니다. 나심 탈레브는 《블랙 스완*The Black Swan*》이라는 책에 다음과 같이 썼다. "매일 먹이를 받아먹는 칠면조를 생각해 보라. 먹이를 받아먹을 때마다 칠면조는 어느 정치인의 말처럼 '칠면조의 최선의 이익을 추구하는' 인류의 친절한 일원에게 먹이를 받아먹는 것이 일반 규칙이라는 신념을 더욱 강화할 것이다. 그러다 추수감사절을 앞둔 수요일 오후에 칠면조에게 예상치 못한 일이 벌어질 것이다. 그러면 결국 칠면조의 신념도 수정될 것이다." 때때로 결과는 우리의 가장 확실한 예상조차 뒤엎을 수 있다.

그럼에도 불구하고, 많은 전문지식과 데이터가 있으면 안전역을 줄이는 것이 가능하다. 예를 들어보자. 워런 버핏은 실제 가치보다 30~50% 낮은 주식의 매수를 목표로 한다. 그래서 그는 주식에 대해 30~50%의 안전역을 설정한다. 다만 자신이 잘 아는 주식에 대해서는 1달러의 가치당 1달러에 가까운 금액을 지급할 의사가 있다. 따라서 가장 자신 있는 주식의 안전역은 20% 정도일 수 있다.

기업 인수 시 워런 버핏의 핵심 원칙 중 하나는, 이해하지 못하는 기업은 인수하지 않는다는 것이다. 안전역을 계산할 수 있는 정보가 충분하지 않으면, 아예 투자하지 않는다는 말이다. 또한 그는 안전역이 언제나 그를 보호해 주는 건 아니라는 것도 안다. 버핏의 목표는 매수하는 모든 주식에 대한 완벽한 안전역을 갖추는 것이 아니라, 큰 그림 속에서 자신의 모든 주식에 대해 가능한 최선의 전략을 구사하는 것이다.

요점은 다음과 같다. 미래를 예측하는 것은 보기보다 어렵다. 실제로 상황이 악화하기 전까지는 근사해 보이게 마련이다. 상황이 좋을 때는 안전역이 불필요한 낭비처럼 보인다. 그러나 상황이 잘못되면 안전역 없이 살 수 없다. 안전역이 필요 없겠다는 생각이 들기 시작할 때야말로 안전역이 가장 필요한 순간이다.

포탄보다 총알부터 쏘기

아직 정보를 수집 중이라면, 하나의 대안에만 과도하게 투자하지 않길 바란다. 단 1가지 대안에 전부를 걸기 전에 최대한 많은 대안을 향해 나아가는 작고 위험도가 낮은 단계들을 밟아서 미래의 선택 가능성을 열어두는 것이 좋다

대안에 대한 정보 수집 단계에서 최선은, 특정 대안에 너무 많은 시간과 비용 또는 에너지를 투자하지 않고 모든 대안에

대해 최대한 많은 정보를 수집하는 것이다. 이 접근법을 가리켜 《위대한 기업의 선택Great by Choice》에서 모튼 한센Morten Hansen과 짐 콜린스는 '포탄보다 총알부터 쏘기shooting bullets before cannonballs'라고 불렀다.[2]

망망대해에서 적의 함선이 다가오는 상황을 상상해 보라. 화약의 양은 한정되어 있다. 우리는 모든 화약을 끌어모아 큰 포탄 1개를 발사한다. 그런데 포탄이 바다 위로 날아가더니… 목표물을 40도 빗나간다. 비축량을 살펴보니 남은 화약이 없다. 우리는 죽는다.

이번에는 적의 함선이 다가오는 것을 보고 약간의 화약을 사용해 총알 1개를 발사한다고 가정해 보자. 총알이 40도 빗나간다. 각도를 조정해 또 다른 총알을 만들어 발사한다. 총알이 30도 빗나간다. 세 번째 총알을 만들어 발사하자 겨우 10도 빗나간다. 다음번 총알은 다가오는 함선에 명중한다. 탱! 이제 남은 화약을 모두 사용해 큰 포탄을 만들어 같은 방향으로 발사한다. 그러자 적의 함선이 가라앉는다. 우리는 살았다.[3]

다음은 내가 실생활에서 목격한 '포탄보다 총알부터 쏘기'의 사례다. 내 고객(그를 솔로몬이라고 부르자)은 다른 기회를 모색하기 위해 대표 자리에서 물러나 자신의 제조업을 운영할 사람을 고용하기로 했다. 솔로몬은 자신을 대신할 최고경영자를 뽑고자 2명의 후보자에게 일을 맡겨 보았다. 하지만 서류상으로는 더없이 훌륭해 보였던 후보자가 실제로는 일을 제대로 하지 못했다.

　나는 솔로몬에게 다른 후보자들을 완전히 배제하고 한 후보자에게만 집중적으로 투자할 것이 아니라, 2~3명의 후보자에게 몇 주 동안 소규모 시험 프로젝트를 맡겨보길 권했다. 이런 소규모 시험을 동시에 진행하면 선택 가능성을 그대로 유지할 수 있으리라 본 것이다. 무엇보다 실제 상황에서 후보자들의 수행 능력을 살펴보는 것이 면접이나 이력서를 읽는 것보다 훨씬 많은 통찰을 제공할 게 분명했다.

　결국 솔로몬은 두 후보자에게 충분한 보수를 주면서 팀과 협력해 문제를 이해하고 정보를 수집해 향후 방침을 정해야 하는 프로젝트를 맡겼다. 이 방식은 성공적이었고 놀라운 결과를 가져왔다. 상대적으로 평범한 이력을 가졌던 후보자가 팀과 함께 훨씬 탁월한 역량을 발휘했으며, 이 후보자의 제안 덕분에 솔로몬의 회사는 프로젝트에 들어간 비용보다 더 많은 금액을 절약하게 된 것이다. 게다가 설령 두 후보자 모두 낙방하더라도 회사가 막대한 퇴사 비용을 부담할 필요가 없으니 유익이었다.

　이처럼 여러 대안에 대해 위험도가 낮은 소규모 실험을 하면, 다시 말해 총알을 쏘면서 과녁을 조정하면, 엄청난 자원을 투입해 포탄을 쏘지 않더라도 선택 가능성을 그대로 유지할 수 있다. 의과대학 진학을 생각 중인가? 하루 동안 의사나 레지던트를 그림자처럼 따라다녀 보라. 의과대학 입학자격고

사 **Medical College Admission Test, MCAT**를 보고 점수를 확인하라. 또는 여러 대학에 지원서를 제출해 합격 결과를 기다려 보라. 새로운 직업을 찾을 생각인가? 먼저 일주일에 며칠 밤만 프리 랜서로 그 일을 해보라. 신제품 출시를 고려 중인가? 설비를 갖추기 전에 사람들이 그 제품을 살 의향이 있는지를 알아보라.

대안을 유지하려면 비용이 들고 무언가를 놓치고 있다는 느낌이 들 수 있다. 다른 사람들이 행동에 나서면 그것이 그럴 듯해 보이지 않을 때도 자신만 손 놓고 있다는 느낌이 들 수 있다. 그러나 이런 느낌에 속아 넘어가면 안 된다! 사회적 기본값은 이렇게 작동한다. 실패하더라도 다수 안에 있기만 하면 괜찮다는 느낌이야말로 사회적 기본값의 유혹이다.

재빨리 대세를 따르는 사람이 있는가 하면, 내가 옳다는 느낌에 집착하는 사람도 있다. 이런 사람에게도 선택의 가능성을 유지하는 것이 힘들 수 있다. 유보적인 태도가 단기적 관점에서는 바보처럼 보일 수 있고 종종 바보 취급을 당하는 것을 참아야 하기 때문이다. 그러나 세상에서 가장 성공한 사람들을 살펴보면, 그들도 선택의 가능성을 열어 둔 채 행동의 적기를 기다리는 동안 바보처럼 보인 경우가 많았다.

1990년대 후반 닷컴버블 **dot-com bubble** 시기, 거의 손을 놓고 있었던 워런 버핏은 모두가 몰려드는 강세장을 놓치는 것처럼 보였다. 사람들은 그가 감각을 잃었다고 떠들어대기 시작했다. 그 몇 년 동안 투기꾼들에게 그는 바보처럼 보였을지 모른다. 그러나 기술주 거품이 꺼졌을 때도 여전히 버핏은 엄청난 현금을 보유했다.

발표하기 전, 동거부터 하라

당신은 이메일을 정성껏 써서 '보내기' 버튼을 누르자마자 후회한 적이 없는가? 나는 있다. 이럴 때는 정말 끔찍한 기분이 든다. 하지만 너무 일찍 중대 결정을 발표한 후 실수였음을 깨달을 때만큼 끔찍하지는 않을 것이다.

　많은 사장이 중대한 결정을 내리는 즉시 발표하기를 원한다. 이는 당연하다. 많은 이에게 결단력을 과시하고 자신의 눈부신 신사업으로 인해 세상이 떠들썩해지길 바라기 때문이다. 그러나 결정을 즉시 발표하는 것은 발송을 취소할 수 없는 이메일을 보내는 것과도 같다. 발표와 함께 상황이 돌아가기 시작하면 마음을 바꾸기가 훨씬 더 어려워진다. 그래서 나는 이에 대한 규칙을 만들었다. 주요 결정을 내린 후 다른 사람들에게 말하기 전, 결정과 하룻밤 동거하는 것이다.●

● "결정과 동거하다 live with the decision"라는 표현은 이 책에 언급된 많은 교훈을 가르쳐준 랜들 스터트먼과 대화하다가 떠오른 것이다.

그러나 결정과 함께 하룻밤을 보내는 것만으로는 충분치 않다는 것을 알게 되었다. 그래서 또 다른 요소를 규칙에 추가했다. 즉, 잠자리에 들기 전, 왜 이런 결정을 내렸는지를 설명하는 메모를 적어 놓기로 했다. 그렇게 하면 보이지 않던 것을 볼 수 있었기 때문이다. 나는 아침에 일어나 적어둔 메모를 읽었다. 그러자 전날 밤에는 최고로 보였던 아이디어가 다음 날 아침의 냉철한 눈에는 부족해 보이는 경우가 의외로 많았다. 때로는 생각했던 것만큼 문제를 확실히 이해하지 못했다는 사실을 자각하기도 했고, 때로는 그저 옳은 결정처럼 느껴지지 않을 때도 있었다. 그러면서 이러한 느낌을 더 살펴볼 필요가 있다는 생각이 들었다.

결정을 발표하기 전에 동거부터 하면 새로운 시각에서 자신의 가정을 검증할 수 있다. 일단 결정을 내리면 아직 공개하지 않은 상태라도 사안이 새로운 관점에서 보이기 시작한다.● 우리의 뇌가 마치 결정이 이미 실행에 옮겨진 것처럼 결정으로 인한 가능성 있는 모든 결과를 처리하기 때문이다. 그러면 보지 못했던 미묘한 차이가 보이기도 하고, 결정의 실행 방법이 바뀌기도 한다. 가령, 어느 직원을 승진시키려 하는데 과연

● 이는 랜들 스터트먼이 내게 알려주었는데, 이미 결정을 내린 것처럼 행동하면 새로운 모든 정보가 이미 내린 결정의 렌즈를 통해 걸러지기 시작한다.

그가 회의와 팀을 잘 이끌 수 있을지 확신이 서지 않을 수 있다. 이럴 때 결정과 함께 하룻밤을 보내면 그가 회의를 이끄는 모습이 머릿속에 떠오를 것이며, 필요한 경우 결정을 재조정할 기회도 얻을 수 있다.

하룻밤 또는 이틀 밤을 오로지 혼자 결정과 동거하면, 결정에 대한 자신의 감정까지 점검할 수 있다. 내린 결정이 뼛속 깊이 마음에 드는가? 당신의 뇌와 심장과 직감이 모두 동의하는가? 대다수 결정은 마음에 들어도, 그렇지 않은 것도 있을 것이다. 느낌이 안 좋은 것은 무언가 잘못되었다는 신호이므로 결정을 발표하기 전에 더 깊이 파고들 필요가 있다. 결정을 실행에 옮기기 전 혼자만 간직하고 있으면, 언제든지 취소할 수 있다.

이중안전장치 원칙

이중안전장치fail-safe를 마련하면, 계획에 따른 결정 실행을 보장하는 데 도움이 된다.

당신이 에베레스트산 정상에서 불과 50m 떨어진 곳에 서 있다고 상상해 보라. 온몸이 쑤시고 마음은 무감각해졌다. 아무리 열심히 숨을 들이마셔도 산소가 부족한 것 같다. 가족이나 친구들과 보낼 시간을 희생하면서 수년간 훈련을 거듭했고

가이드와 여행 경비로 6만 달러를 썼다. 오늘이 정상 시도의 날이라고 이미 모두에게 말했다. 그동안 노력한 모든 것의 결과가 바로 눈앞에 있다. 목표가 보인다. 거의 다 왔다. 그러나 원래의 계획보다 30분 늦었고 산소가 떨어져간다. 돌아서야 할까, 계속 나아가야 할까?

세계 최고의 셰르파들은 에베레스트산 등반에서는, 정상에 오를 때가 아니라 정상에서 내려갈 때가 가장 위험하다는 것을 잘 알고 있다. 꼭대기까지 오르면서 매우 많은 에너지가 소모되는데 등반가들은 체력이나 산소가 거의 소진되었는데도 정상까지 계속 나아간다. 돌아갈 때의 시련은 고려하지 않은 채 정상에 오르는 데 많은 자원을 소모하는 것이다. 등정욕에 사로잡힌 그들은, 가장 중요한 것은 정상에 오르는 것이 아니라 집으로 돌아가는 것임을 잊어버린다. 살아남지 못하면 승리할 수도 없다는 것도.

에베레스트산에 오를 계획이 없는 이들에게 등정욕은 다소 터무니없어 보일 것이다. 산꼭대기에 오르는 일이 목숨만큼 중요하지는 않다! 그러나 산꼭대기 근처까지 온 사람이 바로 앞에 보이는 꿈을 등지기란 결코 쉽지 않다. 게다가 산을 오르면서 엄청난 양의 에너지를 소모하는 바람에 몸은 지치고 마음도 혼미한 상황이다. 이는 세심하게 수립된 계획을 무너뜨리고 진정한 목적을 달성하지 못하도록 방해하는 기본값이 작동하기에 딱 좋은 상태다.

에베레스트산 등반 사례는 계획에 따른 결정 실행을 보장하기 위한 이중안전장치의 중요성을 극적으로 보여준다. 산소가 떨어지면 정말 돌아가야 하는가? 다른 장비가 다 망가져도 계속 가야 하는가? 이중안전장치는 우리가 최악의 상태에 놓일 때 기본값의 작용으로부터 우리를 보호할 수 있도록, 최상의 상태일 때 미리 대비하는 것이다.

그리스의 율리시스 신화 역시 이중안전장치의 효과를 잘 설명해 준다. 율리시스는 선장이었다. 그와 선원들은 노래로 뱃사람을 유혹해 죽음으로 몰아넣는 세이렌Siren이라는 위험한 생물이 사는 섬 근처를 항해하고 있었다. 뱃사람들은 세이렌의 아름다운 노래를 들으면 동경심에 사로잡혀 배가 바위에 부딪힐 때까지 노랫소리가 들리는 곳을 향해 미친 듯이 달려갈 수밖에 없었다.

율리시스는 선원들의 목숨을 위험에 빠뜨리지 않으면서 세이렌의 노래를 듣고 싶었다. 잠깐, 나는 여기서 율리시스가 훌륭한 결정을 내렸다고 생각하지는 않는다. 만약 내가 설명한 원칙과 안전장치를 사용해 모든 대안을 철저히 검토했다면, 아예 이 섬을 피해 갔을 테니 말이다. 그러나 이것이 이 이야기의 요점은 아니다. 이 이야기의 요점은, 율리시스가 계획에 따른 결정 실행을 보장하기 위한 이중안전장치를 미리 마련했다는 점이다.

그는 선원들의 귀를 밀랍으로 막음으로써 섬에 접근해도

세이렌의 노래를 들을 수 없게 했다. 그리고 자신을 돛대에 묶어서 노래에 취한 그가 무슨 말과 행동을 하든 선원들에게 영향을 미치거나 이미 내린 결정을 바꿀 수 없도록 하는 동시에, 자신이 발버둥 치며 항로를 바꾸라고 소리칠수록 그를 더 단단히 묶으라고 지시했다.

이렇게 영리한 이중안전장치 덕분에, 율리시스는 선원들의 안전을 보장하면서 노래를 들을 수 있었다. 이중안전장치는 다른 많은 상황에서도 당연히, 꼭, 필요하다.

세 종류의 이중안전장치

나는 우리가 알아야 할 이중안전장치 세 종류를 소개하고자 한다. 인계철선을 설치하는 것과 다른 사람에게 결정권을 부여하는 것 그리고 자신의 손을 묶는 것이다.

> **이중안전장치** 정량화할 수 있는 특정 시간, 금액 또는 상황에 도달했을 때 수행할 작업을 미리 정함으로써 인계철선을 설치하라.

인계철선은 일종의 사전 결정이다. 즉, 특정 조건이 충족되었을 때 실행할 행동을 미리 정하는 것이다. 예를 들어, 에베레스트산 등반팀은 특정 시간까지 특정 지점에 도달하지 못할 경우 등정 시도를 포기하는 것으로 미리 정함으로써 인계철선을 설치할 수 있다. 이 기준을 충족하지 못하면 돌아간다! 논쟁은 필요 없다. 등반팀이 극도로 피로하고 산소도 부족한 상태에서 결정을 내리는 대신, 미리 결정한 대로 실행하기로 정하는 것이다.

성공과 실패의 길을 미리 표시해 놓고 필요할 때마다 그것을 보면 된다. 경로에 답이 있다. 인계철선은 부정적 신호일 수도 있고 긍정적 신호의 결여일 수도 있다. 긍정적 신호가 감지될 때는 어디로 가야 할지 잘 안다. 그러나 상황이 어둠침침해지면 인계철선을 설치하는 것이 좋다.

부정적 신호란 무언가가 심각하게 잘못되고 있다는 경고다. 잘못된 길로 접어든 것을 빨리 알아차릴수록 돌아가기도 쉽다. 얼마 전, 나는 고속도로에서 서쪽으로 가야 하는데 동쪽으로 가고 말았다. 엉뚱한 도시에 가까워지고 있다는 걸 알아차린 후에야 내 실수를 깨달았다! 그러나 주목할 것은 부정적 신호만이 아니다. 때로는 긍정적 신호가 없는 것 자체가 신호다.

기대했던 긍정적 신호가 보이지 않는다고 해서 반드시 일이 잘못된 것은 아니다. 그러나 주의를 기울일 필요가 있는 순간임에는 확실하다. 기대했던 긍정적 신호도 없고 부정적 신호도 없는 바로 이 시점에서, 많은 프로젝트가 실패하고 많은 결정이 어려움에 처한다. 이럴 때는 재평가가 필요하다. 이때는 '가장 중요한 것이 여전히 가장 중요한 사인인가?'라고 자문하라. '내가 틀렸나? 시간이 많이 지났지만 일은 많이 진전되지 않은 이 시점에, 목표 달성을 위해 무엇이 필요한가?'

일을 시작하기 전에 분명한 인계철선을 설치하면, 성공 확률이 높아진다. 팀 전체가 성공과 실패의 표지를 분명하게 이해하면, 사태가 경로를 이탈하는 즉시 바로 조치할 수 있는 권한을 팀에 부여할 수 있다.

> **이중안전장치** 지휘관 의도를 사용하여, 팀장 없이도 조치하고 결정할 수 있는 권한을 팀원들에게 부여하라.

훌륭한 팀장은 일이 항상 계획대로 진행되지는 않는다는 것을 잘 안다. 또한 자신이 동시에 모든 곳에 있을 수 없다는 것도 잘 안다. 팀원들은 상황이 변했을 때 적응하는 법을 알아야 한다. 그리고 상황은 늘 변한다.

임무를 수행하기에 충분한 구조와 변화하는 상황에 대응하기에 충분한 유연성을 팀에 부여하는 것을 가리켜 '지휘관 의도commander's intent'라고 부르는데, 이는 나폴레옹에 맞선 독일군에 최초로 적용되었던 군사 용어다.

상사의 승인 없이는 직원들이 어떤 조치도 취할 수 없는 회사의 내부 사정을 잘 아는 사람이라면, 지휘관 의도가 없는 곳에서 어떤 일이 벌어지는지 잘 알 것이다. 이런 곳에는 단일 장애 지점이 있다. 즉, 상사에게 무슨 일이 생기면, 사업과 임무 전체가 잘못된다.

지휘관 의도는 계획을 실행하면서 상황에 맞게 팀원이 주도적으로 조치할 수 있는 권한을 갖는 것이다. 이를 통해 팀장이 병목 구간이 되는 것을 막을 수 있으며, 팀장 없이도 팀원들이 책임 있게 목표를 추진할 수 있다.

지휘관 의도에는 4가지 요소가 있는데, 공식화, 의사전달, 해석, 이행이다. 공식화와 의사전달은 상급지휘관의 책임이다. 상급지휘관은 어떤 일의 전략과 취지, 운영 한계를 팀에 전달해야 한다. 무엇을 해야 하는지뿐만 아니라 왜 해야 하는지, 어떻게 이런 결정을 내리게 되었는지도 설명해야만 팀이 그동안 논외로 취급되었던 맥락과 효과적 조치의 한계를 이해할 수 있다. 그다음으로 하급지휘관은 지휘관 의도의 나머지 두 요소를 이용해 변화하는 상황을 해석하고 변화된 맥락에 맞게 전략을 이행한다.

결정의 실행에 앞서 향후 혼란을 방지하기 위해 다음과 같이 자문하라.

- 팀장으로서의 나의 목표와 내가 추구하는 결과를 알아야 할 사람이 있는가?
- 팀원들이 우리 팀의 가장 중요한 목적이 무엇인지를 알고 있는가?
- 주목해야 할 긍정적 신호와 부정적 신호 및 이와 결부된 인계철선에 대해 팀원들이 알고 있는가?

권한 부여가 제대로 되지 않았을 때 드러나는 신호가 하나 있다. 팀장이 일주일간 자리를 비울 경우 업무가 산산조각 나는 것이다. 팀장 중에는 바로 그래서 자신이 필요하다고 생각하는 이도 있다. 본인 없이는 팀이 돌아가지 않는 것이 팀장의 중요성을 보여주는 신호라고 여기는 것이다. 그러나 이런 느낌에 속아 넘어가면 안 된다! 인간의 자아 기본값은 이렇게 작동한다. 유능한 팀장이라면, 팀이 결정을 내리고 목적을 달성하기 위해 24시간 연중무휴로 자리를 지킬 필요가 없어야 한다. 팀장이 도무지 자리를 비울 수 없다면 그것은 그가 꼭 필요하거나 아주 유능한 팀장이라서가 아니라, 무능한 의사전달자이기 때문이다.

팀장이 자아 기본값에 얽매여 있다는 것을 보여주는 또 다른 신호는 그가 모든 것을 일일이 통제하려고 고집하는 경우다. 훌륭한 팀장은 달성할 목표와 이를 위한 매개변수만 정한다. 훌륭한 팀장은 자신이 직접 할 때와 다르게 일이 처리되어도 상관하지 않는다. 설정한 한도 내에서 목표를 향해 나아가고 있다면 그것으로 만족한다.

형편없는 팀장은 모든 것이 자신의 방식대로 이루어져야 한다고 고집한다. 그래서 결국 팀의 사기를 꺾고 충성심과 창의성을 약화시키는데, 이것이야말로 지휘관 의도와 정반대되는 것이다.

> **이중안전장치** 실행이 틀어지지 않도록 자신의 손을 묶어라.

율리시스는 자신의 결정에 대한 안전장치로 인계철선과 지휘관 의도를 사용했다. 자신의 결정대로 실행되게끔 보장하기 위한 마지막 이중안전장치로, 그는 선원들에게 자신을 돛대에 묶게 했다. 이런 종류의 안전장치를 가리켜 율리시스의 계약**Ulysses pact**이라고 부르게 된 것도 이 때문이다.

자신의 손을 묶는 것은 맥락에 따라 다른 의미가 될 것이다. 다이어트 중이라면 자신을 유혹할 집에 있는 모든 정크푸드를 치우는 것이 될 수 있고, 돈을 불릴 생각이라면 매월 투자 계좌로 자동 출금되는 시스템을 마련하는 것일 수도 있다. 또 에베레스트산 정상 등반이 목표라면, 특정 시간까지 중간 지점에 도달하지 못할 경우 전원이 돌아간다는 동의를 전원에게 얻는 것이 자신의 손을 묶는 것이 될 수 있다.

어떤 결정이든, '내가 최선이라고 결정한 방침을 확실히 고수할 방법이 있는가?'라고 자문하라. 여러 대안을 신중히 검토해 행동 방침을 미리 정해 놓으면 다른 문제와 씨름할 수 있는 공간이 생긴다.

이럴 경우 결정을 최대한 미루고 있더라도 결정을 내릴 때가 되면 무엇에 집중해 무슨 일을 해야 하는지가 정확히 보인다. 이렇게 인계철선을 설치하고 사람들에게 스스로 행동할

수 있는 권한을 부여해 둔 상태에서 자신의 손을 묶어 놓았다
면, 극심한 압박을 받는 순간에도 그동안 달성한 모든 성과를
무효로 만드는 일은 일어나지 않을 것이다.

이전 결정에서
배우기

06

당신이 지식노동자라면, 당신은 결정을 생산할 것이다.[1] 이것이 당신의 일이다. 당신이 얼마나 멀리 나아갈지, 얼마나 빨리 그곳에 도달할지는 결국 결정의 품질에 달렸다. 훌륭한 결정을 꾸준히 내릴 수 있는 방법을 배운 사람은 그저 좋은 결정을 내리는 사람을 빠르게 앞지를 것이다.

그러나 훌륭한 결정을 내리려면 먼저 배워야 한다. 훌륭한 결정권자는 자신의 실수와 성공에서 배우는 능력이 탁월하다. 바로 이런 능력 때문에 그들은 탁월하다. 바로 이런 능력 때문에 그들은 성공을 반복하고 실패의 반복을 회피한다. 이러한 능력을 스스로 개발하지 않으면 시간이 지나도 의사결정 과정이 개선되지 않는다.

몇 년 전, 한 회사에서 결정 품질의 개선을 위해 나를 고용했다. 첫 번째 단계는 각자 현재 위치를 파악하는 것이었다. 우리는 다음과 같은 질문에 답하는 것부터 시작했다. 결정권자가 예상한 특정 결과가 그들이 말하는 이유로 실제 벌어질 확률이 얼마나 되는가?

결과는 충격적이었다. 결정권자가 옳은 경우는 20% 정도에 불과했다. 예상한 결과가 현실화되었을 때도 대개 결정권자들이 생각했던 이유로 일어나지는 않았다. 다시 말해 그들의 성공은 통찰이나 노력이나 실력 덕분이 아니었다. 실력보다는 운이 좋았다. 이 소식이 그들의 자존심을 강타했다. 그들은 지금까지 거둔 성공이 대부분 본인의 능력 덕분이라고 생각하고 있었지만 수치가 해주는 이야기는 달랐다. 룰렛에서 운이 좋았던 사람이 자신의 '시스템' 덕분에 성공했다고 하는 것과 다를 게 없었다.

이 이야기는 앞에서 논의했던 심리 현상인 자기만족 편향, 즉 자아상을 향상하는 방향으로 사물을 평가하는 인간의 성향을 잘 보여준다. 인간은 보통 성공하면 본인의 능력이나 노력 덕분에 성공했다고 평가한다. 반면 무엇에 실패하면 실패를 외부 요인 탓으로 돌리는 경향이 있다. 기본적으로 '앞면이 나오면 내가 옳다. 뒷면이 나와도 내가 틀린 것은 아니다'라고 생각하는 것이다. 더 나아지고 싶다면 이런 황당한 이야기부터 고쳐야 한다.

자기만족 편향은 자신의 이전 결정에서 잘못을 배워 의사 결정 과정을 개선하는 데 방해가 된다. 자아 기본값이 우리가 실제보다 더 똑똑하고 더 열심히 일하며 더 많이 안다고 생각하게끔 부추긴다. 자아 악마가 부추기는 과신에 빠져 우리는 자신의 결정을 비판인 눈으로 검토하지 못한다. 이로 인해 우리는 실력과 행운, 또 본인이 통제할 수 있는 것과 통제할 수 없는 것을 구별하지 못한다. 이 악마의 덫에 빠진 상태에서는 결코 이전 결정에서 무엇도 배울 수 없으며 앞으로 더 나은 결정을 내릴 수도 없다.

기억하라. 자신의 결정을 평가할 때 명심해야 할 첫 번째 원칙은 다음과 같다.

> **과정 원칙** 결정을 평가할 때는 결과가 아닌, 결정 과정에 초점을 맞춰라.

일반 통념에 따르면, 좋은 결과는 좋은 사람들이 좋은 결정을 내릴 때 생기고, 나쁜 결과는 나쁜 사람들이 나쁜 결정을 내릴 때 생긴다. 그러나 이와 반대되는 사례를 쉽게 찾을 수 있다. 우리는 종종 나쁜 결정을 내리지만 그렇다고 우리 모두가 나쁜 사람인 것은 아니다. 또한 좋은 결정을 내렸다 해도 삶의 불가피한 불확실성 때문에 예상치 못한 불행한 결과를 맞이하게 될 수도 있다.

미국 프로 미식축구팀 시애틀 시호크스Seattle Seahawks의 피트 캐롤Pete Carroll 감독도 좋은 결정과 좋은 결과의 차이를 누구보다 잘 알 것이다. 2015년 2월, 캐롤은 제49회 슈퍼볼 경기 막판에 역사적인 결정을 내렸는데, 이는 곧바로 엄청난 실수라는 비판에 직면했다. 시호크스는 28대 24로 끌려갔지만 뉴잉글랜드의 1야드 라인에 있었고 곧 득점에 성공해 역전할 것이 확실해 보였다. 시애틀의 백필드 라인에는 당시 내셔널 풋볼 리그에서 가장 압도적인 러닝백으로 통하며 이미 그날 패트리어츠를 상대로 100야드 이상을 달렸던 97kg의 대형 망치 같은 마숀 린치Marshawn Lynch가 있었다. 다음은 그때 무슨 일이 일어났는지를 설명한 CBS 스포츠 기사를 요약한 것인데, 캐롤의 결정이 오늘날까지 어떻게 평가되고 있는지 알 수 있다.

> 그다음에 일어난 일은 풋볼 경기가 지속되는 동안 이 리그의 역사에 길이 남을 것이다. … 캐롤은 붐비는 필드 중앙의 패스 진로로 세컨드 다운을 던지라는 기이한 결정을 내렸다. 이는 벨리칙 감독과 이 경기의 최우수 선수인 톰 브래디가 네 번째 슈퍼볼 우승의 역사를 쓴 것과 함께 오랫동안 구설에 오를 것이다.[2]

관중석의 팬들과 경기를 시청하던 거의 모든 사람에게 옳은 결정은 명백해 보였다. 그것은 '짐승 모드'라고 불렸던 린치에게 그냥 공을 넘기는 것이었다. 그러나 캐롤은 쿼터백 러셀 윌슨Russell Wilson에게 패스 시도를 지시했고 그 결과는 참혹했다.

이 경기가 끝난 후 여러 해가 지났고, 그동안 이러한 결정에 대해 엄청나게 많은 분석이 이루어졌다. 어째서 감독은 모두에게 당연해 보였던 쉬운 선택을 하지 않았을까? 그는 좋은 정보를 바탕으로 상대의 약점을 노리는 베팅을 했다. 경기가 끝난 후 인터뷰 진행자가 캐롤에게 말했다. "그 결정은 역대 최고의 실수였다고 모두가 생각하는데요." 캐롤의 답변은 다음과 같았다. "그것은 결정이 낳을 수 있는 최악의 결과였습니다." 그의 의사결정 과정에는 문제가 없었다. 그저 잘 풀리지 않았을 뿐이다. 때로는 인생이 그렇다.

옳은 결정이 항상 의도한 결과를 낳지는 않는다. 현실 세계에서 결정을 내리는 모든 사람이 언젠가 이 교훈을 얻는다. 포커 플레이어들은 이를 잘 안다. 그들은 완벽한 패를 들고도 잃을 수 있다. 보장된 것은 없다. 우리가 할 수 있는 것은 그저 가진 패로 최선을 다하는 것뿐이다.

캐롤은 세계적인 무대에서 결정을 내렸지만 결과는 끔찍했다. 그러나 결정에 대한 그의 자신감은 확고했다. 왜? 캐롤은 자신이 어떤 이유로 그런 결정을 내리는지 알고 있었기 때문이다. 그는 자신의 논리가 타당하다는 것을 알고 있었다. 그가 할 수 있는 것은 결과에서 배우는 것뿐이었다.

많은 사람이 좋은 결정이 좋은 결과를 낳고 나쁜 결정은 그렇지 않다고 생각한다. 그러나 이는 사실이 아니다. 개별 결정의 품질을 결정하는 것은 결과의 품질이 아니다. 이 점을 이해하는 데 도움이 될 사고 실험을 해보자.

당신이 이직에 관해 매우 사려 깊고 의도적인 의사결정 과정을 거친다고 상상해 보라. 몇몇 회사로부터 제안을 받았는데, 그중에는 신생 벤처기업도 있고, 〈포천*Fortune*〉 선정 미국 500대 기업에 속하는 회사도 있다. 본인이 삶의 어느 단계에 있는지를 고려한 끝에 〈포천〉 500 기업에서 일하기로 결정했다. 선불 급여는 더 적지만, 더 안정적으로 보여서다.

그런데 친구가 내가 제안받았던 신생 벤처기업에서 일하게 되었다. 곧 친구의 급여가 오르고 휴가 기간도 더 늘어난 것을 알았다. 나의 결정은 좋은 결정이었을까, 나쁜 결정이었을까?

그 신생 벤처기업이 불과 1년 만에 사업을 접게 되었다고 하자. 이로 인해 본인이 내린 결정에 대한 느낌이 달라지는가?

내가 무슨 말을 하려고 하는지 감이 올 것이다. 벤처기업이 승승장구할지 사라질지는 우리의 통제력 밖에 있다. 더 많은 급여를 제공하는 벤처기업이 바로 이 순간에 우리에게 어떻게 느껴지는지도 우리의 통제력 밖에 있다. 우리가 통제할 수 있는 것은 우리의 결정 과정뿐이다. 결정의 좋고 나쁨을 결정하는 것도 바로 이 과정이다. 결과의 품질은 별개 문제다.

결정의 품질을 결과와 동일시하는 경향을 가리켜 '결과에 따르기resulting'라고 부른다. 결과는 결정에서 가장 눈에 띄는 부분이다. 그래서 사람들은 결과를 결정의 품질을 나타내는 지표로 여기는 경향이 있다. 결과가 우리가 원했던 것이라면 좋은 결정을 내렸다고 결론짓고, 결과가 우리가 원했던 것과 다르면 외부 요인을 탓한다. 우리는 종종 의사결정 과정에 결함이 있었던 게 아니라, 중대한 정보가 빠진 게 문제였다고 생각한다(반면, 타인이 나쁜 결과를 얻으면 그가 나쁜 결정을 내렸기 때문이리라 가정한다).

물론 우리는 모두 좋은 결과를 원한다. 그러나 앞에서 살펴본 것처럼 좋은 결정이 나쁜 결과를 낳을 수도 있고, 나쁜 결정이 좋은 결과를 낳을 수도 있다. 결과(또는 결과에 대한 느낌)를 토대로 (우리의 또는 다른 사람의) 결정을 평가하면, 운과 실력 또는 통제력을 구별할 수 없다. 때문에 '결과에 따르기'는 더 나은 내가 되는 데 도움이 되지 않는다. 결과에 따른 결과는 정체일 뿐이다.

나쁜 결과를 되새기면서 '이렇게 될 줄 왜 몰랐을까?'라고 계속 자책해 본 적이 있다면, 나중에 받는 느낌을 토대로 결정을 평가하는 일이 얼마나 쉬우면서도 또 쓸데없는 일인지 알 것이다. 우리는 종종 '(그때는 내가 몰랐던) 그 사람과 대화를 나눴다면 좋았을 텐데!' 또는 '(그때는 있지도 않았던) 그 정보만 알았어도 옳은 선택을 했을 텐데…'라고 생각한다. 그러나 아무리 훌륭한 결정권자라도 때때로 나쁜 결과를 얻는다는 것을 기억하라.

좋은 결정을 내리는 것은 결과가 아니라 과정의 문제다. 한 번의 좋은 결과로 우리가 천재가 되지 않는 것처럼 한 번의 나쁜 결과로 우리가 나쁜 결정권자가 되지도 않는다. 결정 시점의 사고 과정을 평가하지 않고서는 우리가 옳았는지 아니면 그저 운이 좋았는지를 결코 알 수 없다. 그때의 사고 과정을 보이게 만드는 조치를 취하지 않으면, 계속 보이지 않을 것이다.

성공 확률이 100%인 결정을 내리는 경우는 거의 없다. 그리고 성공 확률이 90%인 결정도 결정 시점 기준으로 10%의 나쁜 결과가 나올 확률이 있다. 관건은 나중의 결과다. 따라서 결정 시점의 10%에 목을 맬 필요는 없다.

다음 페이지의 행렬은 결정과 그 결과에 대한 성찰을 체계화하는 방법이다.

나쁜 과정은 결코 좋은 결정을 낳을 수 없다. 물론 나쁜 과정이 좋은 결과로 이어질 수는 있지만, 이는 좋은 결정을 내리는 것과는 다른 문제다. 결과는 부분적으로 행운과 불운의 영향을 받는다. 엉뚱한 이유로 적절한 결과를 얻는 것은 똑똑함이나 실력의 함수가 아니라, 그저 맹목적인 운일 뿐이다.

오해하지 마라. 운이 좋은 것도 좋은 것이다. 다만 이것이 운이라는 사실을 인지해야 한다. 운은 장기적으로 좋은 결과

	좋은 결과	나쁜 결과
좋은 과정	좋은 결정을 내렸고 일이 계획대로 풀린다. 당신은 성공을 누릴 자격이 있다. 당신이 잘해서 얻은 것이다. 그러나 자만하지 마라. 의사결정 과정을 계속 개선하라.	좋은 결정을 내렸지만 일이 계획대로 풀리지 않는다. 운이 나빴다! 낙심하지 마라. 의사결정 과정을 신뢰하라. 경험을 통해 배우면서 계속 개선하라.
나쁜 과정	나쁜 결정을 내렸지만 룰렛에서 돈을 딸 때처럼 운이 좋다. 당신은 성공을 누릴 자격이 없다. 당신이 성공에 기여한 것은 아무것도 없다. 그저 운이 좋았다. 나쁜 결정을 반복하면 결국은 잃을 것이다. 바꿀 수 있을 때 바꿔라. 의사결정의 주인이 되기 위해 성장하라.	나쁜 결정을 내렸고 룰렛에서 돈을 잃을 때처럼 운이 나쁘다. 실패는 당신의 탓이다. 실패를 자초했다. 그러나 실패를 통해 배워라. 이번 일을 교훈으로 삼아라. 바꿀 수 있을 때 바꿔라. 의사결정의 주인이 되기 위해 성장하라.

를 보장하는 반복 가능한 과정이 아니다. 운에서는 우리가 배울 수도 없고 더 잘하게 만들 수도 없다. 운이 좋다고 해서 우위를 점할 수도 없다.

운과 의지를 혼동하기 시작하면 실수를 저지르게 마련이다. 자신에게 닥친 위험을 보지 못해서 조만간 크게 놀랄 수 있다. 운과 실력을 혼동하기 시작하면 자신의 결정에서 배우고 의사결정 과정을 개선함으로써 장기적으로 더 나은 결과를 확보할 수 있는 기회를 날려 버릴 수밖에 없다.

자신의 결정을 평가하는 두 번째 원칙은 다음과 같다.

> **투명성 원칙** 의사결정 과정을 면밀하게 검토할 수 있도록 최대한 투명하게 공개하라.

다른 사람의 결정을 평가하는 것은 자신의 결정을 평가하는 것과 다르다. 다른 사람의 의도나 사고 또는 의사결정 과정은 거의 볼 수 없으므로, 다른 사람의 결정을 평가할 때는 결과 외에 참조할 것이 거의 없다.

하지만 자신의 결정을 평가하는 것은 다르다. 우리는 의사결정 과정 자체를 1인칭 관점으로 들여다볼 수 있다. 우리는 자신의 생각을 살펴보면서 통제할 수 있었던 것과 그렇지 않았던 것, 그때 알고 있던 것과 몰랐던 것을 구별할 수 있다. 그래서 새롭게 배운 것을 다음번 의사결정 과정에 재투자할 수 있다. 물론 실천이 말처럼 쉽지는 않지만!

많은 사람이 자신의 이전 결정에서 배우는 데 어려움을 겪는다. 그 이유 중 하나는 자신의 사고와 의사결정 과정이 눈에 보이지 않을 때가 많기 때문이다. 우리는 최종 결정에 도달하기까지 밟은 단계를 자신에게 무심코 숨기곤 한다. 일단 결정을 내리면 성찰을 위해 멈추는 대신 그냥 앞으로 전진한다. 그리고 나중에 자신의 결정을 되돌아볼 때는 자아가 기억을 조작한다. 지금 아는 것과 결정을 내릴 당시에 알고 있던 것을 혼동한다. 그리고 결과를 참고해 이것을 자신의 의도에 재투영한다. '맞아, 원래 그러려고 했어.'

결정을 내린 시점의 사고를 점검하지 않으면, 즉 무엇을 알고 있었고 무엇이 중요하다고 생각했으며 어떻게 추론했는지를 점검하지 않으면, 좋은 결정을 내렸는지 아니면 그저 운이 좋았는지 결코 알 수 없을 것이다. 자신의 이전 결정에서 배우고 싶다면, 보이지 않는 사고 과정을 면밀히 검토할 수 있도록 최대한 투명하게 공개해야 한다. 이를 위해 다음과 같은 안전장치가 도움이 될 수 있다.

> **안전장치** 결정을 내릴 때의 생각을 기록한다. 사후 기억에 의존하지 마라. 결정을 내린 시점에 알고 있던 것이나 생각했던 것을 기억해 내려는 시도는 바보 같은 짓이다.

인간의 자아는 기억을 왜곡하고 자신이 실제보다 더 똑똑하거나 더 많이 아는 것처럼 느껴지는 이야기를 스스로에게 속삭인다. 그래서 자신이 내린 결정보다 더 나은 결정을 내릴 수 있는 사람은 없다고 생각하게 만든다. 결정을 내린 시점에 무슨 생각을 했는지를 분명히 알 수 있는 유일한 방법은 결정을 내린 시점에 했던 자신의 생각을 기록하는 것이다.

생각을 적어두면 여러 가지 이점이 있다. 우선 서면 기록은 결정을 내린 시점의 사고 과정에 대한 정보를 제공한다. 이를 통해 보이지 않던 것이 드러난다. 이 같은 기록이 있으면 나중에 자신의 결정을 성찰할 때 자아 기본값의 왜곡 작용에 대응할 수 있다. 가령, 다음과 같은 질문에 진실한 답변을 할 수 있다. '내가 결정을 내린 시점에 무엇을 알고 있었지?' 또는 '내가 예상했던 일이 진짜 생각했던 이유로 발생했나?'

자신의 생각을 기록함으로써 얻을 수 있는 두 번째 이점은, 무언가를 적다 보면 어떤 사안에 대해 그것을 내가 생각했던 만큼 잘 이해하지 못하고 있다는 사실을 종종 깨닫게 된다는 것이다. 결정을 내린 후가 아니라 내리기 전에 이를 깨닫는 것이 훨씬 낫고 치러야 할 대가도 크지 않을 것이다. 그럴 경우 문제에 대해 더 많은 정보를 얻고 문제를 더 잘 이해할 수 있는 기회가 생긴다.

자신의 생각을 기록하는 것의 세 번째 이점은, 대부분 보이지 않는 자신의 생각을 다른 사람에게 보일 수 있다는 점이다. 그리고 다른 사람이 내 생각을 볼 수 있다면, 그가 내 생각의 오류 여부를 점검하고 내가 보지 못한 다른 관점을 제시해 줄 수도 있다. 내 생각을 다른 사람에게(또는 나 자신에게) 간단히 설명할 수 없다면, 이는 내가 사태를 완전히 이해하지 못했으며 더 깊이 파고들어 더 많은 정보를 수집할 필요가 있다는 신호다.

자신의 생각을 기록하는 것의 마지막 이점은, 자신의 시각을 통해 배울 기회를 다른 사람에게 제공한다는 점이다. 조직 내의 모든 사람이 결정을 내리는 과정을 기록한 데이터베이스를 갖춘다면, 조직에 정말 많은 도움이 될 것이다. 조직이 내린 결정들의 목록을 검색할 수 있다면, 그것이 얼마나 큰 가치를 지닐지 상상해 보라. 이런 시스템이 있다면 조직의 여러 부서에서 서로의 생각을 점검할 수 있게 된다. 이를 통해 경영진은 훌륭한 결정권자와 평범한 결정권자를 구별할 수 있고, 직원들에게 바람직하거나 바람직하지 않은 의사결정 방식에 대한 모델을 제공할 수 있을 것이다. 이런 시스템을 구축 중인 회사가 있다면 나는 당장 그 회사의 주식을 매수할 것이다!

이 모든 원칙은 우리가 원하는 것을 얻는 데 도움이 된다. 그러나 우리가 원하는 것이 정말로 중요한 것인지는 또 다른 문제다.

CLEAR THINKING

5장

정말로
중요한 것

자신이 죽었다고 생각하라. 당신은 당신의 삶을 이미 살았다.

이제 남은 것으로는 제대로 살아라.

— 마르쿠스 아우렐리우스,《명상록*Meditations*》, 제7권

지금까지 우리는 어떻게 하면 인간의 기본값에 휘둘리지 않고 명료하게 사고하여, 현명한 결정을 내릴 수 있을지 살펴보았다.

좋은 의사결정은 다음 2가지로 요약된다.

1. 원하는 것을 얻는 법을 아는 것
2. 무엇이 원할 만한 가치가 있는지 아는 것

첫 번째는 효과적인 결정에 관한 것이고, 두 번째는 좋은 결정에 관한 것이다. 언뜻 이 2가지가 같아 보일 수도 있지만, 그렇지 않다.

판매를 성사시키거나 결원을 보충하는 것처럼 곧바로 결과를 낳는 결정은 효과적일 수 있지만, 이런 결정이 반드시 신뢰와 사랑, 건강처럼 삶에서 정말로 중요한 것으로 이어지는 것은 아니다. 반면, 좋은 결정은 우리의 장기 목표와 가치에 부합하며 궁극적으로는 사업과 인간관계, 삶에서 우리가 진정으로

원하는 만족과 성취를 가져다준다.●

효과적인 결정은 당장의 결과를 낳고, 좋은 결정은 궁극적인 결과를 낳는다.

모든 좋은 결정은 효과적이지만 모든 효과적인 결정이 좋은 결정은 아니다. 최선의 판단이란, 결국 우리가 이 순간에 원한다고 생각하는 것을 넘어 진정으로 원하는 것을 얻을 수 있는 결정을 내리는 것이다.

살아가면서 우리는 자신이 한 일과 하지 못한 일에 대해 후회하곤 한다. 최악의 후회는 자신에게 진실한 삶을 살지 못했을 때, 자신의 성과표scoreboard에 따라 경기하지 못했을 때 찾아온다(이 장에 등장하는 '자신·사회의 성과표에 따라 경기하다', '다른 사람의 성과표에 따른 삶'과 같은 표현은 경기장의 득점판scoreboard이 아닌, 기업의 목적과 전략, 우선순위 등에 따른 전략경영시스템인 균형성과표balanced scorecard에 빗대 삶의 경영을 설명한 것으로 이해되며, '균형성과표'라는 다소 낯선 경영 전문용어 대신 '성과표'로 번역했다-옮긴이).

특히 인간의 기본값들은 저마다 삶의 후회를 유도하는 원인으로 작동하곤 한다. 사회적 기본값은 다른 사람들의 생활환경이 자신과 매우 다른 경우에도 그들의 목표를 따르도록

● 이는 챗GPT ChatGPT에 이 문단의 원문을 제공한 후 더 명확하게 다듬어 달라고 요청해서 얻은 결과다!

유도한다. 관성 기본값은 과거의 목표로 행복해질 수 없다는 사실을 자각한 뒤에도 과거의 목표를 계속 추구하게끔 유도한다. 감정 기본값은 더 중요한 장기 목표를 추구하는 대신 바로 이 순간 자신을 매혹하는 것을 좇도록 자극한다. 자아 기본값은 자신과 주위 사람들의 행복과 안녕 대신 오로지 부와 지위, 권력 같은 것만 추구하도록 부추긴다.

이런 기본값에 삶의 지휘를 빼앗기면, 최종 도착지는 후회다. 다른 사람의 성과표를 좇는 삶을 살지 마라. 다른 사람이 우리 삶의 목적을 선택하도록 내버려 두지 마라. 자신이 있는 곳과 자신이 향하는 곳에 대해 스스로 책임을 져라.

진정한 지혜는 성공을 좇을 때가 아닌, 인격character을 쌓을 때 생긴다. 짐 콜린스의 말처럼 "규율이 없으면 효과가 없고, 인격이 없으면 규율도 없다."[1]

디킨스의
숨겨진 교훈

01

영국의 대표 작가 찰스 디킨스**Charles Dickens**가 창작한 가장 유
명한 인물 중 하나는 에비니저 스크루지**Ebenezer Scrooge**다. 그
는 다른 모든 것을 희생하면서까지 부를 추구한 탐욕의 화신
이다. 스크루지를 찾아온 세 유령이 그에게 그의 과거와 현재,
미래를 보여준다. 미래의 환영 속에서 스크루지는 이미 죽었
다. 스크루지는 유령의 허락을 받아 자신에 대해 사람들이 하
는 이야기를 엿듣게 된다. 사람들은 스크루지의 죽음을 기뻐
하면서 그를 회상하며 분개한다. 그의 물건을 훔친 사람도 이
에 대해 뉘우치지 않으며 오히려 저주와 같았던 그가 사라진

데 안심한다. 스크루지는 이처럼 자신이 내린 결정의 장기적인 파급효과를 보면서 후회하고, 다시 한번 기회를 달라고 간청해 자신의 삶의 행로를 바꿀 기회를 얻는다.●

과거의 스크루지는 사회의 성과표에 따라 경기하던 사람이었다. 이는 위계질서를 선호하는 인간의 생물학적 본능을 증폭시키고, 무슨 대가를 치르게 되든 돈과 지위, 권력만을 좇게 만든다. 그러나 자신의 먼 미래 환영을 보게 된 스크루지는 이런 것들이 진정으로 중요한 것이 아니며 다른 사람의 성과표에 따르는 삶은 가치가 없다는 사실을 깨달았다. 다행히도 그는 성공적인 삶의 열쇠가 좋은 이웃과 의미 있는 관계를 맺는 일이라는 것을 너무 늦기 전에 깨달았다.

삶의 질은 우리가 좇는 것의 품질에 따라 결정된다. 우리는 돈, 지위, 권력과 같은 것이 우리를 행복하게 해줄 것이라고 생각하지만, 실제로는 그렇지 않다. 이런 것들을 얻어도 우리는 만족하지 못한다. 그리고 더 많은 것을 원한다. 이런 현상을 가리켜, 심리학자 필립 브릭먼**Philip Brickman**과 도널드 T. 캠벨**Donald T. Campbell**은 '쾌락의 쳇바퀴**hedonic treadmill**'라고 불렀다.[1] 이를 한 번도 돌려보지 않은 사람이 있을까?

● 이는 내가 특히 좋아하는 사례다. 피터 카우프먼이 이를 내게 언급한 이후부터 나는 도처에서 이러한 사례를 관찰할 수 있었다.

십 대 시절엔 자동차 한 대만 있으면 행복할 것 같지 않았는가? 그러다 정말로 차가 생기면 1~2주는 날아갈 듯 기쁘다. 모든 친구에게 차를 자랑하고 차를 몰고 온갖 곳을 돌아다닌다. 삶은 정말 놀랍다는 생각이 든다. 그러다 현실이 시작된다. 자동차에 문제가 딸려 온다. 보험료와 주유비, 유지비 외에도 '비교'라는 문제가 발생한다. 차가 없었을 때는 주로 차가 없는 다른 사람과 나를 비교했다. 그러나 차가 생기자 다른 자동차 소유자와 나를 비교하기 시작한다. 더 좋은 차를 가진 사람을 보자마자 한때 나를 황홀하게 만들었던 물건이 더는 만족스럽지 않게 된다. 결국 차가 없던 예전의 기본 불만 수준으로, 쾌락의 쳇바퀴가 최저속 기어 위치로 돌아가는 것이다. 비교는 기쁨의 도둑이다.•

사회적 비교는 늘 일어난다. 때로는 집이나 자동차 같은 우리가 가진 소유물이 비교 대상이 되지만, 사실 더 자주 비교하는 것은 사회적 지위다.

큰 조직에서 처음 일을 시작했을 때, 나는 승진만 되면 정말

• 이 인용문은 시어도어 루스벨트 Theodore Roosevelt 대통령, 마크 트웨인 Mark Twain, C. S. 루이스 C. S. Lewis 등이 한 말로 언급되는데, 실제로는 이 중에 누구도 이 말을 하지 않은 것 같다. 다음을 참조하라. "Comparison Is the Thief of Joy," Quote Investigator, February 6, 2021, https://quoteinvestigator.com/2021/02/06/thief-of-joy/.

이지 더 바랄 게 없을 만큼 행복할 것 같았다. 그래서 열심히 일했고 승진도 했다. 몇 주 동안, 나는 세상의 정상에 오른 기분이었다. 그러다 자동차의 사례와 마찬가지로 현실이 시작되었다. 내게 새로운 문제와 새로운 책임이 생겼다. 게다가 나는 새로운 부류의 사람들과 나를 비교하기 시작했다. 얼마 후, 나는 예전의 불만 수준으로 돌아갔다. 그 후에도 승진은 계속되었지만, 어느 때도 더 행복해지지 않았다. 오히려 내가 원하는 것만 더 많아졌다.

우리는 늘 다음 단계에 이르면 충분할 것이라고 생각한다. 하지만 결코 그렇지 않다. 내 계좌의 잔액에 '0'이 하나 더 붙어도 지금보다 더 행복하지는 않을 것이다. 한 번 더 승진해도 나의 정체성은 바뀌지 않을 것이다. 아무리 멋진 차가 있어도 내가 더 행복해지지 않을 것이다. 더 큰 집이 있다고 해서 내 문제가 해결되지는 않을 것이다. 소셜미디어 팔로워가 늘어난다고 해서 내가 더 나은 사람이 되지는 않을 것이다.

쾌락의 쳇바퀴를 돌리는 사람들은 '조건부 행복happy-when'을 좇는다. 이들은 이런저런 일이 일어나면 행복할 것이라고 생각한다. 가령, 자신이 받아 마땅한 공로를 인정받는다면, 돈이 조금만 더 많다면, 나의 진정한 짝을 찾을 수 있다면, 행복하리라 여기는 것이다. 그러나 행복은 조건부가 아니다.

조건부 행복을 좇는 사람은 결코 진정으로 행복하지 않다. 그들이 원한다고 생각했던 것을 얻는 순간, 행복의 조건이 충족된 순간, 충족된 조건은 새로운 표준이 되고 그들은 자동으로 더 많은 것을 원하게 된다. 이는 마치 되돌아갈 수 없는 일방통행 문을 지나는 것과도 같다. 일단 문이 닫히면 상황을 바라보는 시각이 사라진다. 어디에서 왔는지를 되돌아볼 수 없고 현재 있는 곳만 보인다.

현재 상황이 일상이 되고 주위의 좋은 것들이 당연하게 여겨지기 시작한다. 그렇게 되면 더는 아무것도 우리를 행복하게 만들지 못한다. 우리를 행복하게 하지 못하는 온갖 것들을 좇아 바쁘게 쳇바퀴를 돌리는 동안, 진정으로 중요한 것을 놓치게 된다는 사실을 깨달아야 한다.

스크루지는 진정으로 중요한 것을 대가로 지불하고 '성공'을 거둔 허구적 사례다. 그러나 실제 사례도 수두룩하다. 나와 한때 함께 일했던 대기업 경영자는 우리 문화에서 흔히 그렇듯 치열한 경쟁을 뚫고 그 자리까지 올라온 입지전적인 인물이었다. CEO가 되기까지 그가 마주한 사람들은 그의 목적 달성을 위한 수단에 불과했다. 그는 부자가 되고 싶었고 존경받고 싶었으며 유명해지고 싶었다. 그는 높은 지위와 다른 사람들의 인정을 원했다.

긴장된 분위기 속에서 종종 자신의 성질을 거침없이 폭발시키던 회의가 끝나고 나면, 그는 종종 내게 다가와 다음과 같이 말했다. "셰인, 자네는 아까 회의에서 자네가 사자인지 양인지 결정해야 했어. 내가 사자거든." 그러면서 미국 드라마 〈왕

좌의 게임*Game of Thrones*〉에 나오는 타이윈 라니스터**Tywin Lannister**의 대사를 인용했다. "사자는 양의 의견에 신경 쓰지 않는다." 이처럼 그는 자신이 먹이사슬의 꼭대기에 있다는 것을 모든 사람이 알기를 원했다.

골프광이었던 그는 일주일에 여러 차례 골프를 즐겼다. 함께 골프를 칠 사람을 찾는 데도 전혀 어려움이 없었다. 오히려 친구가 너무 많아서 다 같이 치지 못한다고 불평하기 일쑤였다. 그래서 은퇴 직후엔 마침내 많은 친구와 함께 좋아하는 취미를 즐길 여유가 생겼다며 기뻐했다. 그러나 은퇴 후 그의 '친구'와 동료는 대부분 바쁘거나 부재중이었고, 더 이상 그의 전화를 받지 않았다. 결국 한 달에 한 라운드를 함께 칠 사람을 구하는 것도 힘들었다.

그의 인간관계는 진실되고 의미 있어 보였지만, 실제로는 아무도 그와 엮이는 것을 원치 않았다. 타인을 거래 관계로 대하던 그의 태도로 인해, 사람들은 자신이 이용당하고 조종당했다고 느꼈고 불만이 많았다. 소리를 지르고 욕을 하며 화를 내던 그의 곁에서, 사람들은 좋아서가 아니라 어쩔 수 없이 그와 함께 일했다. 그에게는 취미였던 골프가 사람들에게는 일이었다.

일선에서 물러난 지 얼마쯤 흐른 후, 그는 자신이 잘못된 게임에서 이기려 했다는 결론에 도달했다. 그 역시 많은 사람이 목표로 삼는 부와 권력과 명성을 추구했다. 이 같은 목표를 최우선 순위에 두고 끈질기게 몰아붙인 끝에, 마침내 본인이 원한다고 여겼던 것들을 손에 넣었지만, 그에게 남은 것은 공허함이었다. 자신이 원하던 것을 얻기 위해 의미 있는 인간관계를 희생했지만, 진정으로 중요한 것이 그들이었다는 사실을 뒤늦게 깨달았다. 스크루지와 달리, 그에게는 또 한 번의 기회가 주어지지 않았다.

얼마나 많은 사람이 그와 똑같은 궤도를 달리고 있을까? 경력의 어느 단계에 있든 마찬가지다. 우리는 행복보다 부와 지위를, 내적인 것보다 외적인 것을 더 중시하고, 행복을 추구하는 법에 관해서는 거의 생각하지 않는다. 그로 인해 정작 우리에게 중요한 사람들은 무시한 채 중요하지 않은 사람들의 칭찬과 인정을 좇아 살아간다.

내 주위에는 사회적으로는 명실공히 성공했지만 내가 결코 닮고 싶지 않은 삶을 산 사람들이 많다. 그들에게는 지능, 추진력, 기회 그리고 이 모든 것을 활용할 자금이 있었다. 그러나 그들에게는 빠진 것이 있었다. 그들은 원하는 것을 얻는 법을 알았고 그렇게 원한 것을 마침내 얻었지만, 그들이 원한 것은 그렇게 원할 만한 가치가 없던 것이었다. 오히려 그들이 그토록 원했던 것 때문에 삶이 망가지고 말았다. 스크루지가 행복한 전환점에서 얻은 것, 즉 불행한 다수와 행복한 소수의 차이를 만들었던 그 요소가 그들에게는 빠져 있었다.

고대 그리스인들은 이 요소를 '프로네시스phronesis'라고 불렀다. 이는 최고의 결과를 얻기 위해 삶을 영위하는 법을 아는 지혜라는 뜻이다.

십 대 시절 내린 결정들을 지금 돌아보면, 꽤 어리석어 보인다. 부모님의 차를 훔쳤던 일(정확히 말하자면 빌렸던), 파티에서 너무 취해 해선 안 될 짓을 한 일(다행히 그때는 카메라폰이 없었다), 여자 친구를 두고 친구와 싸웠던 일 등이 떠오른다. 이런 결정이 그때는 몰랐는데 왜 지금은 그렇게 어리석어 보이는 걸까? 당시의 나에겐 없었던 시각을 지금의 나는 가지고 있기 때문이다. 그래서 그때는 세상에서 가장 중요해 보였고 그래서 내가 그렇게 몰두했던 일이 지금 돌이켜 보면 어리석은 일처럼 보이기도 한다.

최고의 결과를 얻기 위해 삶을 영위하는 지혜를 얻으려면, 지금까지 논의한 모든 것이 필요하다. 즉, 기본값을 억제하는 능력, 이성과 성찰을 위한 공간을 확보하는 능력, 효과적인 결정을 위해 원칙과 안전장치를 사용하는 능력이 필요하다. 그러나 현명해지려면 더 많은 것이 필요하다. 이는 우리가 원하는 것을 얻는 법을 아는 것 이상이다. 원할 만한 가치가 있는 것이 무엇인지, 진정으로 중요한 것이 무엇인지를 아는 것이다. 이는 승낙하는 것이자 거절하는 것이기도 하다. 다른 사람이 내린 삶의 결정을 모방해서 더 나은 결과를 기대할 수는 없다. 나 자신에게 가능한 최고의 삶을 살고자 한다면, 다른 접근법이 필요하다.

가장 중요한 것은 무엇을 원해야 하는지 아는 것이다. 당신의 마음 한구석에서는 이미 당신이 무엇을 해야 하는지 알고 있을 것이다. 따라서 당신은 마음속의 조언을 따르기만 하면 된다. 때로는 당신이 다른 사람에게 하는 조언이, 우리 자신에게 가장 필요한 조언이기도 하다.

행복 전문가의
통찰

02

나는 몇 해 전,《내가 알고 있는 걸 당신도 알게 된다면*30 Lessons*
for Living: Tried and True Advice from the Wisest Americans》의 저자인
노인학자 칼 필레머**Karl Pillemer**를 인터뷰했다.[1] 그는 70대,
80대 또는 그 이상의 나이 대 사람들이 젊은 사람들보다 더
행복하다는 것을 보여주는 많은 연구를 접했다. 이것이 그의
흥미를 불러일으켰다. "저는 노인들을 계속 만났어요. 그들 중
상당수는 사랑하는 이를 이미 잃었고 엄청난 시련을 겪었으
며 심각한 건강 문제까지 있었죠. 그래도 그들은 행복과 성취
감을 느끼면서 마음속 깊이 삶을 즐기고 있었어요. '도대체 왜

그럴까?' 하는 물음표가 생겼죠."

그러던 어느 날 다음과 같은 생각이 떠올랐다. '어쩌면 노인들은 젊은 사람들이 모르는 행복한 삶의 방법을 알고 있을지 모른다. 어쩌면 그들은 우리가 보지 못하는 것을 볼지 모른다. 행복한 삶을 사는 법에 대한 전문지식을 주장할 수 있는 인구 집단이 있다면, 그것은 바로 노인일 것이다.' 그런데 노인들이 젊은 세대에게 어떤 실제적인 조언들을 해줄 수 있는지에 대한 연구는 그때까지 수행된 적이 없는 것 같았다. 이를 계기로 필레머는 '노인들의 실천적 지혜'를 찾는 7년간의 탐구를 시작했다.

오랜 탐구 결과, 노인들에게서 그가 얻은 첫 번째 교훈은 인생이 짧다는 것이었다! "응답자의 나이가 많을수록 삶이 한순간처럼 지나간다고 말하는 사람이 많았어요"라고 그는 말했다. 젊은이들에게 인생이 짧다고 말할 때 노인들은 암울하거나 비관적이지 않았다. 대신 그들은 더 나은 결정을 북돋는 시각을, 즉 진정으로 중요한 것에 우선순위를 두는 시각을 제시하고 싶어 했다. 한 노인은 필레머에게 "만약 내가 60대가 아닌, 30대에 이를 깨달았다면 삶을 즐길 시간이 훨씬 더 많았겠지요"라고 했다. 미래 나의 성찰력을 현재 나의 예지력으로 바꿀 수 있다면 얼마나 좋을까?

시간은 삶의 궁극적인 통화currency다. 지구상에서 우리가 누리는 짧은 시간을 관리하는 것은 희소자원을 관리하는 일과 같다. 둘 다 현명하게, 즉 가장 중요한 것에 초점을 맞춰 사용해야 하기 때문이다.

필레머가 인터뷰한 사람들의 시각에서 가장 중요한 것은 무엇이었을까? 거기에는 다음과 같은 것들이 포함되었다.

- 소중한 사람에게 하고 싶은 말이 있으면, 지금 바로 하라. 그것이 고맙다는 말이든, 용서해 달라는 말이든, 아니면 그저 질문이든, 상관없다.
- 자녀와 최대한 많은 시간을 함께 보내라.
- 자신을 행복하게 해줄 '값비싼 물건'을 기다리지 말고, 일상의 기쁨을 만끽하라.
- 좋아하는 일을 하라.
- 배우자는 서두르지 말고 신중하게 골라라.

필레머에게 노인들이 중요하지 않다고 말한 것들도 마찬가지로 흥미롭다.

- 행복해지기 위해서 최대한 열심히 일해 돈을 벌어야 한다고 말한 사람은 아무도 없었다.
- 주위 사람들만큼 부자가 되는 것이 중요하다고 말한 사람은 아무도 없었다.
- 예상 수입을 토대로 직업을 선택해야 한다고 말한 사람은 아무도

없었다.

- 자신에게 잘못한 사람에게 복수하지 않은 것을 후회한다고 말한 사람은 아무도 없었다.

그렇다면 노인들이 가장 후회한 것은 무엇이었을까? 그것은 결코 일어나지 않을 일에 대해 걱정한 것이었다. "걱정은 삶을 낭비하는 겁니다"라고 한 응답자는 말했다.

앞서 소개한 것들은 필레머가 "어려운 시기에 행복하고 만족스러운 삶을 사는 법에 대해 알려줄 수 있는 가장 신뢰할 수 있는 전문가들"이라고 묘사한 사람들이 얻은 중요한 통찰이었다. 그러나 더욱 중요한 통찰이 또 하나 있었다.

필레머는 한 인터뷰 대상자에게 그녀가 느끼는 행복의 원천이 무엇인지 설명해 달라고 요청했다. 곰곰이 생각하던 그녀는 다음과 같이 답했다. "89년을 살면서 나는, 행복이 조건이 아니라 선택이라는 것을 깨달았어요."

필레머는 다음과 같이 설명했다. "노인들은 우리에게 일어나는 일들과 행복에 대한 내적 태도의 핵심적인 차이를 구별했습니다. 무슨 일이 일어나도 행복할 수 있는 태도 말이에요. 행복은 외부 시태에 따라 달라시는 수동적 조건이 아니고, 그저 행복한 사람으로 태어난 것 같은 기질이나 성격의 결과도 아닙니다. 행복을 위해 필요한 것은 오히려, 관점의 의식적 전환이었습니다. 매일 비관보다는 낙관을, 절망보다는 희망을 선택하는 전환 말이지요."

나이가 들수록 우리는 다음과 같이 말했던 마르쿠스 아우렐리우스처럼 상황을 바라보게 된다. "외적인 일로 괴로울 때 당신을 고통스럽게 하는 것은 그 일 자체가 아니라 그것에 대한 당신의 판단이다. 당신은 이를 당장 없애버릴 수 있다."[2]

이 통찰의 함의는 매우 극적이다. 이제 행복은 우리가 논의했던 다른 결정들과 연속선상에 놓인다.

상상해 보라. 개인의 삶과 경력을 구성하는 온갖 결정들은 결국 행복을 위한 단 하나의 포괄적 결정의 문제가 된다. 우리는 살면서 무엇을 추구할지 결정할 수 있다. 우리는 우리 자신에게 무엇이 우선인지를 결정할 수 있다. 우리는 시간과 에너지 및 기타 자원을 진정으로 중요한 것을 위해 쏟기로 결정할 수 있다.

앞서 언급한 노인들의 시각으로 사물을 바라볼 수 있다면, 우리는 더 나은 삶을 살 수 있는 통찰을, 행복의 전문가들처럼 무엇이 진정으로 중요하고 무엇이 그렇지 않은지를 볼 수 있는 통찰을 얻게 될 것이다. 그리고 실제로 바로 이를 위한 고대 기법이 있는데, 그것은 인생이 얼마나 짧은지를 생각해 보는 것이다. 그러면 진정으로 중요한 것이 보이기 시작할 것이다.

세네카는 말했다. "마치 인생의 끝에 도달한 것처럼 마음의 준비를 하자." 더 나은 삶을 원한다면, 죽음에 대해 생각해 보자.

메멘토 모리
(죽음을 상기하라)

03

사고 실험을 해보자.

마음을 비우고, 당신이 여든 살이 되어 인생의 끝에 다가가고 있다고 상상해 보라. 어쩌면 몇 년, 아니 겨우 몇 시간밖에 남지 않았을지도 모른다. 당신은 아름다운 가을날, 강이 내려다보이는 공원 벤치에 앉아 있다. 새들이 지저귀며 날아다니는 소리, 강물이 흐르는 소리, 나엽이 부드럽게 구르는 소리가 들린다. 부모가 걸음마를 배우는 아이의 손을 잡고 지나간다.

원하는 만큼 그대로 있어라. 서두를 필요는 없다.

이제 마음속 깊이 생각해 보라. 상상 속의 삶에서 무슨 일이 일어나는가? 누가 보이는가? 당신은 그들에게 어떤 영향을 미쳤나? 그들을 위해 무엇을 했는가? 그들이 당신을 어떻게 느끼는가? 당신이 이룬 것들은 무엇인가? 당신이 가진 재산은 무엇인가? 마지막 날이 다가오는 당신에게 있어 가장 중요한 것은 무엇인가? 또 하찮게 보이는 것은 무엇인가? 당신의 소중한 추억은 무엇인가? 후회하는 것은 무엇인가? 친구들은 당신에 대해 무슨 말을 하는가? 가족은 어떤가?

우리의 시각을 인생의 끝으로 옮기면 진정으로 중요한 것이 무엇인지가 와닿기 시작한다. 그러면 더 현명해질 수 있다.

인생의 끝에 다다른 시각으로 현재를 돌아보면, 지금 이 순간 우리의 주의를 끄는 두려움과 욕망이 옆으로 밀려나고 인생 전반에 더욱 중요한 것들을 위한 공간이 열린다. 스티브 잡스Steve Jobs는 이것을 다음과 같이 표현했다.

> 내가 곧 죽을 것이라는 점을 상기하는 것이야말로, 살면서 중대한 선택을 해야 할 때 도움이 되는 중요한 도구다. 죽음 앞에서는 거의 모든 것, 즉 외부의 온갖 기대와 자부심, 곤란한 상황이나 실패에 대한 갖가지 두려움 등이 사그라지고 진정으로 중요한 것만 남기 때문이다. 내가 죽을 것이라는 사실을 떠올리는 것이야말로 무엇을 잃을까 봐 걱정하는 마음의 덫을 피하는 최선의 방법이다.[1]

이같이 시각을 전환하면, 미래 나의 성찰력이 현재 나의 예지력으로 바뀐다. 이를 통해 우리에겐 미래를 탐색하는 데 사용할 수 있는 지도가 생긴다. 이렇게 삶을 바라보면, 현재 내 삶의 방향이 내가 원하는 최종 목적지와 완전히 일치하지 않는다는 것이 보인다. 그게 보인다면 좋은 것이다! 잘못된 방향으로 가고 있다는 걸 깨닫는 것이 제 길로 돌아가는 첫걸음이기 때문이다. 무엇이 진정으로 중요한지가 분명해지면 우리는 다음과 같이 묻게 된다. '나는 내 한정된 시간을 제대로 사용하고 있는가?'[2]

스티브 잡스에게는 매일 이뤄지는 루틴이 있었다. 그는 매일 아침 거울을 보며 다음과 같이 질문했다고 한다. "만약 오늘이 내 인생의 마지막 날이라면, 나는 오늘 내가 할 일을 정말로 원할까?"[3] 이 질문에 대해 며칠간 연속해서 "아니!"라는 답변이 나오면 무언가를 바꿔야 한다는 것을 알았다고 한다. 언제부턴가 나도 이런 루틴을 따르기 시작했다. 그리고 이 루틴이 결국 나로 하여금 정보기관을 떠나기로 결심하게 만든 계기가 되었다. 살다 보면 궂은 날도 있게 마련이지만 잡스의 질문에 대한 당신의 답변이 매일 또는 매주 "아니!"라면, 변화가 필요하다는 신호다.

이러한 사고 실험을 하면 자신의 인간관계와 얽힌 추억들이 자연스럽게 떠오를 것이다. 어쩌면 동반자와 함께 소파에 앉아 울었거나 낭만적인 주말을 보냈거나 둘이 손을 잡고 해변을 거닐던 때일 수도 있다. 어쩌면 결혼식 때일 수도 있고 아이들과 함께 순수한 기쁨을 만끽했던 때일 수도 있다. 어쩌면 친구를 위해 함께했거나 친구가 나를 위해 함께했던 때일 수도 있다.

또는 후회스러운 일들, 잡을 수 있었는데 잡지 못한 기회들이 머릿속에 떠오를 수도 있다. 좇지 않은 꿈, 시작하지 못한 사업, 아깝게 놓친 사랑, 가지 못한 여행지, 혹여 피해를 볼까 봐 두려워서 참았던 일, 바보처럼 보일까 싶어 시도하지 못했던 일 등이 떠오를지도 모른다.

아마존 회장 제프 베이조스도 이와 비슷한 사고 실험을 이용한다고 했다.

> "저는 여든 살이 된 제 모습을 떠올려 보았어요. 그러면서 다음과 같이 생각했죠. '좋아, 이제 내 삶을 돌아보자. 후회를 최소화할 수 있으면 좋을 텐데.' … 80세가 되었을 때 이것(아마존 설립을)을 후회하진 않을 것 같았죠. 정말로 대단한 것이 될 거라 예상했던 인터넷이라는 세계에 뛰어든 일도 후회하진 않을 겁니다. 심지어 실패해도 후회하지 않을 것 같은데, 시도조차 하지 않는다면 정말로 후회할 것 같았습니다. 그것이 매일 생각나서 괴로울 것이라 생각했어요. 이렇게 생각하니 결정하기가 너무 쉬웠죠."4

인간은 한 것보다 하지 않은 것을 더 후회한다. 시도와 실패의 고통이 극심할 수 있지만 적어도 이로 인한 고통은 생각보다 금세 사라진다. 반면, 시도하지 못한 일에 대한 고통은 덜 강렬하긴 해도 결코 사라지지 않는다.[5]

소유 자체는 덜 중요해지고 그것으로 무엇을 할 수 있는지가 중요해진다. 이런 사고 연습을 하면서 본인의 집을 투자 대상으로 떠올린 사람은 많지 않을 것이다. 집이 머릿속에 떠올랐다면 아마도 인간관계와 추억의 맥락 속에서였을 것이다. 가족과의 저녁 식사, 웃음, 눈물, 파티, 배우자와 종일 침대에서 뒹굴던 시간, 보드게임 시합, 매년 아이들이 얼마나 컸는지를 기록해 둔 표시 등.

인생 끝에 다다른 사고 연습을 하면서 〈브레이킹 배드*Breaking Bad*〉나 〈만달로리안*The Mandalorian*〉, 〈베첼러*The Bachelor*〉 같은 TV 프로그램 내용이 떠오르진 않을 것이다. 출퇴근하던 시간과 그때 들었던 팟캐스트나 오디오북을 떠올리는 사람도 없을 것이다. 그것보다는 차라리 가족이나 친구와 나눴던 대화나 평소 쓰고 싶던 책을 집필하며 보낸 시간 등이 떠오를 것이다.

어쩌면 자신이 되고자 했던 모습에 미치지 못하게 행동했던 때가 떠오를 수도 있다. 어쩌면 누군가에게 부적절한 이메일을 보냈을 때나 감정을 억제하지 못하고 사랑하는 사람에게 소리를 질렀을 때일 수도 있다. 사랑한다는 말을 어떻게 해야 할지 몰라서 혹은 너무 두려운 나머지 그저 상대의 반응을 떠보려고 마음에도 없는 말을 내뱉었던 때일 수도 있다. 누군가가 자신에게 도움을 요청했지만 본인 일에만 정신이 팔려 요청을 외면했던 때일 수도 있다.

자신이 속한 공동체와 도시, 국가 또는 세계에 자신이 미친 영향에 대해 또는 이런 영향을 미치지 못한 것에 대해 떠올릴 수도 있다. 자신의 건강에 대해 생각할 수도 있다. 나는 여든 살, 아흔 살 또는 백 세까지 건강을 유지하기 위해 최선을 다했는가? 다른 사람을 돌볼 수 있을 만큼 나 자신을 건강하게 돌보았는가?

승진이나 내 집 마련처럼 우리가 중대한 순간이라고 생각하는 것들보다 당시에는 중요해 보이지 않았던 사소한 순간들의 누적이 삶의 만족을 위해서는 더 중요하다. 인생의 끝자락에서 볼 때 큰 상을 받는 것보다 일상의 순간이 더 중요하다. 크고 밝은 조명보다 작은 기쁨이 더 밝게 빛난다.

죽음이 선사하는
인생 교훈

문제는 우리가 살 시간이 짧다는 것이 아니라
우리가 많은 시간을 낭비한다는 것이다.
– 세네카, 《인생의 짧음에 관하여 *On the Shortness of Life*》, 1장

죽음의 렌즈를 통해 삶을 평가하는 것은 거칠고 강력하며, 조금은 섬뜩하다. 이를 통해 무엇이 가장 중요한지가 분명해진다. 이를 통해 현재의 나와 되고 싶은 내 모습 사이의 간격이 보이기 시작한다. 지금 있는 곳과 가고 싶은 곳까지의 거리가 보인다. 이런 명료함이 없으면 지혜도 없으며 중요하지 않은 일에 현재를 낭비하게 된다.

이 사고 실험을 통해 나는 내 삶을 더 객관적으로 바라볼 수 있게 되었다. 이를 통해 나는 더 나은 내가 되고 싶다는 마음이 생겼다.

처음에는 다른 사람들을 위해 하고 싶은 것들이 생각났다. 나는 사랑하는 사람들이 나를 필요로 할 때 곁에 있었나? 나는 가장 가까운 사람들을 위해 얼마나 시간을 냈나? 나는 내가 원하는 모습의 배우자인가? 낭만적이고 달콤한 내 짝을 사랑하고 응원하는 진실한 동반자인가?

나는 좋은 아버지였나? 나는 여행하면서 세상을 보았나? 나는 사람들에게 기댈 만한 사람이었나? 나는 공동체에 적극적으로 참여했나? 나는 사람들이 꿈을 이루도록 도움을 주었나? 나는 세상을 더 나은 곳으로 만들었나?

목적지를 알면 그곳으로 가는 법도 더 분명해진다. 아리스토텔레스의 말처럼 "최고선을 알면 살아가는 최선의 방법을 아는 데 큰 도움이 된다. 이것을 알면 겨냥할 과녁이 있는 궁수처럼 올바른 목표물을 맞추는 것이 더 쉬워진다."[1]

우리 아이들은 미로 게임을 할 때 미로가 보통 것보다 복잡하거나 풀기가 더 어려울 경우, 앞으로 푸는 대신 뒤에서부터 푸는 것이 더 쉽다는 걸 알아챘다. 끝을 고려하면서 시작하면, 어느 길로 갈지 정하는 것이 한결 쉬워진다는 걸 깨달은 것이다. 우리의 삶도 이와 비슷하다.

올해가 인생의 마지막 해라고 해도 오늘처럼 살겠는가? 언젠가 점심을 먹으며 친구에게 이 질문을 던졌더니 친구는 잽싸게 받아쳤다. "그렇다면 나는 지금까지 저축한 돈을 다 써버리고 신용카드도 팍팍 긁으며 하고 싶은 걸 다 할거야!" 하지만 아흔 살이 된 모습을 떠올린다면, 신용카드를 한도까지 사용한다고 해서 더 행복해지지 않을 것이 분명하다. 대다수의 경우 죽음을 생각하면 오히려 돈을 펑펑 쓰고 싶은 마음이 사라진다.[2] 그리고 자신의 마지막 해를 이메일을 확인하거나 다른 사람을 깎아내리거나 추수감사절 때 정치 논쟁을 벌였던 삼촌에게 내가 옳다는 것을 증명하려고 애쓰면서 보내지는 않을 것임이 틀림없다.

나이 든 본인의 모습과 되돌아본 자신의 삶이 어떤 모습이길 원하는지를 상상해 보면, 선제적 대응보다 맹목적 반응을 부추기는 사소한 것들을 더는 생각하지 않게 된다. 이제 진정으로 중요한 것이 보이기 시작한다. 작은 것은 작게 보이고 진정으로 중요한 것은 크게 보일 것이다. 이런 시각이 열리면 미래의 내가 진정으로 원하는 방향으로 나아가는 것이 훨씬 쉬워진다. 지금 있는 곳과 있고 싶은 곳 사이의 간격이 보일 테고, 필요하면 경로를 변경할 수도 있을 것이다.

나는 이 사고 실험을 한 후로 더 잘 먹고 더 많이 자고 규칙적으로 운동하기 시작했다. 왜? 아흔 살까지 살면서 내가 진정으로 원하는 모든 것을 하려면 건강해야 하기 때문이다. 마찬가지로 이 사고 실험을 한 후로 아이들과 더 많은 시간을 함께하는 아버지가 되고 싶다는 바람을 분명히 깨달을 수 있었다. 그래서 아이들 곁에서는 휴대폰 사용을 줄였고 아이들과 소통할 기회가 되는 일상 규칙을 만들었다. 가령, 매일 아이들이 집으로 돌아오면 우리는 소파에 앉아 그날의 일과에 대해 이야기한다. 물론 이런 것들은 작은 변화다. 하지만 나와 내게 중요한 사람들에게 큰 영향을 미친다.

사고 실험을 계속하다 보면, 내가 세상을 떠난 후 사람들이 나에 대해 어떻게 이야기할지가 궁금해진다. 사람들은 실제로 무슨 이야기를 할까?

그것이 무엇이든 이를 바꿀 수 있는 기회는 내게 아직 시간이 있는 바로 지금이다.[3] 사람들이 하는 이야기가 좋은 것만은 아닐 텐데, 이는 수정이 필요한 문제가 있다는 뜻이다. 그리고 나는 지금 그것을 해결할 수 있다. 나는 더 큰 사람이 될 수 있다. 왜? 그것이 내게 중요하니까.

미래 나의 성찰력을 현재 나의 예지력으로 바꾸는 것이 곧 지혜다. 지금 이 순간 중요해 보이는 것은 사실 삶에서 거의 중요하지 않다. 그러나 삶에서 중요한 것은 지금 이 순간에도 중요하다.[4]

지금 이 순간 승리처럼 보이는 것은 종종 얄팍한 승리일 뿐이다. 지금은 중요해 보일지 몰라도 인생 전체의 시각에서 보면 중요하지 않다. 우리가 최종적으로 원하는 방향으로 가지 않는다면, 우리가 최종적으로 도달한 곳에서는 결국, 후회하게 된다. 이러한 후회를 피하는 것이야말로 삶의 만족을 위한 핵심 요소다.

현명한 판단과 좋은 삶

현명한 판단이란 무엇보다도 중요한 것을 달성하는 데, 지금이 순간 중요한 것이 아닌 삶에서 중요한 것을 달성하는 데, 효과적인 판단을 의미한다. 이것은 오늘 성공하는 법을 알아내는 게 아닌, 마음속 목적에 맞게 삶을 조직해야 하는 이유와 방법을 이해하는 것이다. 현명한 판단은 무엇보다도 지혜를 갖는 것이다.

현명한 사람은 무엇이 진정으로 가치 있는지 안다. 현명한 사람은 삶이 단 한 번뿐이라는 것을 누구보다도 잘 안다. 초안, 재도전, 이전 저장 지점에서의 재시작 같은 것은 없다. 그는 쾌락의 쳇바퀴에서 하찮은 야망을 좇느라 시간을 낭비하지 않는다. 그는 진정한 부의 요소가 무엇인지 알며, 사람들이 어떻게 생각하거나 이야기하든 상관없이 진정한 부를 확보하는 데 전념한다.

때때로 현명함으로 인한 대가로 다른 사람들에게 바보 취급을 당할 수 있다. 당연하다. 현명한 사람에게 보이는 것이 어리석은 사람에게는 보이지 않기 때문이다. 현명한 사람은 일과 건강, 가족, 친구, 신앙, 공동체 등 삶의 모든 면을 폭넓게 바라본다. 그는 한 면에만 집착해 다른 면을 무시하지 않는다. 대신 삶의 다양한 면 사이에 조화를 꾀하고 전체와 균형을 이룰 수 있도록 각각의 면을 추구할 줄 안다. 그는 이렇게 조화를 이룬 삶이 의미 있고 훌륭하며 아름답다는 것을 안다.

좋은 판단력을 키우고 싶다면, 다음과 같은 2가지 질문을 던지는 데서 시작하라.

"내가 삶에서 원하는 것은 무엇인가?"
"내가 원하는 것은 진정으로 원할 만한 가치가 있는가?"

두 번째 질문에 답하기 전까지는, 세상의 모든 의사결정에 대한 조언이 큰 도움이 되지 않을 것이다. 원하는 것을 얻는 법을 안다고 해도 이를 통해 행복해지지 않는다면 쓸모가 없다. 권력과 명성, 돈을 획득하는 데 성공해도 결국 후회하고 '재도전'을 원하게 된다면 아무 소용이 없다.

클리어 씽킹의 가치

현명한 판단은 값비싸지만, 어리석은 판단은 우리에게 큰 대가를 치르게 한다.

이 책의 가장 중요한 메시지는 현명한 판단을 방해하는 보이지 않는 본능이 있다는 것이다. 인간의 기본값은 우리로 하여금 생각 없이 반응하게 한다. 신중하게 대응하는 대신 무의식적으로 반응하며 살도록 부추긴다.

하지만 기본값대로 살면 이길 수 없는 게임을 하게 된다. 자동조종 장치에 의존하면 나쁜 결과를 얻을 수밖에 없다. 그러면 상황이 더욱 나빠진다. 주워 담지 못할 말을 내뱉고 취소할 수 없는 일을 벌이게 된다. 당장의 목표는 달성할 수 있을지 몰라도 궁극적인 목표를 달성하기는 더 어려워진다. 그러는 동안 이 모든 것이 우리가 내린 이런저런 판단의 결과라는 사실조차 깨닫지 못하면서.

사고법에 관한 대다수 책은 생각을 더욱 합리적으로 하는 방법에만 초점을 맞춘다. 거기에는 근본적인 문제가 빠져 있다. 즉, 판단 오류의 대다수는, 우리가 판단을 내려야 한다는 사실을 모를 때 발생한다는 것이다. 판단 오류가 발생하는 까닭은 인간의 잠재의식이 행동을 지배하고 우리가 무엇을 해야 하는지를 살피는 과정을 방해하기 때문이다. 우리는 동반자와 말다툼하는 것을 일부러 선택하지 않는다. 그러면서도 어느새 주워 담지 못할 쓰라린 말들을 내뱉게 된다. 우리는 일부러 가족을 희생하면서까지 돈과 지위를 추구하지 않지만, 어느새 삶에서 가장 소중한 사람들과 보내는 시간이 점점 더 줄어든다. 우리는 일부러 우리의 견해를 옹호하기 위해 나서지 않지만, 어느새 우리를 비판하는 사람들에게 앙심을 품는다.

삶에서 당신이 원하는 것을 얻고 싶은가? 그 열쇠는 세상의 작동 방식을 이해하고 그것에 맞게 자신을 조정하는 것이다. 사람들은 종종 세상이 실제 작동 방식과 다르게 작동해야 한다고 생각한다. 그러면서 원하는 결과를 얻지 못하면 책임에서 벗어나고자 다른 사람이나 환경을 탓한다.[1] 책임 회피는 불행의 지름길이며 현명한 판단력의 장애물이다.

판단력을 향상하기 위해 합리성을 향상하는 도구를 축적하는 것보다 중요한 것은, 자신이 원하는 경로를 가로막는 저항

을 줄이는 안전장치를 마련하는 것이다. 이는 본인이 최악의
상태일 때 자신을 위해 작동할 시스템을 본인이 최상의 상태
일 때 설계하는 것이기도 하다. 이러한 시스템이 본성의 기본
값을 아예 없애지는 못하지만, 기본값이 언제 작동하는지를
인식하는 데 도움을 줄 것이다.

기본값을 관리하려면 의지력 이상이 필요하다. 기본값은 인
간의 잠재의식 수준에서 작동하므로 이를 무효로 만들려면 잠
재의식을 올바른 방향으로 끌어당기는 똑같이 강력한 힘이 필
요하다. 그 강력한 힘이란 습관, 규칙, 환경 등이 될 수 있다.
기본값을 무효로 만들려면 보이지 않던 것을 보이게 하고, 성
급한 행동을 방지하는 안전장치를 마련해야 한다. 그리고 이
를 위해서는 자신을 올바른 경로로 끌어당기고 그곳에 머물도
록 작용하는 마음의 습관, 즉 책임감과 지식, 규율, 자신감 등
을 길러야 한다.

클리어 씽킹을 위한 작은 개선들은 무시할 수 없을 만큼 커
질 때까지는 잘 느껴지지 않을 것이다. 하지만 이런 개선이 쌓
여가면, 애당초 발생하지 말았어야 할 문제를 해결하느라 소
모하는 시간이 줄어들고 있다는 건 점차 느낄 것이다. 그리고
마침내 삶의 다양한 면이 조화롭게 어울리고, 스트레스와 불
안이 줄어들며, 기쁨의 빈도가 늘어나고 있는 것을 당신도 느
끼게 될 것이다.

현명한 판단은 가르칠 수 없지만, 배울 수는 있다.

이 책의 내용은 내가 여러 사람에게서 배운 것들을 정리한 것이다. 만약 그들이 없었다면 그들에게서 배운 나의 통찰뿐만 아니라 이 책 자체가 세상의 빛을 보지 못했을 것이다.

소중한 나의 자녀 윌리엄William과 매켄지Mackenzie에게 고맙다는 말을 전하고 싶다. 나는 끝없는 호기심으로 가득한 그들의 눈을 통해 세상을 볼 수 있는 기회를 얻었고, 그들은 이 책의 아이디어들을 현실 세계에서 시험할 수 있는 비옥한 토양이 되어주었다.

내게 지원과 격려 그리고 무한한 신뢰를 보내주신 부모님께도 감사하다. 어머니, 아버지, 사랑합니다. 어려운 시기도 있었지만 이에 대한 이야기는 다른 책을 위해 아껴두겠다. 어쨌든 내가 그 시기를 이겨낸 것은 모두 두 분 덕분이었다. 나의 고등학교 영어 선생님이었던 던컨Duncan과 변함없는 우정으로 나의 인생 행로를 영원히 바꿔준 절친한 고등학교 친구 스콧 코커리Scott Corkery에게도 감사의 인사를 전한다.

책의 내용과 관련해서는 감사할 이들이 너무 많아 빠뜨리는 사람도 있을 것이다. 일단 책이 출간되면 바꿀 수 없으므로, 감사 인사의 수정된 목록은 블로그fs.blog에 게시하겠다.

나는 많은 사람으로부터 배울 수 있는 행운을 누렸지만, 피터 D. 카우프먼만큼 내게 많은 것을 가르쳐준 사람은 없을 것이다. 이 책에 담긴 많은 교훈과 통찰은 수년에 걸쳐 그와 나눈 수많은 대화를 통해 얻었다. 당신의 우정에 감사한다.

찰리 멍거, 워런 버핏, 앤드루 윌킨슨Andrew Wilkinson, 크리스 스파링, 제임스 클리어, 라이언 홀리데이Ryan Holiday, 니르 이얄Nir Eyal, 스티브 캄Steve Kamb, 마이클 카우마이어Michael Kaumeyer, 모건 하우절Morgan Housel, 마이클 모부신Michael Mauboussin, 알렉스 던컨Alex Duncan, 캣 콜, 나발 라비칸트, 짐 콜린스, 토비 뤼트케, 애니 듀크, 다이애나 채프먼Diana Chapman, 랜들 스터트먼은 나의 사고에 의미 있는 영향을 미쳤다. 실제로 그들의 사고 방식이 내 안에 굳건히 자리를 잡은 탓에 나의 사고와 구별되지 않을 정도가 되었다. 이 책을 재미있게 읽은 독자라면 그들의 글을 찾아서 읽는 것도 매우 흥미로울 것이다.

책 쓰기는 단거리 경주가 아니라 마라톤인데, 이 과정에서 나는 많은 사람의 도움을 받았다. 나의 시작을 도와준 아리엘 래트너 Ariel Ratner와 라이팅 코치 Writing.coach의 윌리엄 야브로스키 William Jaworski, 엘렌 피시베인 Ellen Fishbein, 새뮤얼 나이텡게일 Samuel Nightengale에게 고맙다. 그들은 매우 많은 시간을 들여 내 문장을 편집하고 수정해 주었다. 따라서 이 책의 몇몇 부분은 내 것이자 그들의 것이기도 하다. 리첼 드보 Richelle Devoe와 펜 네임 Pen Name 팀은 내 머릿속의 몇몇 실타래를 정리하고 현실로 만드는 데 도움을 주었다. 단어 수를 줄이고 불필요한 요소를 제거해 준 조 버코위츠 Joe Berkowitz에게도 감사의 인사를 전한다.

또한 내 원고를 읽고 통찰과 의견 등을 제공해 준 다음 분들에게도 감사의 말씀을 전한다. 트루디 보일 Trudy Boyle, 모린 커닝햄 Maureen Cunningham, 세타레 지아이 Setareh Ziai 박사, 롭 프레이저 Rob Fraser, 잭 스미스 Zach Smith, 휘트니 트루히요 Whitney Trujillo, 에밀리 시걸 Emily Segal, 사이먼 에스킬드센 Simon Eskildsen이 그들이다. 그리고 내가 이 작업을 하는 동안 모든 것이 잘 돌아가게 애써주신 FS 팀의 다음 분들에게도 큰 인사를 전한다. 비키 코센조 Vicky Cosenzo, 리아논 보비언 Rhiannon Beaubien, 달튼 메이버리 Dalton Mabery, 뎁 맥기 Deb McGee, 로리 라찬스 Laurie Lachance, 알렉스 게오르게 Alex Gheorghe.

원고를 실제 책으로 만들어준 포트폴리오Portfolio 및 펭귄 랜덤 하우스Penguin Random House 팀에도 감사하다. 내가 마감 일을 넘길 때마다 통찰과 인내심을 발휘해 준 편집계의 마이 클 조던인 니키 파파도풀로스Niki Papadopoulos에게 고마움을 전한다. 그리고 출판 과정을 이끌어준 내 에이전트인 레이프 사갈린Rafe Sagalyn에게도 감사하다.

그 밖에도 수없이 많은 분에게 감사를 전하고 싶다. 모두들 이 책의 가격보다 훨씬 더 가치 있는 것을 내게 맡겨주고 나를 위해 자신의 시간을 기꺼이 내주었다. 부디 이 글을 읽는 데 투자한 독자들의 시간이 몇 년에 걸쳐 좋은 결실로 맺어지길 바란다.

1장 장애물을 피하라

01 서투르거나 생각하지 않거나

1   예를 들어, 다음을 참조하라. Aristotle's *Nicomachean Ethics*, second edition, translated by Terence Irwin (Indianapolis, IN: Hackett Publishing Company, 1999), pp. 18~19; Seneca's *AdLucilium EpistulaeMorales [MoralLetters to Lucilius]*, edited by Richard M. Gummere (New York: G. P. Putnam's Sons, 1917), Perseus Digital Library, text from Epistle 11 translated by William Jaworski: http://www.perseus.tufts.edu/hopper/text?doc=Sen.+Ep.+11&fromdoc=Perseus%3Atext%3A2007.01.0080; Daniel Kahneman's *Thinking, Fast and Slow* (New York: Farrar, Straus and Giroux, 2011); and Jonathan Haidt's *The Happiness Hypothesis: Finding Modern Truth in Ancient Wisdom* (New York: Basic Books, 2006).

2   나는 인간이 본능적으로 자신의 영역을 방어하려는 경향이 있다는 견해를 로버트 아드리Robert Ardrey의 책《영역 명령: 재산과 국가의 동물 기원에 관한 개인적 탐구*The Territorial Imperative: A Personal Inquiry into the Animal Origins of Property and Nations*》와 다양한 사람들과 나눈 대화를 통해 알게 되었다. 동물은 본능적으로 영역을 표시하고 방어하지만, 인간의 경우 이 생물학적 본능이 더 깊고 미묘한 방식으로 나타나는 듯하다. 우리는 다른 사람이 나의 물리적 영역뿐만 아니라 자아상을 침해할 때도 본능적으로 반응한다. 우리의 정체성은 직업으로 포장되어 있기에 직장에서 누군가가 나를 비판하는 것은 동물이 내 영역으로 들어오는 것과 비슷하다. 고약한 몇몇 사람은 바로 이 점을 이용해 우리를 자극한다. 그들은 직장에서 나 혹은 내 역할을 비난해 생각 없이 반응하도록 유도한다.

3   인간의 '몸에 내장된 기본값hard-wired default'이라는 용어를 내가 처음 접한 것은

데이비드 포스터 월리스David Foster Wallace의 강연 〈이것은 물이다This Is Water〉에서 였으며, 이 강연은 다음 책에 수록되어 있다. *This Is Water: Some Thoughts, Delivered on a Significant Occasion, about Living a Compassionate Life* (New York: Little, Brown and Company, 2009).

02 감정 기본값

1   Associated Press, "American Anti Claims Silver," ESPN, August 22, 2004, https://www.espn.com/olympics/summer04/shooting/news/ story?id=1864883.

03 자아 기본값

1   인간이 쉽게 얻은 지식으로 섣부른 판단을 내린다는 견해의 출처는 다음과 같다. Morgan Housel in "History's Seductive Beliefs," *Collab* (blog), Collaborative Fund, September 21, 2021, https://www.collabfund.com/ blog/historys-seductive-beliefs/.
2   내 사고에 상당한 영향을 미친 다음을 참조하라. Kathryn Schulz, *Being Wrong: Adventures in the Margin of Error* (New York: Ecco, 2010).

04 사회적 기본값

1   Robert P. George (@McCormickProf), Twitter, July 1, 2020, 11:23 p.m., https://twitter.com/mccormickprof/status/1278529694355292161.
2   이 사례의 출처는 다음과 같다. Paul Graham, "The Four Quadrants of Conformism," July 2020, http://www.paulgraham.com/conformism.html.
3   Daniel Kahneman, *Thinking, Fast and Slow* (New York: Farrar, Straus and Giroux, 2011), p. 292.
4   Warren Buffett to Berkshire Hathaway shareholders, February 25, 1985, Berkshire Hathaway, https://www.berkshirehathaway.com/letters/1984. html.

05 관성 기본값

1   Shane Parrish and Rhiannon Beaubien, *The Great Mental Models, vol. 2,*

Physics, Chemistry and Biology (Ottawa: Latticework Publishing, 2019).

2 Leonard Mlodinow, *Elastic: Flexible Thinking in a Time of Change* (New York: Pantheon, 2018), p. 156.

3 이 인용 오류는 배턴루지Baton Rouge 소재 루이지애나 주립대학교 경영 및 마케팅 교수인 레온 C. 메긴슨Leon C. Megginson의 말에서 비롯한 듯하다. 다윈이 결코 직접 말한 적이 없는 이 문구는 현재 말 그대로 돌에도 새겨져, 캘리포니아 과학 아카데미California Academy of Sciences의 바닥을 장식하고 있다(현재는 아카데미 측에서 다윈의 말이라는 표시를 삭제한 것으로 보인다). 다음을 참조하라. "The Evolution of a Misquotation," Darwin Correspondence Project, University of Cambridge, https://www.darwinproject.ac.uk/people/about-darwin/six-things-darwin-never-said/evolution-misquotation.

4 Parrish and Beaubien, *The Great Mental Models*, vol. 2, pp.76~77.

2장 강점을 강화하라

01 자기책임

1 Matt Rosoff, "Jeff Bezos Has Advice for the News Business: 'Ask People to Pay. They Will Pay," CNBC, June 21, 2017, https://www.cnbc.com/2017/06/21/jeff-bezos-lessons-from-washington-post-for-news-industry.html.

2 이 내용을 오늘 읽고 편집하다 보니, 다른 시기에 나와 같은 고등학교를 다녔던 레타 파슨스Rehtaeh Parsons의 끔찍하고 비극적인 사건이 떠오른다. 그녀의 다음 페이스북 게시물을 참조하라. "In the end, we will remember not the words of our enemies, but the silence of our friends." Tu Thanh Ha and Jane Taber, "Bullying Blamed in Death of Nova Scotia Teen," *Globe and Mail*, April 9, 2013, https://www.theglobeandmail.com/news/national/bullying-blamed-in-death-of-nova-scotia-teen/article10940600.

04 자신감

1 Shane Parrish (@ShaneAParrish), "99.99 percent of the time waiting for the right moment to do something hard is how you rationalize not doing that hard thing you know you needs to be done. There is no perfect moment.

All we have is now. Stop waiting," Twitter, July 29, 2019, 10:01 p.m., https://twitter.com/ShaneAParrish/status/1156021875853578246.

2 "The Wrong Side of Right," *Farnam Street* (blog), August 28, 2017, https:// fs.blog/wrong-side-right/.

06 기준 세우기

1 Adam Wells, "Darrelle Revis Sent Home by Bill Belichick for Tardiness," Bleacher Report, October 22, 2014, https://bleacherreport.com/ articles/2241281-darrelle-revis-sent-home-by-bill-belichick-for-tardiness.

2 "Haier: A Sledgehammer Start to Catfish Management," *IndustryWeek*, October 13, 2013, https://www.industryweek.com/leadership/ companies-executives/article/21961518/haier-a-sledgehammer-start-to-catfish-management.

07 롤 모델과 연습

1 Seneca, *Moral Letters to Lucilius*, letter 11.

2 Shane Parrish, "Jim Collins: Relationships versus Transactions," *The Knowledge Project*, podcast, episode 110, https://fs.blog/knowledge-project-podcast/jim-collins-2/.

3 Cato the Elder, *On Agriculture*, 1.

4 Shane Parrish, "The Work Required to Have an Opinion," *Farnam Street* (blog), April 29, 2013, https://fs.blog/the-work-required-to-have-an-opinion/.

5 이는 다음 출처에 대한 윌리엄 야브로스키William Jaworski의 개인 번역에서 인용했다. Michel de Montaigne, *The Essays of Michel de Montaigne*, book 3, chapter 12.

6 Denzel Washington, *A Hand to Guide Me* (Des Moines, IA: Meredith Books, 2006), p. 20.

7 Seneca, *Moral Letters to Lucilius,* letter 11.

3장 약점을 관리하라

01 자신의 약점 알기

1   Richard Feynman, *The Pleasure of Finding Things Out: The Best Short Works of Richard P. Feynman*, ed. Jeffrey Robbins (New York: Basic Books, 1999), p. 212.

2   Michael Abrashoff, *It's Your Ship: Management Techniques from the Best Damn Ship in the Navy* (New York: Grand Central, 2002).

3   Abrashoff, *It's Your Ship*.

02 안정장치로 보호하기

1   Giora Keinan, Nehemia Friedland, and Yossef Ben-Porath,"Decision Making under Stress: Scanning of Alternatives under Physical Threat," *Acta Psychologica* 64, no. 3 (March 1987): 219~228.

2   Shane Parrish, "Daniel Kahneman: Putting Your Intuition On Ice," *The Knowledge Project*, podcast, episode 68, https://fs.blog/knowledge-project-podcast/daniel-kahneman/.

4장 현명하게 결정하라

01 문제 정의하기

1   Thomas Wedell-Wedellsborg, "Are You Solving the Right Problems?," *Harvard Business Review*, January-February 2017, https://hbr.org/2017/01/are-you-solving-the-right-problems.

2   이 개념의 프레임을 알고 싶다면 다음을 참조하라. Paul Graham (@paulg), "Something I told 12 yo and 8 yo on the way home from school: You can put your energy into being good at stuff or seeming cool, but not both. Any energy that goes into seeming cool comes out of being good," Twitter, March 12, 2021, 12:36 p.m., https://twitter.com/paulg/status/1370428561409073153.

02 해결책 탐색하기

1 Jim Collins, *Good to Great: Why Some Companies Make the Leap . . . and Others Don't* (New York: HarperBusiness, 2001).

2 Seneca, *Moral Letters to Lucilius*, letter 11.

3 Josh Wolfe (@wolfejosh), "Failure comes from a failure to imagine failure. HORRID plan with unintended consequence increased screening amidst UNCERTAINTY #covid19-completely failed to anticipate-Increased crowds, decreased flow, increased CERTAINTY of SPREAD of any possible cases," Twitter, March 14, 2020, 9:51 p.m., https://twitter.com/wolfejosh/status/1239006370382393345?lang=en.

4 Special Inspector General for Afghanistan Reconstruction, *What We Need to Learn: Lessons from Twenty Years of Afghanistan Reconstruction*, August 2021, p. ix, https://www.sigar.mil/pdf/lessonslearned/SIGAR-21-46-LL.pdf.

5 Roger Martin, *The Opposable Mind: Winning through Integrative Thinking* (Boston: Harvard Business Press, 2009).

6 Charlie Munger, Berkshire Annual Meeting, 2003, quoted in Tren Griffin, *Charlie Munger: The Complete Investor* (New York: Columbia Business School Publishing, 2015).

7 Andrew Carnegie, *The Autobiography of Andrew Carnegie* (New York: PublicAffairs, 2011).

03 대안 평가하기

1 "Remembering Roger Boisjoly: He Tried to Stop Shuttle Challenger Launch," NPR, *All Things Considered*, February 6, 2012, https://www.npr.org/sections/thetwo-way/2012/02/06/146490064/remembering-roger-boisjoly-he-tried-to-stop-shuttle-challenger-launch.

2 Tim Urban, "The Cook and the Chef: Musk's Secret Sauce," *Wait But Why* (blog), November 6, 2015, https://waitbutwhy.com/2015/11/the-cook-and-the-chef-musks-secret-sauce.html.

3 George C. Marshall: Interviews and Reminiscences for Forrest C. Pogue, tape 12m and tape 19m, November 21, 1956, George C. Marshall Foundation Research Library, Lexington, Virginia.

1   Michael Lewis, *The Undoing Project: A Friendship That Changed Our Minds* (New York: W. W. Norton, 2016).
2   Shane Parrish "Winning at the Great Game with Adam Robinson (Part 2)," in *The Knowledge Project*, podcast, episode 48, https://fs.blog/knowledge-project-podcast/adam-robinson-pt2/.

05 안전역 구축하기

1   Karl Kaufman, "Here's Why Warren Buffett and Other Investors Don't Diversify," *Forbes*, July 24, 2018, https://www.forbes.com/sites/karlkaufman/2018/07/24/heres-why-warren-buffett-and-other-great-investors-dont-diversify/?sh=86081474795f.
2   Jim Collins and Morten T. Hansen, *Great by Choice: Uncertainty, Chaos, and Luck-Why Some Thrive Despite Them All* (New York: Harper Business, 2011).
3   Collins and Hansen, *Great by Choice*.

06 이전 결정에서 배우기

1   "Your Product Is Decisions," *Farnam Street* (blog), November 27, 2013, https://fs.blog/your-product-is-decisions/.
2   Jason La Confora, "Super Bowl 49: Pete Carroll's Decision Astonishing, Explanation Perplexing," CBS Sports, February 1, 2015, https://www.cbssports.com/nfl/news/super-bowl-49-pete-carrolls-decision-astonishing-explanation-perplexing/.

5장 정말로 중요한 것

1   Jim Collins, foreword to *The 7 Habits of Highly Effective People: Powerful Lessons in Personal Change*, by Stephen R. Covey, 30th anniversary ed. (New York: Simon & Schuster, 2020).

01 디킨스의 숨겨진 교훈

1   Philip Brickman and Donald T. Campbell, "Hedonic Relativism and Planning the Good Society," in *Adaptation-Level Theory: A Symposium*, ed. M. H. Appley (New York: Academic Press, 1971), pp. 287~305.

02 행복 전문가의 통찰

1   "Karl Pillemer, Interview No. 2," *Farnam Street* (blog), June 15, 2013, https://fs.blog/2013/06/karl-pillemer-interview-no-2/.
2   Marcus Aurelius, *Meditations* (New York: Modern Library, 2003), 8.47, Kindle.

03 메멘토 모리

1   "'You've Got to Find What You Love,' Jobs Says," *Stanford News,* June 12, 2005, https://news.stanford.edu/2005/06/12/youve-got-find-love-jobs-says/.
2   이것은 내가 다음 출처에서 처음으로 접한 "나는 희소하고 소중한 내 삶을 제대로 사용하고 있는가?"라는 질문을 변형한 것이다. Arthur C. Brooks in "To Be Happier, Start Thinking More about Your Death," *New York Times*, January 9, 2016, https://www.nytimes.com/2016/01/10/opinion/sunday/to-be-happier-start-thinking-more-about-your-death.html.
3   "You've Got to Find What You Love," *Stanford News*.
4   제프 베이조스의 이 말은 다음에서 재인용한 것이다. Jessica Stillman, "How Amazon's Jeff Bezos Made One of the Toughest Decisions of His Career," *Inc.*, June 13, 2016, https://www.inc.com/jessica-stillman/jeff-bezos-this-is-how-to-avoid-regret.html.
5   Shane Parrish (@ShaneAParrish), "The pain of trying and failing is intense and over rather quickly. The pain of failing to try, on the other hand, is less intense but never really goes away," Twitter, January 10, 2019, 10:53 p.m., https://twitter.com/ShaneAParrish/status/1083572670677938176.

1   Aristotle, *Nicomachean Ethics*, book 1, chapter 2.

2   Nicholas J. Kelley and Brandon J. Schmeichel, "Thinking about Death Reduces Delay Discounting," *PLOS One*, December 2, 2015, https://doi.org/10.1371/journal.pone.0144228.

3   내가 이 개념을 얻은 출처는 다음과 같다. Drew Stegmaier, "Writing Your Own Eulogy," *Medium,* March 26, 2016, https://medium.com/the-mission/writing-your-own-eulogy-dd177ba45374.

4   나는 이것을 트위터에서 시험해 보았는데, 이에 대해서는 다음을 참조하라. Shane Parrish (@ShaneAParrish), "What matters in the moment rarely matters in life. Yet what matters in life always matters in the moment," Twitter, December 7, 2019, 7:01 p.m., https://twitter.com/ShaneAParrish/status/1203464699305742336.

결론

1   이는 다음 내 글에서 가져온 것이다. Shane Parrish, "Letting the World Do the Work for You," *Farnam Street* (blog), February 3, 2016, https://fs.blog/joseph-tussman/.

클리어 씽킹

1판 1쇄 발행 2024년 4월 1일
1판 3쇄 발행 2024년 5월 30일

지은이 세인 패리시
옮긴이 최호영

발행인 양원석 **책임편집** 김율리
디자인 남미현, 김미선 **영업마케팅** 양정길, 윤송, 김지현, 정다은, 백승원

펴낸 곳 ㈜알에이치코리아
주소 서울시 금천구 가산디지털2로 53, 20층 (가산동, 한라시그마밸리)
편집문의 02-6443-8826 **도서문의** 02-6443-8800
홈페이지 http://rhk.co.kr
등록 2004년 1월 15일 제2-3726호

ISBN 978-89-255-7530-8 (03190)